KB210374

예수님,
왜?

예수님, 왜?

발행일   2015년 2월 25일 초판 1쇄
         2023년 6월 20일 초판 4쇄

지은이   박예녹
발행인   고영래
발행처   (주)미래사

주 소   서울시 마포구 토정로 195-1 정우빌딩 3층
전 화   (02) 773-5680
팩 스   (02) 773-5685
이메일   miraebooks@daum.net
등 록   1995년 6월 17일(제2016-000084호)
I S B N   978-89-7087-313-8   03230

* 가격은 뒤표지에 있습니다.
* 잘못 만들어진 책은 구입처에서 바꾸어 드립니다.

귀 신 의 종 에 서 그 리 스 도 의 종 으 로

예수님,
왜?

박에녹 지음

미래사CROSS

감사의 글

하나님은 왜 지극히 평범했던 저를 내림굿까지 받게 하셨을까요? 하나님은 왜 저를 그 어둠의 세상에서 건지시고 목사가 되게 하셨을까요? 왜 하나님은 저에게 선교의 비전을 갖게 하시고 하나님의 나라를 가슴에 품게 하셨을까요?

지금 이 시간 다시 한 번 생각을 해보아도 그 이유를 저는 잘 모릅니다. 하지만…….

무속인이 되지 않기 위해 발버둥 쳤던, 그 기억하기도 싫은 고통의 10년 세월도 이제는 너무나 감사하기만 합니다. 저로 하여금 목사가 되게 하시고, 월드컵 전사들을 비롯한 많은 좋은 분을 만나게 하시고, 선교 및 복음전파에 가슴이 푹 잠기게 된 지금의 이 모습까지 모든 것이 다 감사하기만 합니다.

왜냐고요? 하나님이 저를 사랑해 주시는 것을 알기 때문입니다.

마찬가지로 하나님은 여러분도 사랑하십니다.

　이 책 출간에 즈음하여 하나님 아버지께 다시 한 번 감사와 찬양을 드립니다. 지금까지 아껴주시고 기도해 주시는 많은 목사님들과 성도님들 그리고 제 주변의 모든 분들께 감사의 말씀을 전하고 싶습니다.

　그리고 사역을 잘할 수 있도록 언제나 묵묵히 기도해 주며 가정을 잘 이끌어 나가는 아내와, 아빠를 잘 이해해 주는 제 아이들이 정말 너무나도 고맙습니다.

2015년 1월

박에녹

추천의 글

하마터면 무당이 될 뻔했던 박에녹 목사……. 귀신에 대한 그의 간명한 정의, "귀신은 나쁜 일은 간간이 맞추지만 그것을 막아 좋은 길로 인도하지는 못한다. 귀신들은 자기들만 위해 달라고 하지, 사람들에게 해 주는 것은 없다." 특히 미신을 섬기는 사람들이 꼭 읽어야 할 책입니다. 한국 축구의 월드컵 4강 진입처럼, 대한민국축구선교회를 통해 하나님의 영광이 더 크게 드러나기를 기원합니다.

_최창섭, 전 문화방송(MBC) 아나운서 국장

저자는 무속인으로 10년간 살다 목회자가 된 특이한 이력을 가진 분이십니다. 이영표 선수 등 월드컵 전사들을 예수님께로 인도한 전도자요, 축구 국가대표팀의 영적 멘토입니다. 박 목사님은 예수님 복음에 대한 가슴이 뜨거운 하나님 사람입니다. 많은 사람들이 경험하지 못한 주님 안에서의 특이한 경험이 많은 사람들에게 감동을 줄 것입니다. 예수님을 모르고 우상과 미신에 미혹되어 사는 세상 많은 사람들에게 이 책은 진리 안에서 누리는 참 사랑, 자유와 평안, 하늘의 복을 잔잔한 감동과 함께 전해줄 것입니다. 이 감동적인 삶의 이야기를 읽고 나면 영혼 구원에 대한 사명을 가지고 세상으로 나가는 자신을 발견하게 될 것입니다.

_이병욱, 대암클리닉 원장, 《의사 전도왕》《생활전도》 저자

15년 전, 충무로 어느 빌딩 마당 한쪽에 있는 소나무를 뒤로 하고 박에녹 목사의 사진을 찍은 적이 있다. 섬 주민 전도용 비디오 재킷 사진이 필요해서였다. 그때 뷰파인더로 들어오는 그의 시선을 마주하니 내 마음이 좀 복잡해졌다. 범상치 않은 눈매와 달리 입술 언저리에 걸친 보조개는 너무 천진난만한 이미지를 풍겼기 때문이다. 그가 보내준 책 원고를 읽으면서 나는 그때의 시간으로 거슬러갔다. 왜 두 모습으로 보였는지 이유를 알 것 같았다. 귀신의 세력과 피 말리는 전투를 펼쳤던 내력과, 예수 안에서 누리는 평안함이 얼굴에 고스란히 배어 있었던 것이다. 이 책을 읽는 누구라도, 그가 건네는 천둥치는 소리와 더불어 봄볕 미풍처럼 살며시 다가오는 그의 미소로 독자의 속마음은 어느새 편안해질 것이다.

_최종민, 한국섬선교회 대표목사

한번 잡으면 눈을 뗄 수 없는 고백이 담겨져 있습니다. 시대의 멘토로 오늘에 대한 안타까움이 절절이 녹아있습니다. 박에녹 목사님의 인생 여정을 잘 앎에도 불구하고 그의 이야기를 활자로 접하면서 또 다른 책 읽는 즐거움이 있습니다. "법궤가 부적이 아니듯 하나님은 부적이 아니다. 진정 하나님께 돌이킬 때 영적으로, 또 세상 속에서 승리하게 된다." 오늘의 크리스천들을 향한 의미심장한 발언입니다. 박 목사님이 왜 이렇게 말씀하시는지 이 책을 정독하고 생각해볼 시간을 가져보시기를 권합니다.

_함태경, CGNTV 경영기획본부장(정치학 박사)

십수 년 전 극동방송 간증 프로그램에 출연하신 것을 계기로 알게 된 박에녹 목사님은 참으로 사도바울과도 같은 분이십니다. 예수님을 핍박하던 자에서 예수님 때문에 핍박 받는 자로 변하셨기 때문이죠. 주님의 복음, 그리스도의 사랑이 필요한 곳이면 이 땅 어디든지 달려가는

그런 분이십니다. 하나님 아버지의 영혼 사랑하심을 알고 있는 박에녹 목사님은 그들의 주님 필요함도 잘 알아 그렇게 은사와 열정을 다 바치시는 그런 분이십니다. 그 결정체가 바로 '대한민국축구선교회'가 아닐까요? 박에녹 목사님이 아니시더라도 이영표 선수를 비롯한 많은 선수들을 주님께서 주의 백성으로 삼으셨겠지만, 박에녹 목사님을 사용하셨기에 그들이 주님의 간증자로 세움받았음을 누구도 부인하지 못할 것입니다. 혹시 이 시대에 김장환 목사님이나 고 한경직 목사님처럼 아름다운 지도자로 쓰임받고 싶으신가요? 그렇다면, 바로 이 책《예수님, 왜?》에서 보고 느끼고 깨닫는 박에녹 목사님의 발자취를 통해 분명코 해답을 찾으실 수 있을 겁니다. 여호와이레!

_안재영, FEBC극동방송 방송팀장

하나님을 경외한다는 것이 진정 어떤 의미인지 우리는 제대로 알고 있을까요? 교회에서 예배를 드리는 신자이면서도 점을 보러 다니는 분들을 심심찮게 보게 됩니다. 경기가 침체되고 생활이 어려워지는 요즘이라 더 그런 것 같습니다. 우리가 하나님을 진정으로 경외하고 있는지 그 실체가 드러나는 시기……, 바로 이렇게 어려운 시기가 아닐까요? 어렵고 고통스러울 때 파고드는 사탄의 실체를 박에녹 목사님의 인생으로 증언하시는 하나님의 음성……. 이 책을 통해 분별의 결단을 하실 수 있게 되길 기도합니다.

_김혜은, 탤런트

주님은 박에녹 목사님을 통하여 저에게 말씀해 주셨습니다. "너는 나의 사랑스런 아들이다." 저에게 주님의 메시지를 전해주신 에녹 형……. 이 책은 저에게 '성경' 다음으로 소중한 기쁨입니다. 이 책에서 제가 느꼈던 주님을 여러분도 느끼시길 기도합니다.

_이영표, 전 국가대표축구선수

박에녹 목사님을 처음 만나 뵈었던 그날을 기억합니다. 하나님의 계획 아래 은혜 넘치는 시간을 통하여 첫 만남을 가졌고, 지속적으로 교제하며 많은 것을 배웠습니다. 그리고 목사님과 주 안에서 동역자 됨을 느끼며 주님께 감사했습니다. 이후에 대한민국축구선교회를 통해 축구로써 많은 분들께 복음을 전하는 주의 일을 함께하고 있습니다. 존경하는 목사님이 지으신 이 책을 통해 믿음이 있는 분들만이 아니라 믿지 않는 모든 분들까지도 주님 앞에 나와 주님의 사랑을 체험하길 기도합니다.

_김신욱, 프로축구선수

"사랑하는 자여 네 영혼이 잘 됨같이 네가 범사에 잘되고 강건하기를 내가 간구하노라"(요한3서 1:2) 사람은 영적인 존재입니다. 그래서 영혼이 아프면 삶이 아프고, 영혼이 잘되면 범사가 잘되는 것입니다. 박에녹 목사님의 삶은 이러한 지극히 간단하면서도 심오한 진리를 담고 있습니다. 한 사람을 통해서 구원의 진리가 우리 가운데 선포되었고, 한 사람의 헌신으로 모든 민족이 하나님의 칭의의 선물을 받아들일 수 있었습니다. 그렇듯이 이 시대의 한 사람, 박에녹 목사님의 살아 있는 간증을 통해서 하나님 안에 속한 사람의 복된 삶이 어떠한가를 이 책은 잘 보여주고 있습니다. 이 책 안에 담긴 하나님의 축복의 방법이 많은 사람들에게도 발견되기를 바랍니다.

_박주석, 대구 비산동교회 부목사

차례

1부
회상

신(神) 제자가 되다

모든 것이 끝났다고 생각을 하니
이젠 정말 무당이 된 것 같아 미칠 것만 같았다.
그 무식해 보이는 무당들과 내가 다른 것이
없다고 생각하니 한심하기도 하고 내 신세가 처량하고
불쌍해 보여 자꾸만 눈물이 났다.

주섬주섬 짐들을 정리를 하고 일어섰다.
휘청거리는 다리를 이끌고
영적으로 전혀 새로운 영역의 사람이 되어
산을 내려왔다.

아, 사랑하는 나의 어머니

사업을 하는 아버지는 부자였고, 어머니는 참으로 인자하신 분이셨다. 4남 2녀 중 셋째로 태어난 나는 부모 형제들로부터 참으로 많이 사랑을 받으며 성장했다. 나는 귀염성 있고 유순해서 별 탈 없이 잘 자랐다.

특히 어머니께 많은 사랑을 받았고, 나도 어머니를 잘 따랐다. 단지 어머니이기 때문이 아니라 어머니가 내겐 바로 신앙이었다. 공부도 어머니가 기뻐하시니 열심히 했다. 하지 말라는 것은 안 하고, 해도 좋다는 것만 했다. 학교 생활 중 어머니께 유일하게 죄송한 것은 1차 대학에 못 들어가고, 당시 비록 명문 대학이라 해도 2차였던 성균관 대학에 들어간 것이었다. 하지만 대학에선 성적이 아주 우수했다.

학년이 올라가 학군 장교(ROTC)를 했다. 대학을 졸업하고 군대에 갔는데, 그 좋다는 후방 지역은 다 접어두고 강원도 첩첩 산중 철원에서 GOP 근무(철책근무)를 하게 되었다. 민간 전화는 물론 민간인도 구경할 수 없었다. 보이는 것은 산과 나무 그리고 간간이 철책 너머로 보이는 북한 군인들뿐이었다. 그곳에는 종일 대남 방송만 들렸다. 감사하게도 군에서도 인정을 받았다. ROTC 과정 중의 군사학 및 훈련 성적이 좋아 사단 내의 신임 장교 중 내가 가장 선임자로 가서, 상관들에게 사랑받으며 소대원들과도 잘 지냈다.

그렇게 잘 지내던 중, 어느 날 집에서 전보가 왔다. 어머니가 피를 토하시며 병원으로 실려 가셨다는 것이다. 뜬눈으로 밤을 지새우고, 다음 날 아침 일찍 중대장님의 허락을 받고 민통선 밖으로 나와 전화를 하니 동생이 받아들고는 대답은 않고 울기만 했다. 동생은 그렇게 한참을 울더니 어머니가 위암 말기라고 했다. 나는 전화기를 떨어뜨리고 그 자리에 주저앉고 말았다.

'사랑하는 어머니, 내 신앙이신 어머니가 위암 말기라니…… 완전 군장을 하고 폭풍 구보를 할 때에도, 250km 행군을 할 때에도, 가슴속으로 어머니를 한 번 외치기만 하면 힘이 나던 그런 어머니셨는데…… 처음 입대할 때 팬티 안에 속주머니를 만들고 꼬깃꼬깃 돈을 넣어 주시며 눈물을 삼키시던 나의 어머니가……!'

병원에서 수술을 시도했지만 개복했다가 가망이 없다고 다시 덮었다고 했다. 어머니의 남은 수명은 한 달 정도라고 했다. 미칠 것만 같았다. 마침내 임시 휴가를 얻어 어머니를 뵐 수 있었다. 어머니는 퇴원을 하신 채 집에 누워 계셨다. 그 편찮으신 몸으로도 나를 무척 반기셨다. 그 몸을 하시고서도 오히려 내 건강을 물으셨다. 눈물이 흘렀다. 어머니의 몸에는 고무호스가 여러 개 달려 있었다. 코에 하나, 쓸개즙 빼는 옆구리 호스 하나, 소변 받는 호스 하나…….

눈물은 하염없이 흘렀다. 무릎을 꿇고 어머니의 배에 손을 얹어 기도를 했다.

'하나님, 부처님, 천지신명이시여. 누구든 악령이라도 좋으니 어머니를 낫게 해주소서. 이대로 돌아가실 수는 없습니다. 어머니를 낫게 해주소서. 만약 아니 된다면 이 암세포를 내게 옮겨주소서. 차라리 나를 대신 죽게 하소서. 내 육신과 영혼이라도 드리겠나이다. 어머니만 낫게 해주소서.'

피눈물을 뿌리며 간절히, 간절히 기도했다. 그러나 내 기도가 무슨 소용이 있으랴! 날짜는 왜 그리도 빨리 가는지, 부대 복귀 날이 되어 어쩔 수 없이 어머니를 뒤로 하고 철원으로 돌아왔다.

병원에서는 이미 어머니를 포기했기에 투병 생활을 종교적인 노력에 기울이셨다. 어머니는 불교에 열심이신지라 우선적으로 유명한 고승들을 모시고 밤낮으로 불경을 읽게 하고 염불을 했다. 그러나 병세는 악화만 되어 갔다.

또 예수 믿는 외숙모와 누나가 와서 기독교적인 방법으로 하자고 하여 능력 있는 목사님과 집사님들을 초빙했다. 그들은 성령의 불이 배로 들어간다면 나을 수 있을 것이라며 안수 기도를 지속적으로 받으라고 하셨다. 하지만 예수 믿지 않는 아버지가 소용없는 짓이라며 미리 낙심을 하셨고, 기도 받는 어머니도 마음속으로는 믿지 않으면서도 혹시나 하는 마음에 몸만 목사님께 맡기셨다. 그러나 차도가 없자 가족들은 모두 목사님과 교회를 욕했다.

'도대체 낫기는 뭐가 낫는다는 말이야? 그저 목사들과 교회가 잘 먹고 잘살려고 하는 짓이야. 애초에 믿지를 말아야지.'

그렇게 기독교적인 방법도 이제 그만!

급기야는 도사라는 분을 우연히 소개받아 기도를 받기 시작했다. 도사가 무슨 돈이 그리도 필요한지 올 때마다 엄청나게 돈을 요구했다. 기가 통해야 나을 수가 있다며 '기통'이라는 기도 방법을 가르치고 운기조식이라는 새로운 식이요법도 가르쳐 주었다. 그 도사의 덕인지 우연인지 좌우간 평생 생선이라고는 멸치 외에는 냄새만 맡아도 토하시던 어머니가 생선회를 드셨다. 이러한 변화를 보고는 우리도 어머니의 건강에 대해 기대를 했다. 그러나 그 이상 호전되지 않아 결국 그 방법도 그만두었다.

돈만 잔뜩 버리고 병세에 아무런 차도가 보이지 않자 식구들은 더욱 낙심했다. 어머니는 일 년 이상 고통스러운 투병 생활을 했다. 어머니는 말할 것도 없이 온 식구가 그 고생을 함께 했다. 남동생이 수고를 많이 했다. 어머니는 수시로 하루 평균 20회 이상을 토하셨다. 그러나 남동생은 불평 한마디 없이 다 받아내며 어머니 병간호를 했다. 나는 군대에 있어 병간호 한 번 제대로 하지 못했다.

위독한 상태가 참으로 여러 번 왔지만 고비 고비 넘겼다. 어머니가 위독할 때마다 부대로 전보가 와서 나는 여러 번 집으로 왔다가 귀대했다.

어느 날 아버지가 철원의 부대로 면회를 오셨다. 외삼촌 부부와 외삼촌의 친구 부부 그리고 그 친구의 딸이 함께 오셨다. 바람을 쏘이고 구경도 할 겸 해서 같이 오셨다고 했다. 그야말로 옛날식 다방에서 차를 함께 마셨다. 외삼촌 친구의 딸이 멀리서 왔으니 주변 구경을 시켜주라고 하셔서 철원의 명물인 고석정, 삼부연 폭포, 순담 계곡 등을 구경시켜 주었다. 그 날은 그렇게 헤어졌다.

다음날 아버지에게서 연락이 왔다. 어제 만났던 외삼촌 친구 딸이 마음에 드느냐고. 나는 외삼촌 친구의 딸인데 싫고 좋고가 어디 있느냐고 대답했다. 그랬더니 아버님은 "싫지 않으면 됐다. 옛날에는 얼굴 한 번 안 보고도 잘만 살더라" 하시고는 전화를 끊으셨다. 그로부터 며칠 후 아버지에게서 다시 연락이 왔다.

어머니 생전에 하나라도 결혼을 더 시켜야 어머니의 마음에 부담이 덜 하실 것이라며 약혼 날짜를 받았다고 하셨다. 이렇게 한 번 만나고 약혼을 하게 되었다. 어머니의 건강이 점점 나빠져서 약혼식을 우리 집 정원에서 치르게 되었다. 그래야 어머니도 참석을 하실 수 있기 때문이었다.

약혼 후 두 번을 더 만났다. 아버지가 결혼을 더욱 서두르시는 바람에 겨우 세 번 만나고 결혼식까지 마쳤다. 옛날 사람도 아니지만 아내는 고맙게도 어른들의 결정에 잘 따라주어 모든 것이 한 달 반 만에 다 이루어졌다. 병세 악화로 어머니는 결혼식에 참석을 못하셨다. 예식이 끝나고 집에서 아버지와 병중의 어머니에게 폐백을 드렸다. 나는 그 자리에서 울어 버렸다. 하객들도 많이 있는데 주저

앉아 목청 높여 울었다. 신혼여행을 가서도 덤덤한 표정으로 구경을 하는 둥, 마는 둥 그냥 다녔다.

18일 후, 결국 어머니는 돌아가셨다. 하늘이 무너졌다. 실로 가슴이 갈기갈기 찢어졌다. 나는 어머니의 임종도 보지 못했다. 위독하신 상태가 여러 번 있어서 그때마다 급하게 집에 온 것이 부대에 미안하기도 했고, 이번에도 고비를 넘기시겠지 하는 생각에 집에 오지 못해 돌이킬 수 없는 불효를 저지르고 만 것이다.

죽음, 장례식, 남은 것은 쓰라림과 인생무상 그리고 그리움!

전라도 송광사에서 큰스님(구산 스님)을 모시고 49재를 했다. 알지 못할 법문으로 계속되는 의식을 행한 후 감사 인사를 드리고 좋은 말씀을 들을 겸해서 큰스님 방을 찾았다. 그런데 다짜고짜 스님은 내게 결혼을 했느냐고 물으셨다. 나는 그렇다고 대답을 하니 안타까운 얼굴로 혀를 차셨다.

"스님이 되어야 하는 건데…… 고승이 될 수 있었는데……." 하고는 스님은 한참을 가만히 계시더니 언제나 수도하는 마음으로 살라고 말씀하시며 내게 청하(淸河)라는 법명까지 지어 주셨다. 인기 있는 술 이름과 한자까지 똑같았다.

부대로 돌아온 후 다시 아픔은 시작되었다. 새록새록 어머니에 대한 그리움이 뼛속까지 사무치게 스며들었다. 어머니가 생각날 때마다 소주를 마셨다. 빈 잔에 연신 소주를 채우며 냉수를 들이키듯 마셨다. '어머님 은혜'를 노래하며, 눈물을 안주 삼아 그리움과 고통을 벗삼아 먹다 보면 시간은 흘러 먼동이 텄다. 밤마다 마시는 술이 소주 대여섯 병이나 되었다. 석 달 열흘을 그 짓을 하니 피를 토하며 쓰러지고 말았다. 의무대에 실려가서 링거 주사를 맞았다. 초점 잃은 눈은 의미 없이 천정만 바라볼 뿐이었다. 얼마 후 의무대를 나와서 소대로 복귀했다.

나는 방법을 바꾸었다. 소주 대신 향과 초를 샀다. 근무가 끝난 후 BOQ(독신장교숙소)의 작은 내 방에서 밤마다 향과 초는 소리 없이 타오르고 나는 밤새 무릎 꿇고 축원을 했다.

"옴 아모가 바이로차나 마하 무드라 마니 파드마 즈바라 프로바 야타야 훔."

주문이 맞는지 틀린지도 모른 채 무작정 외워내려갔다. 이것은 '광명진언'이라고 한다. 어느 스님에게선가 49재 할 때 들었는데, 이것을 하룻밤에 만 번을 외우면 죽은 사람의 영혼이 죄가 소멸되고 극락을 간다고 하니 그저 열심히 외울 수밖에!

수많은 밤을 지새고 세월이 흘러도 이놈의 눈물은 옹달샘인지 나와도 끝도 없이 자꾸자꾸 흘러나왔다. 그동안 체중이 7kg이나 줄었다. 어느 날 문득 죽음이 그리워진다. 나도 죽으면 어머니를 저승에서라도 만날 수 있지 않을까? 사랑하는 어머니를 죽어서라도 만날 수만 있다면…….

그렇게 죽기를 결심했다. 맨 정신에는 겁이 나기에 소주를 잔뜩 먹고 큰길가에서 커다란 트럭이 오기만을 기다렸다. 작은 차에는 괜히 죽지도 못하고 다치기만 할 것 같아서 트럭을 선택했는데 그놈의 차는 왜 그리도 안 오는지! 한참을 기다리다 드디어 달려오는 트럭을 발견하고는 냅다 뛰어들었다. 술을 너무 먹어서 내가 출발이 늦었던지, 그 트럭 기사가 운동신경이 너무 좋았던지 급브레이크! 나는 죽기는커녕 죽도록 욕만 먹고 트럭 기사의 큰 주먹에 얻어터지기까지 했다. 술을 먹어도 곱게 먹으란다. 평생 먹을 욕을 그 날 하루에 다 먹었던 것 같다. 그렇게 부대로 돌아와서는 다른 방법을 찾았다.

이번에는 다시 수면제로 바꾸었다. 하지만 시골의 작은 약방에서는 쉽게 살 수가 없었다. 수면제를 사려면 사람 이름을 적고 한 알씩만 파는데, 이래서는 도저히 방법이 없어 감기약을 왕창, 신경안정제 50알을 샀다. 물컵을 입에 갖다 대고 고작 몇 알을 삼켰는데 아버지와 형제들이 떠올랐다. 특히 중학교 3학년인 막내 여동생이 눈에 밟혔다. 더 이상 삼키지는 못하고 계속 물컵만 입에 대고 있었다. '그래, 여동생이 시집갈 때까지만 생명을 연장하자, 어머니도 막내를 제일 염려하셨지,' 물컵을 내려놓았다. 포기했다. 포기하고야 만 것이다.

다음날부터 정상적으로 군복무에 임했다. 며칠 후 신철원에 외출했다가 우연히 점보는 집을 발견했다.

'그래, 무당에게 점을 한번 보자. 어머니가 극락에서 잘 계실까? 임종하실 때 못 뵈었으니 못다 하신 말씀을 전해 들을지도 몰라.'

과감히 문을 열고 들어갔다. 좀 두려웠다. 그런 집에는 처음인 것이다. 왠지 분위기가 스산하고 음침하고 으시시했다. 눈빛이 범상치 않은 아줌마가 앉으라고 했다. 그러더니 작은 밥상 같은 것을 펴고 엽전과 쌀을 연신 흔들어대다가 던지더니, 자식이 눈에 밟혀 어머니가 극락에 가지 못하고 구천을 떠돌아다니신다고 했다.

나는 대답했다. "절에서 49재 했는데요!"

그러나 그 여인은 49재만 가지고는 극락에 못가고 진오귀굿(영혼천도굿)을 해야 한다고 했다.

'불쌍하신 내 어머니가 구천을 떠돈다니 말도 안 돼! 그래, 극락에만 가신다면 해야 해.'

결심을 했다. 그러나 비용이 무척 비쌌다. 당시의 내 봉급(중위 봉급)이 131,000원인데 70만 원을 준비하라고 했다. 그나마도 내가 군인이라 별비(굿을 할 때 무당들이 신들린 상태에서 귀신을 빙자해서 달라고 하는 일종의 팁)는 안 받는다고 했다. 어머니를 위해서는 비싸더라도 해야 한다는 생각에 그간 꼬깃꼬깃 모은 돈에 ROTC 반지와 내 방 텔레비전, 라디오를 들고 나와 미련없이 팔고, 또 그도 모자라서 동기들에게 빌려 돈을 마련했다.

드디어 진오귀굿을 벌였다. 시골 동네에서 밤새도록 장구, 징, 바라를 두드리니 급기야는 동네에서 신고가 들어와 경찰까지 출동을 했다. 처음에 경찰이 왔다가 가니 한 무당이 "원아웃!"이라고 소리를 질렀다. 쓰리아웃 될 때까지 하면 굿은 다 끝이 나니 그냥 하자고 했다. 이렇게 담대할 수가…….

새벽동이 터서 훤해질 때까지 굿은 계속되었다. 나는 처음 해보는 굿이라 내용은 잘 모르지만 일단 속은 시원했다. 그렇게 마음도 조금은 안정되고 정상적으로 부대생활을 할 수 있었다.

그렇게 세월이 흘러 전역을 하게 되었다. 서울 가는 차 속에서 내

내 어머니 생각만 했다.

'어머니 산소에 빨리 가야지!'

드디어 민간인이 되어 아버지께 잘 다녀왔다고 큰절을 올렸다. 무사히 전역을 하니 참으로 홀가분했다. 그러나 어머니가 계시지 않은 집이란 정말 적막강산이었다. 이층의 내 방에 올라오니 막내 여동생이 따라와서 나를 붙들고 운다.

"오빠, 엄마보고 싶어. 엄마가 계셨으면 오빠 왔다고 얼마나 기뻐하셨을까?"

나를 죽음에서 건져낸 불쌍한 막내! 둘이 한참을 붙들고 울었다.

그날 전역을 했는데 다다음날부터는 코오롱에 출근해야 했다. 군에 있을 때 입사 시험을 치른 것이 합격했는데, 모레부터 연수 교육을 받아야 했다. 다른 동기들은 이미 2주 전에 시작을 했고 나는 군대 관계로 이제야 합류하게 되었다.

식사를 하고 바로 아버님과 고향으로 출발했다. 선산에서 어머니 산소에 올라갔다. 산소는 깨끗이 정리가 되어 있었다. 큰절을 한다고 엎드리니 도저히 일어설 수가 없다. 엎드려서 울다 기진맥진하여 간신히 몸을 일으켰다.

산을 내려오며 수도 없이 뒤를 되돌아다봤다. 어머니를 산에 묻은 것이 아니고 가슴에 묻고 돌아왔다.

안수기도란?

안수기도를 받고 암세포가 녹아내리거나 백혈병이 낫는 은혜를 받으려면 우선 본인의 믿음이 강해야 한다. 안수기도를 받았지만 아무런 효험도 얻지 못한 우리는 당시에 죄 없는 교회와 목사님들만 욕을 했었다. 본인의 믿음과 목사님의 안수기도가 합해져 하나님께 도달되고 응답받을 수 있는 것이다. 당시의 나는 교회를 한 번도 다녀본 적이 없었기 때문에 그런 깊은 이치를 몰랐다.

무당이 되어야 한다고?

그럭저럭 회사 연수를 받았다. 아침 6시에 기상하여 저녁 6시까지 교육이었다. 그 이후에는 과제를 해야 했다. 종일 책상에만 앉아 있으려니 좀이 쑤셨다. 말로만 듣던 대기업의 생활은 참 지루했다.

그러던 어느 날 사건이 일어났다. 점심을 먹고는 식곤증에 잠깐 벽에 기대어 있는데, 갑자기 눈앞에 어머니가 나타났다. 꿈에도 그리던 내 어머니가…….

'내가 죽은 지 얼마나 되었다고 네가 벌써 내 생일을 잊어버릴 수가 있느냐?'며 서운해 하셨다. 깜짝 놀라 어머니께 가까이 다가가니 눈물을 흘리며 사라지셨다. 화들짝 놀라서 일어나 달력을 찾았다. 음력 6월 12일! 어머니 생신이었다.

"어머니, 죄송합니다. 어머니 죄송합니다. 용서하세요."

이 말만을 계속 중얼거렸다. 그러다 그날 오후 교육을 제끼고는 회사 담을 넘어 탈출했다. 음식점에서 음식을 2인분 주문해 맞은편에 있는 어머니의 밥그릇에 숟가락을 거꾸로 꽂아놓았다. 그리고 젓가락을 이 반찬, 저 반찬 위로 옮겨 놓았다. 어머니의 혼이라도 오셔서 드시라는 마음이었다.

이 광경을 본 음식점 주인은 미친 놈 왔다며 돈도 필요 없고 당장 나가라고 소리쳤다. 당황스러웠다. 이런 일이 일어나리라고는 전혀 생각지 못했기 때문이다. 나는 전후좌우 사정을 음식점 주인에게 찬찬히 말씀드려서 간신히 이해시켰다. 그리고는 소주를 들이키기 시작했다. 눈물, 콧물이 잔뜩 범벅이 되어 소주에 취했다.

다음날 아침 회사로 복귀했다. 하마터면 무단이탈 때문에 부서배치도 받기 전에 퇴사당할 뻔했다.

연수교육을 마치고 상품개발부로 배치를 받았다. 경영학을 전공했는데 전혀 관계도 없는 의류 기획하는 부서로 갔다. 대기업이라 근무 분위기가 빡빡했다. 날마다 회의를 했다. 지겨운 회의!

사람은 환경의 동물이라 서서히 적응이 되어갔다. 학교에서 열심히 배웠다고는 하나 실무와는 판연히 달랐다. 아직은 회사에 이득을 주기보다는 업무를 배우기에 바빴다. 군에서는 장교였지만, 회사에서는 제일 쫄따구였다. 여직원이 있다고는 하나 업무에는 선수인지라 잘못 보이면 오히려 나만 불편해졌다. 회사에 이득을 주지 못하는 것 같아 눈치 보기에 바빴다. 상사에게 물어보니 원래 입사 2년까지는 급여만큼의 일을 못하고 3년차부터 손익분기점을 이루어 회사를 위해 이득을 줄 수 있다고 했다. 아직 걸음걸이와 행동은 군인 냄새 팍팍 났지만 여하간 열심히 회사를 다녔다.

그러던 중 문득 어머니 생각이 났다. 철원에서의 그 진오귀굿(영혼 천도굿)으로 어머니가 극락에 가셨는지 한번 확인하고픈 생각이 들었다.

'그래, 확인해야 해!'

퇴근 후 아무 점집에나 가봐야겠다고 생각을 했다. 미아리 쪽으로 갈까, 신촌 쪽으로 갈까 고민하다가 신촌 쪽으로 정했다. 아무래도 미아리 쪽보다는 대학 주변의 무당이 더 똑똑할 것 같아 신촌 연세대학 주변을 무작정 걸으며 찾아 나섰다.

그러다 간판에 '동자보살'이라고 쓰여 있는 점집을 발견했다. 전통 한옥집이었다. 한 여인이 목걸이 4개, 팔찌를 양손에 3개씩, 그리고 주먹만 한 큰 귀걸이를 하고 앉아 있었다. 꼭 버스 손잡이 같았다. 안으로 들어가려 하니 자기 손으로 자기 목을 쥐어뜯으며 숨막혀 죽는다고 하며 들어오지도 못하게 했다. 나는 문지방을 사이에 두고 마루에 앉았고 그 여인은 안방에 앉아서 점을 보았다. 생년월일과 이름, 주소를 말했다. 그런데 갑자기 그 여인의 표정이 다양하게 변하며 크게 웃어 제꼈다. 목소리도 이상했다. 갑자기 너댓 살 먹은 아이 목소리를 내며 표정도 천상 어린아이였다.

"뭘 알려고 왔니? 네 엄마한테나 물어 봐라."

이게 무슨 소린가? 다시 무당이 말했다.

"네 눈에 신령이 있어. 죽은 네 어머니의 혼이……."

나는 깜짝 놀랐다.

'어머니 돌아가신 것을 어떻게 알지? 그리고 어머니 혼이 내 눈에 있다는 것이 무슨 소리야?'

무당은 다시 설명했다.

"어머니가 한이 많고 원이 많아 극락에 가지 못하고 신령이 되어 불리러(불리다: 점을 보며 돈을 번다는 의미) 너한테 오셨어. 그리고 신령이 눈에 있어서 앞으로는 눈으로 남들이 보지 못하는 많은 것을 보며 점을 칠 수가 있어서 굉장히 용한 신 제자가 될 수 있다고."

어머니가 극락에 가지 못하셨다니 이게 무슨 소린가? 그 추운 겨울에 엄청난 돈을 들여 굿을 했는데…….

진오귀굿을 했다고 알려줬지만, 무당은 진오귀굿이 무슨 소용이 있느냐며 신령이 불리겠다고 오시면 무조건 받아야 한다고 말했다. 쉽게 말하면 내가 신이 들렸다는 말이었다. 내가 신을 받아 모시지 않으면 무병(신병)이 들어 까닭 없이 시름시름 앓아눕게 되어 내림굿을 하지 않고는 결코 그 병은 낫지를 않으며, 정신병자가 되거나 죽음만을 기다리게 된다는 것이었다. 행여 끝까지 버티어 신을 받지 않는다면 시집간 누님이나 어린 여동생이 무당이 된다고 했다. 나는 믿을 수가 없었다.

'무당이 점을 잘못 본 거야. 말도 안 되는 소리야.'

동자보살집을 박차고 나왔다. 나오면서 퉤퉤 하고 침을 뱉었다.

'아니, 이게 무슨 소리야. 내가 원했던 어머니의 극락소식은 듣지 못하고…….'

그러나 찜찜했다. 다음날 회사 근무를 하면서도 끊임없이 그 무당의 소리가 귀에 맴돌아 나를 끈질기게 괴롭혔다. 밤에 잠자리도 편하지 않았다.

'내가 신들리다니…… 내가 무당이 되어야 한다니…… 내 눈 속에 어머니의 혼이 있다고?'

몇날 며칠을 고민하다가 친구에게 전화를 걸었다. 만나서 의논할 것이 있다며 강압적으로 만나기를 청했다.

퇴근 후 코오롱 지하다방에서 친구를 만났다. 자초지종 이야기를 조심스럽게 풀어놓으니 친구가 마구 웃어댔다. 너무 큰소리로 웃는지라 창피해서 입을 얼른 막았다.

"아니, 무슨 귀신 씨나락 까먹는 소리를 하고 있니?"

도무지 받아들이지를 않는다. 그러나 내가 워낙 진지하게 말을 계속하니 비록 장난기 있는 얼굴로나마 듣기는 들었다. 그리하여 둘이서 머리를 맞대고 의논을 한 결과 결론을 냈다.

"아무데나 몇 군데 더 가보자. 가 본 후에 만약 가는 곳마다 같은 소리를 하면 받아들이고 대책은 그때 가서 세우기로 하자."

그 친구에게 조건을 붙였다. 무슨 답이 나오든 간에 무조건 비밀이 지켜져야 한다고.

불안한 마음으로 다른 점집을 찾아갔다. 나는 몹시도 불안한데 친구의 걸음걸이는 원망스럽게도 씩씩하기만 했다. 국무총리 공관 옆에 휘파람 부는 도사 여인이 있다고 하여 물어물어 찾아갔다. 이건 완전히 도사 찾아 삼만 리, 한편의 영화였다. 확인하지는 않았지만, 그 여인은 하루 평균 손님이 30여 명에 월 수입이 1천만 원을 넘는다고 했다.

드디어 점집을 찾아 조심스럽게 들어가니, 무당이 예쁜 목소리로 반겼다. 상당히 예의바르고 외모도 반듯했다. 지난번 신촌 여인과는 분위기가 많이 달랐다. 반지, 귀걸이 등의 액세서리는 일체 없고 큰 책상만 보였다. 그 책상을 가운데 두고 서로 마주 앉았다. 책상 위에는 십만 원짜리 수표가 수북이 쌓여 있었다. 큰돈 내라는 작전인지도 모른다며 마음을 다져 먹었다. 벽에는 엄청 커다란 호랑이 그림이 붙어 있고, 책상 옆에는 도자기에 손으로 만든 예쁜 장미가 잔뜩 꽂혀 있었다.

두리번두리번 살피는데 여비서가 커피를 들고 나왔다. 커피를 마시며 점사(점을 볼 때 무당이 예언하는 말)를 기다렸다. 여인은 무릎을 꿇고 앉아 휘파람을 불기 시작했다. 근데 참으로 기기묘묘한 소리였다. 퉁소 소리 같기도 하고, 대금 소리 같기도 하고 좌우간 일반 휘파람 소리와는 다른 느낌이었다. 여자가 불어서인지 마치 전설의 고향을 보는 듯했다.

그 여인이 말하기를, 어쩌다가 자기 같은 기구한 팔자가 되었느냐고 했다. 가슴이 철렁 내려앉았다. 나는 고개를 떨구었다.

'어찌하나, 어찌하나. 내가 정말 무당이 되어야 하나?'

그 여인은 한참을 물끄러미 나를 쳐다보다가 다시 입을 열었다.

"괜찮아요. 그래도 할만해요. 박 선생은 도사줄이라 글로 풀고 영으로 점만 보면 되지, 다른 무당들처럼 신복 입고 뛰지 않아도 돼요."

하지만 그 말은 내 귀에 들어오지 않았다. 하늘이 노랗게 물들어

가고 억장이 무너졌다.

'다른 집에 또 가봐야 해. 세상만사 다 삼세 번인데, 다른 집에 또 가봐야 해.' 이번에는 정릉으로 갔다. 온통 무당집이 모인 그곳에서도 같은 대답이었다. 힘없이 돌아서는 내 뺨엔 눈물이 흘렀다.

차마 집에 말할 수가 없었다. 돌아와서는 감기 기운이 있다며 일찍 누워버렸다. 눈물이 뺨을 타고 흘러내려 소리 없이 베개를 적셨다. 뜬 눈으로 밤을 지새우고 빨간 토끼 눈이 되어 회사로 출근했다. 일이 손에 잡힐 리가 없었다. 신을 받지 않으면 정신병자가 되거나 무병으로 죽는다는데, 나는 이미 반은 정신병자나 다름없었다. 초점 잃은 눈은 근무 중에도 수시로 창밖을 향했다.

비가 내렸다. 장대비가 내렸다.

'하늘이시여! 저 비로 세상을 멸하소서. 세상에 미련 없나이다. 금번에 아주 멸하여 주옵소서.'

날마다 밤마다 고민을 했다.

'내가 무당을 하지 않으면 기독교 집안으로 시집가서 잘 살고 있는 누나나, 중학교 3학년인 어린 여동생이 무당이 된다고? 내가 그냥 무당을 해버려? 누나나 동생이 무당이 되도록 모른척 해?'

답은 나오지를 않았다.

어머니를 가장한 귀신

당시에는 정말 어머니의 귀신이 내게 씌인 줄 알았다. 하지만 예수를 믿고 알고 보니 어머니가 아니었고 내가 최초로 본 귀신이었던 것이다. 원래 귀신은 사람의 가장 약한 부분을 속이고 접근해 들어온다. 그 귀신은 내 어머니 모습을 하고 나타나서 나를 속이려고 했다. 당시 나는 어머니 이야기만 나와도 눈물을 쏟아내고 정신을 차리지 못했기 때문이다.

결심

　당시 나는 수많은 밤을 눈물로 지새우며 고민했다.

　'다른 신이라면 당연히 물리쳐야겠지만, 내 어머니의 영혼이라는데 당연히 내가 받아들여야 하는 것이 아닌가? 내가 얼마나 사랑했던 어머니인가?'

　'아니야, 어머니는 너무도 사랑하지만 나도 내 인생이 있고 결혼도 했는데 내가 무당이 되어서는 안 돼, 안 돼!'

　'그러나, 그러나 내 어머니를 내가 받아들이지 않으면 나중에 저승에 갔을 때 내가 무슨 낯으로 어머니를 만날 수가 있지? 또 내가 하지 않으면 누나나 동생이 해야 된다고 하잖아! 아, 이 노릇을 어찌해야 하나!'

　드디어 결심을 했다.

　'그래, 내가 희생을 하자.'

임종도 못 본 내 어머니, 군 생활 하느라고 병간호도 제대로 못한 내 불효를 어머니 영혼을 잘 모시며 용서를 빌 수도 있다고 생각하니 조금은 마음이 홀가분해졌다. 주변에서 알게 되면 일단 아내가 죽기 살기로 반대할 것은 너무도 당연한 일이었으니, 아내를 비롯하여 아버지와 형제자매들 모두 모르게 하기로 작정했다.

이제 정상적인 삶을 포기하고, 세상과 등져 오직 귀신들과 살며 지금까지의 주변 사람들과의 관계도 다 정리해야 한다고 생각을 하니 정말 미칠 지경이었다. 여태까지 내가 사랑하고 또 나를 사랑해 주던 사람들의 모습들이 하나둘씩 뇌리를 스쳐 지나갔다. 선생님, 친구, 선후배, 군대에서의 전우들, 그리고 나의 취미생활……

이제 어느 무당에게 굿을 할 것인지 결정을 해야 했다. 아는 데라고는 최근에 점을 본 세 곳 외에는 없으니, 이 중에서 결정을 하기로 했다. 첫 번째 동자 여인은 너무 아프리카 토인 같고, 두 번째 휘파람 여인은 별로 무당 같아 보이지 않은 데다 비서에 기사까지 있어 값이 너무 비쌀 것 같고, 세 번째 정릉의 여인은 나이가 너무 많은 것 같고……

다소 비싸기는 하겠지만 그래도 외양상으로 조금이라도 덜 무당 같아 보이는 것이 나을 것 같고, 또한 세상에 에누리 없는 장사가 없듯이 미친 척하고 깎아볼 생각에 두 번째 휘파람 여인으로 결정했다. 결정을 잘한 것인지 못한 것인지 확신은 안 섰지만 일단 시간을 내서 한번 방문을 해봐야 할 것 같아 다시 시간을 잡아 보았다.

며칠을 미루다가 시간을 정했다. 이번에는 다 떨쳐 버리고 혼자서 갔다. 긴장을 하고 들어가니 낯익은 목소리가 다시 반겼다. 그 목소리를 들으니 조금 긴장감이 풀렸다. 방에 앉으니 지난번처럼 커피를 가져왔다. 조용히 말을 꺼냈다.

"나도 신 제자가 될게요."

그 여인이 말없이 웃었다. 참으로 묘한 미소다.

"걱정 마세요. 천하제일의 제자가 될 거예요. 당신도 나처럼 휘파람부는 이가 될 거예요."

경상도 지방에서는 무당들이 전부 휘파람을 분다. 휘파람을 불지 못하면 영험하지 못하다고 좀처럼 인정받지 못한다. 휘파람 부는 귀신은 명도, 즉 어린아이 귀신을 말하는데 굴뚝 속까지 들락날락하며 잘 알아맞힌다고 알려져 있다. 그러나 서울·경기 지방에서는 휘파람을 불면 재수 없다고 하여 잘 교제하려 들지를 않는다. 여하간 교제를 잘 하든 말든 이왕 신 제자가 될 것이면 한 치의 오차도 없는 점사를 뽑아 일류가 되어야 한다는 생각을 했다. 금액을 정했다. 현금 138만 원과 금 다섯 돈, 날짜는 1984년 음력 7월 5일! 장소는 삼각산 줄기의 우이동 계곡이었다.

회사를 빠질 수는 없으니 토요일로 잡았다. 집에다가는 회사에서 1박 2일로 산행을 간다고 거짓말을 했다. 이렇게 만반의 준비를 갖추었다. 굿을 하기 1주일 전부터 고기와 생선을 온전히 금하라고 했다. 가슴이 떨렸다.

드디어 당일이 되어서 산에 올라가는데 이상하게도 짐이 적었다. 산에서 짐을 풀어보니 소고기 한 근, 찹쌀 한 되, 멥쌀 한 되, 세 가지 나물, 세 가지 과일 각 하나씩, 소주 한 병, 담배 한 보루, 양초 굵은 것 두 자루! 이것이 전부였다. 그런데 왜 이리도 비싼 걸까? 아무리 물가가 올랐기로서니 무당의 인건비가 이리도 비싼 건가?

그 여인의 말로는 자기가 밤마다 100일 기도를 산에서 하기 때문이라는데, 기도를 하는지 안 하는지는 내 눈으로 보지를 못하니 믿을 바가 없고!

산에서 알지 못할 축원을 한참을 하고는 끝이 났다며 이제는 내게도 영감이 와서 점을 볼 수가 있다고 했다. 그러나 나는 아무 것도 알지를 못했다. 다른 사람을 생각해도 떠오르는 것이 없었다. 이런 게 내림굿인가? 텔레비전에서 본 굿과는 너무도 달라서 정말 이것이 굿이냐고 물어보았다. 그 여인은 천연덕스럽게도 그렇다고 했다. 그러고는 내일부터 자시(밤 11시부터 새벽 1시)에 날마다 기도를 하면 나의 영빨(?)이 좋아져서 점을 볼 수가 있다고 했다. 하여간 기다려 봐야지. 하지만 아무래도 의심스러웠다. 며칠이 지나도 나의 정신이나 영적인 상태에 변화를 전혀 느끼지 못했다.

그래서 몰래 확인을 해보기로 했다. 밤 11시 이후에 휘파람 여인의 집에 전화를 해봤다. 아니나 다를까, 산에 기도를 간다는 사람이 집에서 전화를 받는 것이었다. 받으면 얼른 전화를 끊으며 며칠을 연속 해봤는데 잘도 전화를 받았다. 정말 이상했다.

궁금한 것이 극에 달해도 그 여인에게 물으면 뻔한 대답을 할 테니, 이번에는 신촌의 아프리카 토인 같은 여인에게 찾아가기로 했다. 그 여인에게 굿을 하지 않아서 좀 미안했지만 사죄할 생각을 하고 갔다. 자초지종을 들은 신촌의 여인은 씁쓸한 미소를 짓고는 격 앙된 어조로 언성을 높였다.

"못된 년! 그런 것들 때문에 우리가 욕을 먹는다니깐! 사기꾼이에 요. 고발을 해서 혼을 내주세요. 돈은 돌려받고 정식으로 굿을 하지 않았으니 사기로 신고하면 잡아넣을 수 있어요."

정말 어이가 없었다. 세상에 이런 일이 어찌 있을 수 있단 말인 가? 하지만 억울하다고 해서 이런 일로 경찰에 신고할 수 있는가? 만약 신고를 하게 되면 내가 경찰에 왔다 갔다 해야 하고 세간에 오르내리게 될 텐데, 회사 생활을 하는데도 상당한 지장이 있을 것 같 았다. 대학까지 졸업을 하고 장교 출신인 내가 무당에게 사기를 당 했다고 신고를 하기가 정말 어려웠다. 터덜터덜 집으로 돌아왔다. 기운이 있는 대로 다 빠졌다.

"못된 것, 정말 못된 것. 네 말대로 내게도 신령이 있다면 결코 내 신령이 너를 가만두지 않을 거야. 어머니가 내 신령이라면 나의 사 기 당하는 꼴을 그냥 참으실 리가 없어."

비 맞은 중처럼 중얼거렸다. 집에 돌아와서 그냥 이불을 뒤집어 쓰고 잤다.

"나는 남을 한 번도 속이거나 못되게 군 적이 없는데 세상 사람들 이 다 착하지는 않구나."

다음날부터 새로운 방법을 찾아야 했다. 사기를 당했으니 다시 굿을 할 돈은 없고……. 돈이 들지 않는 새로운 방법을 모색해야 했 다. 다시 신촌의 아프리카 토인 같은 여인을 찾아갔다. 죄송하지만 도와달라고 매달렸다. 굿을 할 돈을 다시 모을 때까지 어찌하는 것이 좋은지 알려달라고 매달렸다. 그 여인은 한참을 생각을 하더니만 방법이 있다고 했다. 날마다 산 기도를 가라는 것이었다.

굿을 할 때 다시 하더라도 일을 순조롭게 진행시키고 또한 장래를 내다보고 영적으로 성장을 하려면 평소에 산 기도를 열심히 해야 한다고 했다. 그러면 저절로 말문이 열려 내림굿의 절차를 생략할 수 있고, 말문이 열리면 그때 가서 신령을 받아들이면 된다고 했다.

신령들을 받아들이다

처음 신을 받을 때 하는 것이 '내림굿'이고, 잡신들은 보내고 내게 도움이 될 만한 올바른 신령들만을 받아들이는 굿을 보통 '가리를 잡는 굿'이라고 표현한다.

법사를 만나다

그때부터 나는 산에 오르기 시작했다. 삼각산의 약수암이라는 곳에 매주 다섯 번을 갔다. 준비물은 오직 양초 두 자루와 향 세 개뿐이었다. 어떻게 비는지도 모르면서 무조건 살려 달라고, 말문을 열어달라고 했다. 나중에는 양초 두 자루도 부담이 되어서 한 자루로 줄였다. 열심히 산을 다니던 중 여기서 여러 명의 무당들을 알게 되었다. 제각기 자기의 신령들이 가장 신령하다고 잘난 척하는 무당들이었다.

하지만 나는 초짜이므로 그들이 하는 이야기를 걸러가며 열심히 들었다. 식당 개 3년이면 라면도 끓인다는데, 나도 주워들은 것이 많아 꽤 유망한 무당 지망생이 된 것이었다.

한동안 열심히 산에 다녔더니 이제는 제법 영감이 왔다. 신촌의 그 무당말이 맞았던 것이다. 그러나 정확히 맞을 때도 있고, 맞지 않을 때도 있었다.

왜 다 맞추지 못하는 건지 아는 무당들에게 자문을 구했다. 이것
은 허주(주인 없는 떠돌이 귀신)가 몸에 있어서 그렇다고 했다. 명산
대천의 영험만을 받아야 하는데, 산이나 들에 떠돌아다니는 잡신들
까지 함께 내 몸에 붙어 내 신령이 하는 말에 혼선이 온다는 것이었
다. 이래서 다시 알았다. 산 기도도 선생 없이 함부로 다니는 것이
아니구나!

회사 생활과 산 생활을 함께하니 상당히 피곤해졌다. 게다가 날
마다 귀신들을 불러 모으니 몸이 성할 리가 없었다. 직장 동료들이
무슨 병이 있느냐며 물었다. 처음 보는 사람들은 내가 불치병이 걸
렸을 것이라며 뒤에서 수군거리기도 했다.

다시 생각을 하기로 했다. 산 기도만 다닐 것이 아니고 빠른 시간
에 해결할 방법을 찾아야 했다. 친구들에게 돈을 빌리고 대출을 받
아 겨우겨우 돈을 마련해 굿을 했다. 그러나 또 헛수고였다. 무슨
놈의 잡신이 그리도 많은지 허주가 있어서 제대로 굿이 되지를 않
는다는 것이었다. 점사가 맞았다가 틀렸다가 하니 굿을 하는 무당
들도 신경질을 냈다. 이러기를 여러 번!

하지만 나는 그만둘 수가 없었다. 나도 정말 그만두고 싶었지만
여기서 포기하면 누나가 아니면 어린 여동생이 무당이 된다는 무서
운 사실에 끝까지 내가 무당이 되리라 생각했다. 그간에 흘린 눈물
이 아마도 시냇물이 되고 강물이 되었으리라!

올바른 내림굿도 하지 못하고 수많은 무당들만 사귀게 되었다.

은행원 생활을 하다가 무당이 되어 퇴계로에서 점을 보는 여인은 점을 보아서 돈을 벌어 아파트를 세 채나 가지고 있었다. 이 여인의 특기는 술집 여자들의 애인 관계를 점치는 것이었다.

재단사 생활을 하다가 무당이 된 면목동의 보살이니, 카페를 경영하다가 무당이 되었다는 선녀보살도 있었다. 무당 일을 하며 아들을 하버드 대학까지 졸업시켜 사진작가를 만든 창신동의 할머니 보살도 있었다.

아홉 살 때부터 신들려서 무당을 하는 박수무당은 일본까지 초청받아 출장굿을 가고, 미녀 선발대회에 나갔던 사람도 굿을 해주고, 하여간 여러 탤런트와 유명 인사들까지도 굿을 여러 번 해준 경력이 있는 잘 나가는 무당이었다.

그러다가 우연히 만난 사람이 정 법사였다. 한때 승려 생활을 해서 굿을 할 때 경을 읽었다. 그간 수차례의 시행착오를 일으키며 고생 끝에 만난 귀인, 정 법사! 전혀 무속인 같지가 않고 법문도 굉장히 많이 알고 있으며 점잖았던 그였다.

그는 나만 보면 무당이 되지 않을 방법을 같이 연구하자며 고민했다. 세상에서 가장 수준 낮고 천한 직업이 무당이라며 내가 무당 되기를 극구 말린 사람이었다. 나는 그를 형님이라고 부르기로 했다.

그러던 그가 암에 걸렸다. 췌장암이라 수술을 받았는데 그가 내게 물었다. 자신이 살 수 있겠느냐고. 이때 그의 나이가 39세, 나는 그가 43살을 잘 넘기면 장수한다고 생각나는 대로 말해주었다.

그가 병원에서 퇴원한 후, 나는 정 법사가 진정 굿을 잘해줄 것 같아 내림굿을 해달라고 부탁했다. 그는 별로 원치 않는 것 같은 표정을 보이면서 대답을 했다.

"이번이 마지막 굿이야. 이번에도 마음에 드는 결과가 나오지 않으면 어머니가 원치 않는 것으로 생각을 하고 포기하고 직장 생활을 열심히 해야 돼!"

정말 마지막이라 생각을 하고 준비를 했다. 각오를 단단히 했다. 굿을 하기로 한 날 2주 전부터 온전히 고기와 생선, 닭고기를 피하고 날마다 밤 11시부터 새벽 3시까지 준비 기도를 했다.

내림굿

덩더 궁더쿵, 덩더 궁더쿵!

깨갱 깨갱 깽깨 깨갱!

신나는 장구 소리, 꽹과리 소리, 징 소리, 구슬픈 해금 소리, 피리 소리!

주변은 온통 깜깜하고 모두들 잠들어 있는데, 무당들이 장단 소리에 맞추어 신명나게 춤을 추고 뛰고 있었다. 신나게 춤을 추는가 하면 구슬픈 가락으로 소리를 했다.

숫자를 세어보니 여섯 명이었다. 장구 하나, 해금 하나, 징 하나, 춤추는 이 하나, 피리 하나, 바라 하나! 어떻게 보면 무슨 잔치 같기도 하고 어떻게 보면 미친 짓 같기도 하고……

무당이 무릎을 꿇고 앉아 하얀 먼지털이 같은 것을 붙들고 있으라 해서 시키는 대로 했다. 대나무에 종이를 만들어 붙인 것인데, 이것을 신장대라고 했다. 신령이 그 신장대를 통해서 내려오시니 정신을 바짝 차리고 있으라 했다. 정신 나간 짓이라 생각하면서도 시키는 대로 했다. 여섯 명이 같이 굿을 하는데도 그 중에 대장이 있는 것 같았다.

눈물이 흘렀다. 하염없이 눈물이 흘렀다. 이 굿을 하고 나면 나는 이제 세상과는 인연을 끊고 나도 저들과 같이 무당이 되어야 한다고 생각을 하니 하염없이 눈물이 흘렀다.

어찌 해야 하나? 어찌 해야 하나? 이 굿을 그대로 계속해야 하나, 아니면 지금 이 자리에서 뛰쳐나가 버릴까. 열두 번도 생각이 더 바뀌었다. 아니야, 내가 끝까지 해야 돼. 내가 하지 않으면 더 불행한 일이 생겨!

무당이 소리를 질렀다.

"정신 바짝 차려!"

법사의 법문을 잘 들어야만 일이 쉽게 되는데 지금 무슨 생각을 하고 있느냐며 호통을 쳤다! 너무도 무서운 얼굴이었다.

일단 다른 생각은 접어두고 무당이 시키는 대로 법사의 법문을 열심히 들었다. 무슨 내용인지는 전혀 모르지만 그 소리를 그냥 소리로 들었다. 또 눈물이 흘러내렸다.

아니, 이것이 어찌된 일인가! 손에 들고 있던 신장대에 갑자기 힘이 들어갔다. 누가 잡아당기는 것 같았다. 이상했다. 내가 힘이 빠져서 그런 것인가? 움직이지 않으려고 일부러 더욱 힘을 주어 그 나무막대기를 잡았다. 그러나 전혀 소용이 없었다.

"신령님이 오시는구나. 자, 신나게 쳐라. 신령님이 오신다."

장구 장단이 빨라졌다. 더불어 징 소리, 해금 소리, 피리 소리가 빨라졌다. 무당은 왜 그리도 소리를 지르는지 고막이 터질 것만 같았다. 신장대가 갑자기 원을 그리며 돌았다. 나는 더욱 힘차게 잡았다. 그러나 소용이 없었다. 기분이 이상해졌다. 눈물이 더욱 쏟아졌다. 소리를 지르고 싶어졌다. 그러자 옆에서 무당이 소리를 질렀다.

"울고 싶으면 울어라. 뛰고 싶으면 뛰어라. 신령님이 오신다. 오늘은 신령님 모시고 잔치하는 날이니 네 마음대로 하여라. 네가 신령님을 받아 모시는 날이고 네가 주인이니 너 하고 싶은 대로 마음대로 해도 괜찮다. 더 울어라. 한 많은 조상이 오신다. 원 많은 조상이 오신다."

무당이 울었다. 나는 갑자기 뛰고 싶었다. 신장대를 잡고 흔들고 싶었다. 나도 모르게 벌떡 일어났다. 머리가 천장에 닿을 정도로 뛰기 시작했다. 분명 정신은 있는데 나도 모르게 뛰고 있었다. 소리를 지르고 울부짖었다. 세상의 모든 슬픔을 내가 다 가지고 있는 것처럼 눈물, 콧물 그리고 통곡이 나왔다. 한참을 뛰는데 누군가가 내게 오는 것 같았다. 하나가 아니고 여럿이 오고 있는 것 같았다. 무엇인가가 분명 내 몸으로 들어오는 것이었다.

열심히 뛰다가 갑자기 멈추고 싶었다. 한참을 뛰었더니 숨이 찼다. 숨을 몰아쉬는데 무당이 닥달을 했다.

"말씀하세요. 자, 이제 말씀을 하세요. 오셨으면 말씀을 하세요."

나는 대답하지 않고 묵묵히 서 있었다. 뭔가가 내게 왔는데 확실히는 무엇인지 알 수가 없다. 그냥 몹시 피곤할 뿐이었다. 무당이 핀잔을 줬다.

"벙어리 귀신이 왔나? 말 못하는 귀신이 왔나? 올바른 신령이 오지를 않고 떠도는 잡신이 왔나? 정신을 차리고 다시 한 번 새로 하자. 자, 간다. 쳐라."

다시 장구 소리가 시작됐다. 악단들이 합세했다. 뛰기가 싫다. 너무 피곤했다. 어제 초저녁부터 꼬박 무릎을 꿇고 법문을 듣기 시작했으니 벌써 7시간을 이러고 있는 것이다.

무당이 다시 소리를 질렀다. 무얼 하고 있느냐며!

나는 무감각하게 그냥 서 있었다. 뛰기 싫었다. 저들에게 반말 듣는 것도 싫었다. 대학까지 졸업하고, 대한민국 육군장교 출신으로서, 대기업에 근무하는 내가 무식해 보이는 무당들한테 반말 듣는 것이 싫었다.

장구 소리가 멈췄다. 주저앉았다. 무당이 나를 잡아끌었다. 목욕재개를 하라고 했다. 이 산중에서, 이 한밤중에, 이 엄동설한에 우물가에서 목욕을 하라고 했다.

"이봐, 젊은 양반, 돈 들여 굿하는데 아깝지도 않아? 기어코 성공해야 되잖아? 신령을 오늘 다 받아 모시지 않으면 다음에 또 돈 들여 이 고생을 할 거야?"

그 소리에 정신이 조금 들었다. 돈보다도 또 이 고생을 해야 한다는 소리에 춥더라도 목욕을 해야겠다는 생각이 들어 일어서는데 법당에 통돼지 잡아 놓은 것이 눈에 보였다.

우물가에서 옷을 벗고 목욕을 했다. 새벽 3시, 영하의 날씨에 목욕이라니? 누가 볼까봐 두려워 쪼그리고 앉아서 물을 몸에 퍼부었다. 병든 늙은 개가 떨듯 이가 마구 사정없이 부딪쳤다. 이가 부러질까 걱정스러울 정도였다. 다시 방으로 들어오니 내게 커피 한 잔을 건네주었다. 무당들은 감기약 드링크제를 한 병씩 마셨다.

잠깐의 휴식 후에 다시 장구 장단이 시작되었다. 엉거주춤한 자세로 신복을 입고 다시 일어섰다. 그 장단을 들으며 한참을 서 있는데 갑자기 몸이 떨리기 시작했다. 눈물이 다시 샘솟듯 나기 시작했다. 분명 내 정신은 있는데 다시 뛰기 시작했다.

"잘한다. 계속 뛰어라. 신령님이 오신다. 요번엔 신령님이 제대로 오신다. 신나게 뛰어라."

무당은 신이 났다. 한참을 뛰다가 나도 모르게 멈춰섰다. 무당이 또 물었다.

"누구세요. 말씀하세요. 자손이 몸살 나게 계속 뛰게만 하지 말고 빨리 말씀하세요."

참으로 성가셨다. 뭘 말하라는 거야? 그런데 갑자기 어머니가 느껴졌다. 돌아가신 어머니다!

눈물이 마구 쏟아졌다. 그리움과 서러움이 함께 느껴지며 통곡이 터져 나왔다. 귀에 무슨 소리가 들렸다. 아! 어머니 목소리다.

"내가 왔다. 내 자손아. 네 어미다."

어머니가 우시면서 계속 말씀하셨다.

"너를 제자 만들고 싶지 않았는데 어쩌자고 여기까지 왔니?"

내게만 들리는 모양이었다. 무당이 다시 닦달을 했다. 들은 대로 대답을 했다. 그러자 무당은 '신 제자는 원래 상놈집에서는 나지 않는 거야. 양반 후손만이 하는 거야' 하며 왜 오셨느냐고 또 물었다.

어머니가 대답하셨다.

"대신 할머니(몸에 자리 잡는 귀신의 한 형태)로 와서 세상 돈 다 벌어 주고 병들어 죽을 원 많고 한 많은 중생 구제하러 내가 왔다. 암이든 어떤 불치병이든 다 고치며 중생 구제하러 왔다."

이제 드디어 말문이 터졌다며 무당은 좋아서 어쩔 줄을 몰랐다.

"자, 다시 가자. 쳐라!"

장구 장단은 또 신명나게 시작되고 나는 또 뛰기 시작했다. 이번엔 어린 남자아이와 여자아이가 보였다. 깊은 산속 계곡 시냇물 옆의 큰 바위에 대문 같은 것이 있는데 그것이 열리며 둘이서 색동옷을 입고 톡 튀어나왔다. 둘이서 손잡고 잘도 뛰어논다. 남자아이는 산신 동자, 여자아이는 선녀라 했다. 나는 별로 부족함이 없이 성장했는데 왜 그들은 모두 내게 돈을 벌어 준다고 할까?

다시 장구 장단은 시작되고 나는 뛰고 또 뭔가 보이거나 들리면 멈춰서기를 여러 번…… 참으로 많은 신령들이 왔다. 남자아이는 어려서 죽은 삼촌, 여자아이는 6·25 사변 때 배 아파서 죽은 누나, 큰외삼촌은 백마 장군으로, 외할머니는 불사 대신, 삼대조 할아버지는 호국 장군, 친할머니는 약사 보살, 친할아버지는 도사 할아버지, 또 산신, 용궁의 동자 선녀, 천상 선녀, 동서남북 중앙 오방신장, 게다가 전혀 관련 없는 관우까지도…….

한참을 뛰고 나니 더 이상 떠오르는 것이 없다. 이제 올 만한 신령은 다 온 것이다. 다시 휴식이다. 무당은 신이 났다. 이제 나도 신제자가 된 것이란다. 별로 점잖아 보이지 않는 그들과 똑같은 신세가 된 것이었다.

주저앉았다. 눈물이 다시 줄줄 흘러내렸다. 이러려고, 결국 이렇게 되려고 대학까지 공부하고 대한민국 육군 장교까지 한 것인가? 처량하다. 한심하다. 불쌍한 내 인생…….

신제자와 무당의 차이

신제자: 몸에 신이 있거나 혹은 몸에 신은 없더라도 신을 받들고 섬기는 사람이다. 신도와 비슷한 의미다. 무당이 아닌 일반인 중에도 많다. 차후에 무당이 될 수도 있고 그냥 영원히 신제자로 남을 수도 있다.

무당: 신이 들려서 귀신들을 정성스럽게 받들고 모시며 남의 돈을 받고 점을 보고 굿을 하는 직업적인 사람이다. 귀신들과 친하게 지내며 귀신들이 시키는 대로 해야 한다.

나는 내림굿은 했지만 신제자의 단계에서 멈추고, 직업적인 무당까지는 되지 않았다.

신(神) 제자가 되다

"정신을 차리지 않고 뭐하는 거야!"

칼날 같은 목소리다. 눈을 뜨고 보니 무당이었다.

'아! 내가 지금 내림굿 중이었지.' 피곤과 긴장으로 지쳐 몸을 잘 가눌 수가 없었다. 기다시피해서 정 법사에게로 갔다. 그는 슬픈 표정을 지으며 나에게 말했다.

"동생, 이제 어쩔 텐가, 자네도 어쩔 수 없이 신 제자가 된 거라네. 이 험한 세상을 어찌 살 텐가?"

무당은 무엇이 그리도 바쁜지 정신없이 서둘렀다. 굿당의 앞마당에 큰 드럼통을 준비했다. 사람들이 많이 모였다. 큰 무당이 칼을 가지고 오라고 하니 심부름을 하는 새끼 무당이 부엌에서 식칼을 두 개 들고 왔다. 나는 날이 시퍼렇게 서 있는 식칼을 들고 신복을 입었다. 악사들과 무당들이 다시 두들기기 시작했다. 정 법사에게 물으니 작두굿을 한다고 했다. 큰 무당이 칼을 들고 춤을 추기 시작했다. 장단이 빨라졌다. 한참을 소리 지르며 뛰더니 날이 시퍼렇게 선 칼을 입에 물었다. 섬뜩했다. 온몸에 소름이 끼쳤다. 저러다 잘못하면 입 안이 온통 칼에 베여 피투성이가 될 텐데…….

그 칼을 한참을 입에 물고 이리 뛰고 저리 뛰고 돌더니 손을 대지 않고 혀로 밀어서 그 칼을 땅에 뱉어냈다. 식은땀이 났다. 나는 겁에 질려 그저 쳐다만 보고만 있었다.

그 여인이 앞마당으로 나갔다. 작두 두 개를 주먹 하나 간격으로 평행선으로 만들었는데, 보기만 해도 무서웠다. 그 작두가 날이 잘 섰는지 그 여인은 사과 한 개를 작두날에 대고 밀어보는데, 사과가 보기 좋게 반으로 쪼개졌다. 그 작두를 손에 들어 위로 아래로 흔들고 놀며 빙글빙글 돌기도 했다. 혀로 그 작두날을 핥았다. 무섭지도 않은지 또 그 날을 팔뚝에 대었다가 목에 대었다가 잘도 가지고 놀았다. 한참을 논 이후에 그 작두를 옆의 무당에게 넘기니 그 작두를 큰 드럼통 위의 쌀통 위에 올려놓았다.

두 사람이 양 옆에서 작두가 흔들리지 않게 붙잡았다. 그들은 입에 날고기를 한 조각씩 물고 있었는데, 부정을 막는 비방이라고 했다. 무당은 그 작두 앞에서 한참을 뛰고 놀았다. 힘이 들어서 그런 건지 신이 극도로 임해서 그런 건지 얼굴이 창백해 보였다. 드디어 그 무당은 뛰던 것을 멈추고 작두 앞, 향이 들어있는 세숫대야의 물에 발을 잠깐 담갔다가 뛰어 올라갔다. 나는 겁에 질려 눈을 질끈 감았다. 무당이 작두 위에서 동서남북 사방을 몸을 돌려 절을 하고는 이러저러한 예언(공수)을 했다.

"어허, 작두 신장 아니시리이! 내가 오늘 이 정성을 받고오 어찌 감응치 않으리오. 천기를 내려 받고 명산대천 명기 서기를 받아서 어 이제 천하 제일 가는 신 제자가 될 것이니 걱정마라, 도와주마. 금전에 한 풀어주마아, 원 풀어주마아!"

소리소리를 지른다. 옆의 무당들은 "제발 그렇게만 해주세요" 하며 열심히 손바닥을 비벼댔다. 무당이 작두 위에서 다섯 개의 깃발을 흔들어대다가 둘둘 말아서 내게 내밀었다. 한 개를 뽑아보란다. 빨간색, 파란색, 노란색, 하얀색, 연두색 깃발 이렇게 다섯 가지 색깔이다. 한 개를 뽑아드니 빨간색이었다. 무당들은 일제히 좋다며 신이 났다. 빨간색 깃발은 재수가 있게 된다는 의미의 깃발이라고 했다. 다시 한 개를 뽑으니 이번에는 노란색의 깃발을 뽑았다. 옆에서 또 통역(?)을 했다. 역시 대신 할머니가 오셔서 신 제자가 되지 않을 수가 없다고 했다. 억수로 돈을 많이 벌게 될 것이라며 축하해주었다. 무당들은 정말 돈을 좋아하나보다. 말끝마다 모든 일을 돈과 연결시켰다.

드디어 작두굿은 끝이 나고 다시 휴식했다. 의심이 간 나는 조심스럽게 그 작두날을 손으로 만져 보았더니 정말 날카로웠다. 그걸 정 법사가 보더니 어제 하루 종일 숫돌에 갈았다고 일러주었다. 이번에는 아까 작두 위에 섰던 무당의 발을 보았다. 칼자국이 5mm 정도 살을 파고 들어가 있었다. 물론 칼에 베이거나 피가 나지는 않았지만 무척 아파 보였다. 그 여인이 작두 위에 있을 때는 전혀 아프지 않고 오히려 묘한 쾌감이 있다고 대답했다. 무념무상의 상태에서 신령이 말을 하게 한다고 하며 앞으로 걱정 말라고 했다. 나도 작두신장이 있기 때문에 작두 위에서 뛰게 되면 그 쾌감을 맛보게 될 것이라고 했다. 속으로 나는 그런 위험한 것은 절대 하지 않을 것이라고 생각했다.

조금 쉬고 있는데, 이번에는 물을 잔뜩 담은 항아리에 창호지를 덮은 것을 가지고 왔다. 그 앞에는 비단 천을 쭉 깔아 놓았다. 그것을 '용사슬'이라고 했다. 해가 뜰 때에 일광맞이를 한다고 하는데, 태양신을 받드는 절차였다. 새벽이 되어 하늘이 파르스름해지자 나오라고 했다. 그리고 용사슬에 올라가 그 항아리 위에서 동서남북을 차례로 바라보며 절을 하라고 했다. 그 항아리는 용궁을 의미했다. 바다에 직접 가지를 못하니 바다와 큰 강을 대신해서 용궁을 의미하는 물 항아리를 만들고, 그 위에서 동서남북중앙, 즉 오방신장에게 신고를 하고 그 위에서 신의 계시를 받으라는 의미였다.

항아리 위에 올라가니 이상하게도 여러 가지가 보였다. 고향의 금오산이 보이고 그 산 위로 밝은 빛이 내리비추는 것이 보였다. 큰 바다도 보였다. 하늘에서 갑옷을 입은 장수가 갈색 말을 타고 내려오는 것이 보였다. 그 말에게는 큰 날개가 달려 있었다. 또 색동옷을 입은 어린 아이도 보였다. 남자 아이와 여자 아이와 할머니였다. 한참을 영화필름 돌아가듯 보이더니 어느덧 더 이상 보이는 것이 없어 용사슬을 뛰어내려왔다.

그렇게 내림굿이 끝났다. 뒤풀이를 한다는데, 아직 다 놀지 못한 신령들을 놀리고 보낼 귀신은 보내고 마무리를 하는 절차라고 했다. 이것까지 해야 모든 것이 끝나는 것이었다. 큰 무당이 내게로 걸어왔다. 자기가 나를 내림굿을 해 주었으니 내 어머니가 된 것이라며 큰절을 하라고 했다. 이것이 신의 법도라며 자꾸만 강요를 하는데 하기가 싫었다. 간밤에 고생을 하고 굿을 했으니 연장자에 대한 예의로 절은 할 수가 있지만, 어머니라고 부르기는 싫었다. 내 어머니는 세상에 단 한 분만 계시기 때문이다. 할 수 없이 큰절을 하고 호칭은 그냥 선생님이라고 부르기로 했다.

모든 것이 끝났다고 생각하니 이젠 정말 무당이 된 것 같아 미칠 것만 같았다. 그 무식해 보이는 무당들과 나와 다른 것이 없다고 생각하니 한심하기도 하고 내 신세가 처량하고 불쌍해 자꾸만 눈물이 났다. 주섬주섬 짐들을 정리하고 일어섰다. 휘청거리는 다리를 이끌고 터덜터덜거리며 산을 내려왔다. 이제는 영적으로 전혀 새로운 영역의 사람이 되었다.

마을 어귀까지 다 내려 왔는데 맞은편 쪽에 여인 하나가 걸어왔다. 왠지 그 여인이 신 제자인 것처럼 느껴졌다. 그리고 왠지 그 여인이 곧 넘어질 것같이 느껴졌다. 그런데 뒤에 따라 내려오던 무당이 그를 오랜만이라며 반겼다. 같이 이야기를 하며 걷다가 금방 마주친 여인이 넘어졌다. 돌부리에 걸려 넘어진 것이다. 아니, 이럴 수가……!

'아, 맞아! 내가 지금 내림굿을 하고 오는 길이지. 나도 이제는 신 제자가 된 것이지.'

이런 예감은 틀려야 되는 것인데…… 신 제자가 되었다는 사실을 실감하게 되니 더욱 슬퍼졌다.

공수란?

무당이 신들린 상태에서 주변의 사람에게 예언을 하는 것이다. 흔히 '공수를 준다' 고 한다. 작두 위에서 주는 공수는 특히 더 영험해서 잘 맞는다고 한다.

이중 생활

다음날 신 제자가 된 이후 처음으로 회사에 출근을 했다. 몸이 무척이나 피곤했지만 목구멍이 포도청이라 열심히 일을 해야 했다. 아버지는 부자셨지만 나는 내 가정에 책임을 져야 했다.

직장 동료들이 사무실에 삼삼오오 들어서는데, 그들을 쳐다보는 순간 이상하게도 별 생각들이 다 떠올랐다.

저 사람은 오래 못 살 것 같은데…… 저 사람은 두 번 장가 갈 거야…… 저 여사원은 숫처녀가 아니야…… 저 사람은 곧 회사를 그만두고 유학을 가야 앞날이 열릴 텐데…….

그 순간 어제의 내림굿이 생각났다.

'맞아! 나는 이제 다른 사람들과는 다른 신 제자가 된 거야!'

또다시 눈물이 흘렀다. 내 신세가 처량하고, 또 다른 사람이 내 눈물을 볼까 두렵기도 해서 고개를 떨구고 말았다.

문득 문득 떠오르는 생각들을 함부로 이야기했다가는 정말 회사 내에서 미친 놈 취급을 당할 테고, 또 회사도 불명예스럽게 퇴직을 하게 될 것이므로 꼭꼭 입을 다물어야겠다고 다짐했다.

결심은 굳게 했지만 소용이 없었다. 우리 부서에서 평소 제일 지각을 잘하던 사람이 들어섰을 때, 내 생각을 정리도 하기 전에 입을 열고야 만 것이다.

"어이, 오늘 당신 오른쪽 눈을 조심해야 돼!"

나도 나에게 깜짝 놀라 입을 손으로 막았다. 그러나 후회를 해도 이미 늦은 일!

"아침부터 재수 없게 무슨 무당 같은 소리를 하는 거야? 에이, 기분 나빠."

뜨끔했다. 무당 같은 소리라니. 자라 보고 놀란 놈 솥뚜껑 보고 놀란다더니…….

나는 대꾸하지 않고 커피를 마시러 갔다. 그런데 갑자기 뒤에서 "아야!" 하는 소리가 들렸다. 방금 전 그 동료가 떨어진 볼펜을 주우려고 몸을 숙이다가 오른쪽 눈을 책상 모서리에 부딪친 것이었다. 금세 눈이 시퍼렇게 멍이 들었다.

모든 원망이 다 내게로 돌아왔다. 입살이 보살이라더니, 내 탓이라고 했다. 사실대로 이야기할 수가 없으니 내가 뒤집어쓸 수밖에 없었다. 다른 사람이 눈에 보이기만 하면 별놈의 생각이 다 떠오르고 또 그 생각을 말하고 싶으니 어쩌란 말인가.

입술을 깨물었다. 하루를 간신히 넘기고, 왠지 그냥 집으로 가기가 싫어 회사 옆 포장마차에서 대책 없이 소주를 들이켰다. 세상의 모든 것을 잊는 방법으로는 술이 최고였다. 한참을 마시고는 일어섰다. 머릿속은 정말 아무것도 없이 백지처럼 비었다. 이슬비가 내린다. 그냥 걸었다. 한참을 걷다보니 집이 보였다. 술에 취해서 얼마를 걸었는지도 모르고 걷다가 시청 앞에서 목동까지 걸어온 것이었다. 짐승처럼 쓰러져 잠을 자고 다음날 또 회사를 갔다.

다행히 전날 같은 실수는 없었다. 하지만 이렇게 불안한 상태로 계속 회사를 다닐 수는 없었다.

대충대충 업무를 마치고 다시 그 무식해 보이고 욕 잘하는 무당 아줌마에게 갔다. 무당 아줌마는 우리 아들 왔다며 무척이나 반겼다. 속으로 '당신은 내 엄마가 아니야!'라고 소리쳤지만, 그래도 내 사정을 털어놓을 수 있으니 가슴은 한결 가벼워졌다.

오늘 다시 보니 그 여인 역시 굿을 할 때가 아니면 보통 사람이었다. 사실 그 여인 역시 따지고 보면 귀신에 의한 피해자였다. 그녀 역시 무당이 되기 전에는 보통 여인이었으나 어쩔 수 없이 귀신에게 선택되어 그 천하디 천한 무당이 된 것이니 가슴에 얼마나 한이 맺히고 슬픔이 많겠는가!

회사에서 있었던 일을 그대로 설명하고 앞으로 어떻게 살아가야 하는지 제발 알려 달라고 빌다시피 했다. 여인은 말없이 고개를 떨구었다. 어쩔 수 없이 굿을 하고 신 제자를 만들기는 했지만, 젊디 젊은 사람이 이 험한 신의 세계를 어찌 살아가겠냐며 한숨을 내쉬는데, 그 한숨에 금방이라도 땅이 꺼질 것만 같았다.

방법이 없다고 했다. 아직은 신령이 봐주니까 그렇지만 때가 되면 어쩔 수 없이 점상을 받고 손님을 받아야 한다고 했다. 그렇다면 나도 무당 소리를 듣는 직업 점쟁이가 된다는 소린데…… 대충 영양가 없는 소리들만 나누고는 일어섰다.

'그럴 수 없어. 나는 점쟁이는 할 수 없어. 세상에 예외 없는 법칙은 없다고 했는데, 귀신의 세계에도 분명 방법이 있을 거야. 그 방법을 찾아야 해. 꼭 찾아내고야 말 거야.'

정 법사가 생각이 났다. 스님 출신이고 그 어려운 법문도 잘 아는 분이니 분명 방법을 알고 있을 거라 생각했다.

내 머리통보다 더 큰 수박을 들고 정 법사의 집으로 들어갔다. 신제자 세계의 법도대로 절을 하려니까 급히 막으며 악수만 하자고 했다. 나는 거두절미하고 내 이야기를 풀어놓았다.

"형님, 나 무당 안 되게 해주세요. 나 무당하기 싫어요."

"……방법이 있기는 있어. 좀 힘이 들어서 그렇지."

"알려주세요. 힘이 들어도 할게요. 무엇이든 할게요."

한참을 망설이다 정 법사, 아니 형님이 입을 열었다.

"오직 한 가지. 그것은 신풀이하는 것이지."

"형님, 신풀이한다는 게 뭡니까?"

나는 아직 신의 세계에는 초년병이라 모르는 단어들과 상황들이 많았다. 끊임없이 질문들을 퍼부었다. 무당을 하지 않을 방법이 있다는 소리에 눈이 번쩍 뜨여 숨 쉴 틈도 주지 않고 코밑으로 바짝 붙어 앉아 물었다.

신풀이하는 방법은 다섯 가지라고 했다. 첫째, 일 년에 한두 번씩 정기적으로 진적굿을 하며 귀신들을 달래는 것이었다. 그러나 문제점이 있다. 봉급쟁이가 무슨 돈이 있어 한 번에 이백만 원씩을 투자하며 굿을 할 수가 있다는 말인가. 둘째, 간단한 음식을 준비하여 명산대천, 즉 기가 센 산들과 강 그리고 바다에 가서 기도하는 것이었다. 이것은 직장 산악부를 활용하면 가능할 것 같았다. 셋째, 집에서 기도하는 방법인데 이것은 문제가 되지 않을 것 같았다. 넷째, 다른 사람이 굿을 할 때 동냥굿을 하는 것이었다. 그들의 용어로는 몸주를 놀아준다는 것인데, 다른 무당들이 굿을 할 때 거의 막바지즈음에 신복을 입고 뛰며 내 스스로 신풀이를 하는 것이었다. 이것은 눈치가 보일뿐더러 친하게 아는 무당들이 많아 그들이 배려해 주어야 한다는 어려움이 따랐다. 다섯째, 귀신들이 좋아하는 것, 예를 들면 쇳소리와 신명나는 놀이들을 찾아서 하는 것이었다.

실제로 할 수 있든 없든 그래도 무당이 되지 않을 방법을 들었기에 희망에 찬 발걸음으로 집으로 돌아왔다. 아내가 내 표정이 오랜만에 밝으니 무슨 좋은 일이 있느냐며 물었다. 내용도 모르고 반기는 불쌍한 내 아내에게 무척이나 미안했다. 남편 하나 잘못 만나 이게 웬 고생이란 말인가.

내게 어떤 고민이 있건 간에 해는 어김없이 동편으로 떠올랐다. 아침밥을 먹고 회사로 출근을 했다. 어제까지 아무 일 없던 여직원의 배가 남산만 하게 보였다. 눈을 비비고 다시 보아도 역시 마찬가지였다. 내 신통력을 확인하고픈 생각에 한적한 시간에 그 여직원을 회의실로 불렀다.

"미안합니다. 내가 절에 열심히 다녀서 가끔은 예지력 같은 것이 있는데 실례가 안 된다면 물어볼 테니 사실대로 이야기해 주세요. 혹시 임신하지 않았나요?"

사실 처녀한테 감히 물을 수도 없는 이야기가 아닌가? 여직원은 깜짝 놀라며 조심스럽게 입을 열었다.

"맞아요. 비밀로 해주세요. 결혼 날짜를 받아 놓았어요. 근데 어떻게 그런 것을 알 수가 있나요?"

"절에 열심히 다니면 그런 것을 가끔은 알 수 있어요. 항상은 아니고요."

대충 얼버무리고 내 자리로 돌아왔다. 그러고는 나의 이러한 신통력에 감탄을 하면서도 정말 내가 귀신이 들렸구나 하는 생각에 다시 한 번 표정은 굳어갔다.

'이러다가는 정말 무당이 되고야 말지. 정 법사 말대로 무당이 안 되는 쪽으로만 연구를 해야겠어.'

그때부터 무당이 되지 않으려는 작전에 돌입하기로 했다. 우선 회사의 산악부에 등록했다. 비용도 적고 집에 별 거짓말 없이 매월 한 번씩 회사 행사에 참여하니 참으로 좋은 방법이었다. 그러나 그것도 무당들이 말하는 명산, 즉 명기 서기가 있는 산들을 찾아가야지, 전부 쫓아다니다 보면 아내에게 미움을 받을 게 당연했다.

명산이란 주로 큰 산들을 주로 의미한다. 태백산, 지리산, 계룡산, 강원도의 금강산, 한라산, 삼각산 등이 있으며, 또 우선적으로 생각해야 할 산은 본향 본산이다. 내게는 구미의 금오산이었다. 그밖에 돌과 바위가 많은 악산들이 명산의 조건들에 들어간다.

마침 회사에서 설악산을 간다고 해서 신이 났다. 몰래 양초와 향을 배낭 속에 집어넣고 산행을 따라 나섰다. 비가 오니 더욱 신이 났다. 음산하고 을씨년스러운 날씨이면 괜히 기분에 더욱 귀신의 작용이 많을 것 같아서 좋았다. 전설의 고향 같은 것을 보면 언제나 음산한 분위기에서 귀신은 나타나는 법이니 이럴 때 잘 기도를 해서 점수를 따야 한다고 생각했다.

그러나 기대와는 달리 엉뚱한 일만 생기고 말았다. 비가 너무 심하게 와서 산에는 올라가지를 못하고 내설악의 산장에서 그냥 하루 묵고, 다음날까지도 비가 그치지 않는다면 그냥 서울로 돌아가야 했다. 마음이 급해졌다. 산에 가서 초를 켜서 밝히고 향을 켜서 신령님께 바치는 것이 내 목적인데, 그렇게 하지 않으면 산에 올라온 의미가 없어지기 때문이었다.

그래서 혼자서라도 시도하기로 했다. 손전등을 들고 우의를 입고 향과 양초를 들고 몰래 산을 올랐다. 무척 겁이 났다. 이러한 깜깜한 밤에, 그것도 비가 오는데 혼자 산에 가는 것이 처음이었고 또한 귀신을 만나러 간다는 것이 무서웠다. 내림굿할 때의 내 조상 귀신이 아니고, 산속에 있는 산신령을 비롯해서 크고 작은 다른 신을 만나는 건 두려운 일이었다. 내 조상은 귀신이라도 나를 해하지 않고, 오히려 지켜줄 것 같은 확신이 있지만, 산과 들의 수비(잡신)들은 어떨지 몰랐다. 처음 계획은 산을 어느 정도 올라가 기도하려 했지만 도저히 엄두가 나지를 않았다. 그래서 조금만 올라가서 초와 향에 불을 지폈다. 무릎을 꿇고 기도를 시작했다.

갑자기 여러 귀신들이 보이기 시작했다. 머리를 풀어 헤친 귀신, 다리를 저는 귀신, 어린아이 귀신, 할아버지 귀신 등……. 다른 무당들은 귀신이 보이지는 않고 영감만 받아서 점 보는 것이 보통이라는데, 나는 귀신이 눈에 보여서 더욱 무서웠다. 다른 무당들은 귀신들을 볼 수 있는 내가 부럽다는데 오늘 같은 날에는 오히려 좋지 않았다. 기도를 하는 둥 마는 둥 대충 경을 읽고 꽁지가 빠지라고 내려왔다. 식은땀이 흘렀다.

산장으로 오니 시끌벅적했다. 직원들이 노래를 부르고 게임을 하며 정말 신나게들 놀고 있었다. 그들을 물끄러미 쳐다보았다.

'얼마 전까지만 해도 나도 저들과 똑같이 뛰놀 수 있었는데…….'

처음 산에 오르자마자 나는 벌써 후회하기 시작했다. 외로운 이 마음을 누가 알겠는가? 넋을 놓고 앉아 있는데, 갑자기 엄청나게 뜨거운 것이 내 머리에 쏟아졌다. 어떤 놈이 컵라면을 들고 가다가 놓쳐서 머리에 쏟은 것이었다. 아, 이럴 수가! 약도 없고 달리 방법이 없었다. 언뜻 옆의 동료가 소주에 머리를 담그라고 했다. 데었을 때 머리털이 빠지지 않는 민간 비법이라고 했다. 첫 산행에서 원하는 기도는 하지도 못하고 소주에 머리만 감고 왔다.

회사의 산행은 변수가 많으니 삼가기로 하고, 다른 산행 동역자를 찾기로 했다. 다른 무당들과 팀을 만들어 산에 오르면 무서울 리도 없고 오히려 귀신 세계를 좀 더 빨리 배울 것 같아서였다.

신풀이란?

신풀이는 쉽게 말하면 귀신들이 요구하는 것을 하거나 혹은 귀신들을 즐겁게 해서 사람이 원하는 것을 얻기 위한 행위를 말한다. 크게는 두 가지가 있는데, 하나는 돈을 들여 하는 것이고, 다른 하나는 돈 들이지 않고 하는 방법이다.

돈을 들이는 방법은 귀신을 직접 위하고 달래주는 굿이나 치성 등 푸닥거리를 하는 일인데 음식준비를 비롯해서 굿당을 빌리고, 여러 명의 무당들(법사, 피리, 대금, 제금, 징, 해금, 뛰고 춤추며 공수 주는 무당, 잔심부름하는 무당)이 팀을 이루어서 해야 하니 많은 돈이 든다.

돈 들이지 않는 방법은 굿을 할 경제적 여력이 되지 않는 사람들이 굿을 하는 것과 유사한 효과를 나타내기 위해서 하는 것이다. 다시 말하면 귀신들이 좋아하는 것(산 기도, 용궁 기도, 심야 기도, 남의 굿에 참여하는 것 등)을 하는 것이다.

예수 알레르기

　회사에서 우연히 '전통문화연구소'라는 취미활동을 하는 동아리를 발견했다. 사물놀이를 가르쳐준다고 했다. 눈이 번쩍 띄었다. 바로 내가 찾던 것이었다. 회사업무를 마치고 일주일에 한 번씩 모여 하는 것인데 구경만 해도 너무 너무 신이 났다. 이것도 무당이 되지 않는 방법 중의 하나라고 생각하고 무조건 등록했다. 나는 일단 장구를 먼저 배우기로 했다.

　굿당에서 무당들이 굿을 할 때에 필수적인 악기인 장구를 배워 무당은 하지 않더라고 충분한 신풀이가 될 것 같았다. 최악의 상황에 무당이 된다 해도 남들보다 앞서 갈수 있다는 생각이 들어서였다. 앞서가는 무당이라!

　굿거리장단과 삼채장단 그리고 휘모리장단 등 많이 있는데 무당들이 굿을 할 때 두드리던 그날의 그 장단들과 매우 흡사했다. 보기에는 쉬워 보여서 금방 배울 수 있을 것 같았지만 막상 해보니 꽤나 어려웠다. 왼손과 오른손을 박자에 맞춰 두들겨 꽹과리, 징, 북 같은 다른 악기들과 조화를 이루는 건 하루이틀에 될 일이 아니었다.

여기서 나는 또 놀라운 사실 한 가지를 알았다. 무당들은 정말 거짓말을 잘한다는 것을⋯⋯. 자신은 전혀 장구를 칠 줄을 몰랐는데 장구대신이 들어오니 어느 날 갑자기 장구를 잘 치게 되고 굿을 할 때에 바로 악단들과 합세를 할 수 있었다는 말을 어쩌면 그렇게 천연덕스럽게 할 수가 있을까!

세상에 장구대신이 어디 있어? 단지 장구에 소질이 조금 있었다는 뜻이겠지. 그런데도 그들은 마치 자신들이 모신 귀신(신령)들이 세상 최고라고 언제나 자랑했다.

여하간 나의 실력은 나날이 늘어갔다. 다른 동료들은 단지 취미로 하지만, 나는 무당이 되느냐 안 되느냐의 사활이 달린 문제이니 연습을 하는 자세부터가 다를 수밖에 없었다. 언젠가부터 우리 전통문화연구팀의 팀원들이 나를 교주라고 부르기 시작했다. 장구를 두들기고 꽹과리를 치고 북을 치고 소리를 할 때면 마치 신들린 사람 같고 사이비 종교 교주같이 보인다고들 했다. 속으로 뜨끔했다. 신들린 사람이라니⋯⋯, 앞으로는 사물놀이도 조심해서 해야겠다.

사물놀이를 1년간 계속해서 배우니 어느 정도의 실력이 늘었으나 마음에 차지를 않아서 신당동에 있는 사물놀이 학원을 찾았다. 주 4일로 3개월을 또 열심히 배웠다. 3개월을 마치고 나니 속이 좀 후련했다. 미친 듯이 두들기면서 땀을 빼면 정말로 신이 났다. 그래서 정 법사가 이런 것을 신풀이라고 했나보다.

회사의 전통문화연구팀을 다시 찾았다. 이번에는 내가 주도를 했다. 사물놀이는 그만 배우고 단소를 배우자고 제안을 하니 거의 대부분 찬성했다. 한국교사국악회의 회장을 맡고 있는 S 선생을 초빙했다. 차분한 인상에 말도 조용조용하게 하는 정말 얌전한 사람인 것 같았다. 그는 현직 초등학교 교사였는데 취미로 배우기 시작해서 이제는 교사국악회를 조직하는 등 국악의 보급에 힘을 쓰게 된 사람이었다. 단소, 대금 등을 다 다룰 뿐 아니라 해금, 피리, 거문고에도 큰 관심을 갖고 있었다.

그러나 단소 역시 쉽지가 않았다. 도무지 소리조차 나지를 않았다. 가르쳐주는 대로 입모양을 만들어 애를 쓰며 불어봤지만, 소리는 잘 나지 않고 계속해서 좁은 구멍으로 바람을 불어넣으니 머리만 어지러웠다. 첫 시간에 40명이 배우기 시작했지만, 다음 주에는 20명 정도로 줄었다. 도무지 소리조차 나질 않으니 첫 시간 만에 절반이 포기를 한 것이다.

단소 선생이 씁쓸한 미소를 지었다. 우리 한국인의 최대의 장점은 인내인데, 세상이 바뀌고 문화가 발달될수록 조금만 힘이 들어도 포기가 빠르다며 한숨을 내쉬었다. 그 한숨에 그만둘까 생각했던 내 자신이 매우 부끄럽게 느껴졌다. 한 주를 더 배우니 이제 조금씩 소리는 나게 되었다. '다음 주에는 더 나아지겠지' 하는 생각에 연습을 계속하다 보니 어느덧 제법 민요도 연주할 수 있게 되었다. 그리고 S 선생과도 꽤 친하게 되었다. 알고 보니 그와 나는 동갑이었다. 그래서 어느 날 내가 그에게 친구하자고 제안했다.

그렇게 친구 관계를 지속되던 중 S 선생과 문제가 생겼다. 그가 엉뚱한 말을 하는 것이었다.

"우리 둘의 관계는 한계가 있어. 아무리 친하게 지낸다 해도 대화에 한계가 있으니 안타까워."

"친하면 친한 거지 대화에 한계가 있다는 것은 무슨 얘기야?"

"좋은 음식이 있으면 부모님과 처자식, 좋은 친구와 나눠먹고 싶은 것처럼 나는 언제나 너만 보면 예수 이야기를 하고 싶은데 너는 예수 싫어하잖아?"

맞는 이야기였다. 언젠가부터 나는 예수 알레르기가 생겨 있었다. 정확히 말하면 내림굿을 한 후에 특히 예수가 싫어졌다. 당시에도 예수가 매우 대단히 높은 신이라는 것을 인정은 했다. 하지만 불행하게도 내게는 이미 신령(귀신)들이 자리 잡고 있기에, 또 그러지 않고는 내 가족들이 해를 입을 수밖에 없기에 나는 예수를 인정할 수가 없었다. 나는 그의 말을 일축했다.

"나한테 예수 얘기 꺼내지 마. 나는 불교 신자야. 어머니는 돌아가시는 순간까지도 손에 염주를 들고 계셨어. 나는 내 어머니의 종교를 따를 거야. 조상을 잘 모시고 받들면 후손이 잘된다는 것을 너는 왜 모르니? 너는 어디서 왔어? 네 조상에게서, 네 부모에게서 온 것을 부정하지는 않겠지? 왜 우리 조상은 놔두고 서양 귀신을 믿는 거야? 사람은 다 뿌리가 중요한 거야. 인생을 더 배워!"

나는 마구 험한 말로 그의 입을 막아버렸다. 그러나 그는 그냥 지지는 않았다.

"언젠가 우리가 함께 기쁨으로 예수님을 이야기할 날이 올 거야. 내가 그날을 위해 기도할게."

"야, 예수는 무식한 사람들의 우상이야. 네가 오히려 불교를 믿게 될 거야. 참선을 하고 도를 닦다 보면 우리는 모두 도인이 되고 해탈을 할 수 있어."

나는 악을 썼다. 내가 신 제자가 된 사실을 말할 수는 없었고, 단지 그에게 있는 대로 화풀이를 한 것이었다. 나는 집에 와서도 분이 풀리지를 않았다.

'예수 좋으면 저나 믿지, 왜 사람 속은 뒤집어 놓는 거야? 좌우간 예수 믿는 사람들은 자꾸 믿으라고 해서 피곤해. 저희들만 똑똑한가? 다 대학 교육 받고 똑똑하기는 마찬가지일 텐데 자꾸 강요를 하면 누가 좋다고 하나?'

예수 전도

사실 전도는 기술이 아니다. 전도는 사람의 영혼을 구하는 귀한 일이다. 그렇기에 내가 먼저 말씀대로 바르게 열심히 살아야 한다. 그리고 진정 사랑과 인내의 마음으로 예수님을 전하는 것이다.

하나님이신 예수님이 우리를 위해 십자가에서 돌아가시고 3일 후에 다시 살아나셔서 사망의 권세를 이기셨으며, 우리를 구원해주신 분이시기에 예수님을 믿지 않고는 그 어느 누구도 천국에 갈 수 없다는 것을 담대하게 전하는 것이다.

심야 기도

밤이 되어 아내와 아이가 잠이 들었다. 그래, 기도를 해야지. 몸은 피곤해도 집에서 심야 기도를 해야 무당이 되지 않는다는 정 법사의 말이 생각이 났다. 조용히 일어나 옆방으로 갔다. 초와 향을 켰다. 무릎을 꿇었다. 축시(새벽 1시~3시)였다. 무당들마다 밤 기도 하는 시간이 달랐다. 어떤 무당은 자시(밤 11시~새벽 1시)가 좋다고 하고, 어떤 사람은 인시(새벽 3시~5시)가 좋다고 하고.

하지만 나는 축시를 선택했다. 내가 축시에 태어났고, 그 시간이면 식구들이 확실하게 잠이 드는 시간이며, 또 막연히 그 시간이 내게 좋은 것 같아서였다. 하지만 그 시간까지 자는 척하며 누워 있기가 정말 힘이 들었다. 자칫하면 잠들어 버리기 때문이었다.

밤까지 기다렸다가 정 법사가 가르쳐준 기도문을 주절주절 외웠다. 천지신령부터 시작하여 명산대천을 부르고 크고 작은 모든 신들을 찾아가며 기도를 했다. 우리나라에 왜 그리도 산이 많고 강도 많고, 또 불러야 할 신은 그리도 많은지 외우기도 힘이 들었다.

정신을 집중하여 그렇게 열심히 기도하고 있는데 갑자기 어린 남자아이 하나가 튀어나왔다. 초콜릿과 사탕을 사달라고 떼를 쓰기에 누구냐고 물었더니 그 아이는 폴짝폴짝 뛰며 대답을 했다.

"난 어렸을 때 죽은 네 삼촌이야."

"우리 삼촌은 한 분뿐인데 살아계셔. 그 외에는 삼촌은 안 계셔. 그러니 거짓말하지 말고 빨리 가."

"네 아버지한테 물어봐. 나 배 아파서 죽은 네 삼촌이야. 내 말이 맞으면 내일 사탕 사줘야 돼!"

그 말만을 남기고는 금방 사라져 버렸다. 참 이상한 일이다. 내일 확인을 해봐야지. 출근을 또 해야 되니까 그만 잠자리에 들었다.

회사에서 고향의 고모님께 전화를 해서 어릴 때 죽은 삼촌이 있느냐고 물었다. 그런데, 놀랍게도 있다고 하셨다. 그러면 그 아이도 내 조상으로서 내가 모셔야 될 신령인 것이다. 근데 참 이상하다. 왜 귀신들은 모두 해달라는 것이 그리도 많을까? 산 사람은 살게 두고 자기들은 귀신들끼리 살면 될 텐데, 왜 인간에게 와서 이것저것 해달라며 피곤하게 할까?

좌우간 일단은 직업무당을 하지 않으려면 심야 기도, 신풀이, 진적굿, 산 기도와 강 기도를 계속하는 수밖에 없었다.

아이엄마 몰래 신풀이를 하는 동안 덧없이 세월은 잘도 흘렀다. 정법사의 말이 정확한 듯했다. 사물놀이를 하고, 다른 사람이 굿을 할 때 잠깐잠깐 몸주 놓고, 밤마다 아내 몰래 기도를 하고, 등산한다는 핑계를 대고 명산들을 밟으며 기도를 하고, 쌈짓돈 긁어모아 굿도 했다. 귀신들은 잠잠한 듯하다. 감사하게도 손님을 받아서 점을 보자는 소리는 아직은 없다. 하지만 내 육신은 점점 곪아만 갔다.

봉급쟁이가 굿을 할 비용을 구할 방법은 없었다. 집에 생활비는 꼬박꼬박 갖다 줘야 하고, 아버지는 부자였지만 내가 이미 결혼해서 가정을 꾸린 상황에 굿을 한다고 이실직고하고 손을 벌릴 수도 없었다. 고민은 커져만 가고 머리는 터질 것만 같다. 뭔가 방법을 찾아야 했다.

아내에게 모든 사정을 이야기하고 함께 대책을 의논할까도 했지만 그럴 수가 없었다. 살아가며 모든 것을 아내와 의논해야 함에도 불구하고 의논하지 못하니 내 가슴도 정말 답답했지만 아내에게 미안한 마음을 금할 수가 없었다.

처갓집은 기독교 집안이었다. 장모님은 권사님이시고 처형은 신학대학 출신에, 처제들 역시 독실한 크리스천으로서 성가대 봉사를 할 정도이니 내가 나의 이 사정을 어찌 고백할 수가 있겠는가? 아마 사실대로 고백을 하면 장모님과 내 아내는 심장마비로 죽을지도 모른다.

우선은 조금씩이라도 굿을 할 돈을 마련하려면 적은 돈부터 줄여야 한다고 생각했다. 우선 점심값을 줄이기로 했다. 당시 일반적인 한 끼 점심이 2,000원에서 2,500원! 라면은 500원! 지속적으로 라면을 먹었다. 간간이 짜장면! 얼굴이 누렇게 변했다. 배도 자주 아팠다. 이러다가 죽을지도 모르겠다는 생각도 들었지만 방법이 없었다.

그리고 담배! 다른 사람들 솔담배를 피울 때 나는 언제나 은하수와 한산도! 당시 솔담배는 500원, 은하수는 330원이었다.

그러나 이런 푼돈으로는 몸만 점점 상할 뿐, 굿할 돈이 모이질 않았다. 그래서 아내에게 엄살을 부렸다. 당신이 하는 반찬이 제일 좋다며 도시락을 싸달라고 부탁했다. 아내는 아무 불평 없이 맛있는 도시락을 준비해주었다. 고마운 아내······.

한 해가 또 저물어가는데 찬바람이 불어오니 귀신들이 또 발동을 했다. 이럴 때 제일 편하고 만만한 사람이 정 법사! 의논을 하니 굿을 해야 한다고 했다. 다음해 운도 받아야 하고 신령도 잠잠하게 달래려면 어쩔 수가 없다고 했다. 그러나 문제는 돈인데 방법이 없었다. 당시 내 봉급은 27만 원인데 굿 비용은 200만 원이었다. 할 수 없이 신협을 찾았다. 아내 몰래 퇴직금을 담보로 대출을 받았다. 나는 정말 내 아내에게 죄가 많다. 어떻게 이 죄들을 다 용서받을 수가 있단 말인가!

무당의 법도

아직 무당은 되지 않았지만 시간이 지나갈수록 조금씩 신통력은 늘어갔다. 물론 귀신이 알려주는 것이었다. 그만큼 귀신이 점점 내 몸에 자리 잡아간다는 증거였다. 특별히 하는 것이 없어도 언제나 몸은 피곤하고 기운이 없었다. 무당들이 집에 가만히 앉아서 점만 볼 뿐인데도 자주 입술이 터지고 온몸이 아픈 것도 아마 이 때문인 것 같았다. 나에게도 그러한 증상들이 나타났다. 뼈 마디마디에 귀신이 다 깃드는 것 같은 느낌인 것이다.

확실한 것은 아니지만 귀신이 몸에 들어오는 상태는 전기의 배열 구성과도 비슷한 것 같다. 전구에 전기가 연결된 상태에서는, 즉 접신한 상태에서는 점을 볼 수가 있고, 전기가 연결되지 않은 상태에서는 잠시나마 쉴 수가 있다. 항상 전기가 연결된 상태는 일반인들이 볼 때 미친 사람이 되는 것 같다. 이러다 귀신의 엄청난 에너지를 견디지 못해서 정신병자가 되는 것이 아닐까……

　오랜만에 보는 친척들이나 친구들은 모두 내게 건강을 염려하며 물었다. 괜찮다고 해도 그들은 듣지를 않았다. 분명 큰 병이 있을 거라며 병원에 가서 종합검사를 받으라고 한다. 이러한 염려의 소리를 들을 때마다 나는 더욱 가슴이 미어지고 찢어졌다. 벙어리 냉가슴 앓는다는 것이 이런 것인가 보다. 나도 귀신들에게서 해방되고 싶었다. 하지만 그럴 수 없는 형편이 아닌가. 친구들과의 관계도 자연스러이 소원해졌다.

　결혼식장에는 시집 장가 못간 몽달귀신, 초상집에는 수많은 뜬 귀신, 병원에는 피 부정 등 왜 그리도 못 가게 하는 곳이 많은가! 어쩌다 한번 가려면 정말 귀찮은 비방들을 많이 해야 한다. 초상집에 갈 때에는 소금과 고춧가루, 삼씨를 준비해야 하고, 들어갈 때는 왼발을 먼저 딛어야 한다나? 나올 때는 준비해간 것들을 어깨 너머로 뿌려야 하고 그래도 잡신이 붙어 떨어지지 않을 때는 오곡을 볶아서 온몸에 뿌리고 신문에 불을 붙여 몸에 둘러내고, 식칼을 가지고 하는 비법도 있고 좌우간 복잡했다. 이런 것들이 얼마나 실효가 있을지……

　경상도 말로 '귀신 떡 구워 먹는 짓을 한다'고 하는데, 현대문화와 전혀 맞지도 않는 짓들을 배우다 시간만 흘러갔다. 이런 시간이 흘러감에 따라 학교 동창들과의 관계는 당연히 멀어졌고, 내 취미생활에도 상당한 제약을 받았다.

　어느 날, 정 법사에게서 연락이 왔다. 굿이 있으니 구경을 오라고 했다. 나는 또 신복을 입고 잠깐이나마 돈 투자 없이 몸주를 놀릴 수 있는지라 얼른 갔다. 내림굿이었다. 신림동에 사는 젊은 여자가 신이 들려 신굿을 한다는 것이었다. 무당이 되지 않으려고 요리 빼고 조리 빼고 했지만 어쩔 수 없이 무당이 되어야 한다는 것이다. 정말 뼈만 앙상하고 죽기 일보 직전 같은 사람이었다. 여태 잘 버티다가 할 수 없이 굿을 한다며 그 젊은 여자는 주저앉아 통곡을 했다. 팔자도 더러운 팔자라며 땅을 치며 울었다.

그 여인의 아이는 두 명인데 둘 다 지금 병원에 입원해 있다고 했다. 큰 아이는 심장에 이상이 있다고 하여 얼마 살지 못한다고 하고, 작은 아이는 눈이 붙어 장님 같은 상황이 되어 자꾸만 헛소리를 한다고 했다. 작은 아이는 돌아가신 할아버지의 혼령을 받아 이미 말문이 열리고 점을 볼 수 있다고 하니, 한 집안에 잘하면 무당 둘이 생기는 셈이었다. 수많은 무당들에게 점을 보았더니, 이 여자가 무당이 되면 그 아이들의 병이 다 낫고 집안이 편해진다고 했다. 그래서 지금 이렇게 내림굿을 하게 된 것이라 했다. 이 굿이 끝난 후에 그 아이들의 병이 낫게 되는지 모르지만 나는 또 슬픔과 증오가 생기지 않을 수 없었다.

왜 본인의 의지와는 관계없이 이러한 길을 걸어야 하는지 정말 슬픈 일이었고, 귀신들이 치사하다는 사실에 화가 치밀었다. 왜 비겁하게 주변의 가장 사랑하는 자식들이나 사람들을 아프게 하고, 사업을 망하게 하고, 교통사고가 나게 하고, 치사한 방법들을 동원해서 자기들의 수하에 무당의 숫자를 늘린다는 말인가!

사람들을 잘되게 하고 행복하게 해주어서 인간들이 스스로 귀신들을 받들어 모시게 하지는 못하고 가장 졸렬한 방법을 사용하여 굴복하게 만드는 귀신, 정말 싫다. 하지만 나도 어쩔 수 없이 굴복을 하고 있는 상태였다.

　한참 후에 굿이 끝났다. 무당들의 원래의 절차대로 그 젊은 여인은 늙은 여자 무당에게 큰절을 했다. 신어미를 잘 모시겠다는 의미와 앞으로 모든 법문과 굿의 절차 및 신 제자의 길을 잘 가르쳐달라는 뜻이었다. 영험은 본인의 기도로 얻어지지만, 재주는 인간이 배우지 않으면 굿도 못하고 큰무당으로 성장할 수 없기 때문이다. 나는 직업 무당이 되지 않으려 발버둥을 치는 상태이니 재주는 배울 필요가 없고 또한 늙은 무당에게 아쉬운 소리를 할 필요도 없었다.

　그날 새롭게 태어난 젊은 무당이 내게도 큰절을 했다. 나보다 나이가 위인 것 같은데도 내가 내림굿을 먼저 했으니 내가 선배인 셈이다. 무당의 법도도 군대와 똑같다. 내 앞에서는 담배도 못 피고 언제나 무릎을 꿇고 앉는다. 인간의 속성상 나도 기분이 나쁘지는 않았다. 무속에서의 내 쫄다구라……

태백산 기도

정 법사, 면목동 선녀보살, 그리고 나까지 태백산 기도를 가기로 했다. 그들은 직업 무당이라 바쁜 일정이 있는데 보수도 받지 않고 나와 함께 산을 가기로 한 것이다. 청량리역에서 아침 10시에 기차를 타고 태백으로 향했다. 외모가 멋쟁이 신사, 숙녀는 아니었지만 그래도 내가 아는 무속인 중에서 제법 잘나가는 신통력 있는 사람들이어서 왠지 이번 산행은 득이 많을 것만 같았다.

우리는 마치 소풍을 가는 어린아이처럼 신이 나서 잘도 조잘댔다. 선녀보살은 중년 여자인데 그 여인이 모신 신령 중에서 여자아이가 주장으로 자리를 잡고 있기에 선녀보살이라고 이름을 지은 것이다. 그 여인은 신접한 상태가 되면 영락없이 어린 여자아이 같은 소리를 내며, 행동도 어린 여자아이처럼 했다. 남의 일이라고 생각을 하며 보면 재미는 있었다.

선녀보살이 점보기 놀이를 하자고 제안했다. 기차 안의 사람을 아무나 정해서 그 사람의 사주팔자를 알아맞혀 보자는 것이다. 서로의 신통력을 점검해볼 수도 있고 일단은 세 명이니 두 사람의 점이 일치되면 남은 사람은 틀린 것이 되는 것이다.

사실 이것은 엄청난 일이다. 무당들은 서로의 신통력에 있어서는 양보를 하지 않고 자존심의 문제이기 때문에 아주 친하지 않으면 상상조차 하기 힘든 일이다. 사실 나는 초년병이라 틀려도 전혀 자존심이 상할 것이 없기 때문에 부담이 없었다.

우선 건너편에 앉은 젊은 남자의 점을 보기로 했다. 의견이 분분했다. 결혼을 했을 거라는 둥, 위장이 나쁠 것이라는 둥, 어렸을 때 부모를 잃었을 거라는 둥, 성격은 어떨 거라는 둥…….

그런데 이상한 점이 있었다. 다들 내림굿을 하고 직업으로 무당을 하는 사람들인데 왜 그들의 점이 다르게 나올 수가 있단 말인가! 각자의 모신 신령이 다르기 때문에 생기는 신통력의 차이인가? 기도생활을 열심히 하고 안 하고의 차이인가? 세 사람의 의견이 다 다르게 나오기 때문에 확인할 방법은 본인에게 물어보는 수밖에 없는데, '우리가 무당이요' 하며 물어볼 수는 없는 일이었다.

하여간 이것으로 그 놀이는 처음부터 끝이 났지만 내심 나는 내 나름대로 내가 예측한 것이 맞을 거야 하며 스스로 건방을 떨었다.

태백산에 도착해 배낭을 메고 밤 11시에 산을 오르기 시작했다. 기도할 만한 자리에 도착을 하니 12시가 넘었다. 돼지머리와 삼과일, 삼나물, 흰밥에 고기산적, 생미 등을 펴놓고 각자 기도를 하기 시작했다. 징을 두드리며 한참을 법문과 기도문을 외고 있는데 누가 먼저랄 것도 없이 세 사람이 다 뒤집어지기 시작했다. 소리를 지르며 통곡을 하고 눈물, 콧물에 괴성이 나왔다. 한참을 지랄병(?)을 한 이후에 잠잠해졌다. 바닥에 주저앉아 담배를 하나씩 물었다.

정 법사가 먼저 물었다.

"누가 오셨어?"

선녀보살이 자신 있게 대답을 했다.

"돌아가신 우리 아버지가 산신(山神)줄로 오셨어요. 올해 금전에 한 풀어주고 문서 잡게 해준대요. 집을 살 수 있게 해준대요."

'어? 나는 아닌데…… 나는 어머니가 오셔서 암 환자와 불치병 환자들을 고치게 해주고 정확한 점을 볼 수 있게 신통력을 확실히 주신다고 했는데…….'

그제야 나는 알았다. 다른 종교와는 달리 이 무속은 각자의 조상들을 신령으로 모시기 때문에 그 조상들의 능력에 따라 신통력도 다를 수밖에 없고 귀신들이 알려주는 내용도 다를 수밖에 없는 것이다. 게다가 각자의 기도가 신통력을 좌우하고 또한 각자의 기도에 따라 조상들의 능력이 달라진다. 그러니 다들 자기가 잘났다고 하는 것이다. 좌우간에 나는 기도를 하면서도 무당이 되지 않게 해달라고 빌었다.

열심히 기도를 하고 서울로 돌아왔다. 이번의 산 기도는 그래도 조금은 효력이 있는 듯해서 기분이 좋았다.

근데 아직 본향의 본산인 금오산에 가지를 못해서 찜찜했다. 사실은 다른 산은 다 제쳐 두고라도 본산을 가장 먼저 가야 하는 것인데, 물가가 비싸니 무당들의 인건비도 무척이나 비싸서 서울 무당을 경상도까지 데리고 갈 엄두가 나지를 않았다. 봉급을 쪼개가며 몰래 하는 신 제자의 생활에 무당과 동행하는 것은 포기하고 천상 혼자 금오산에 인사를 하러 가기로 했다.

직장에 매인 몸이라 시간을 내기가 어려워 차일피일 미루며 생각만 금오산, 금오산 하고 생활을 하던 어느 날 밤, 드디어 꿈에 금오산을 보았다. 금오산 하면 구미로 올라가는 쪽만을 알고 있는데 꿈에는 김천 쪽으로 가라고 명확히 이야기를 해주시며 내가 기도할 곳의 모습도 보여주었다.

큰 바위에 구멍이 나 있고 그 옆에 옹달샘이 있어 물이 계속 나오는 것이 보이는데, 일단 나는 믿을 수도 없고, 하도 생각을 많이 해서 개꿈을 꾼 것으로 무시해버렸다. 그런데 다음날 또 똑같은 꿈을 꾸었다. 하도 기이해서 이제는 금오산에 갈 기회를 잡기로 했다.

그러던 중, 우연히 굿당에서 지난번에 내림굿을 한 젊은 여자를 만났다. 나를 삼촌이라 부르며 반겼다. 하지만 그 삼촌 소리에 나는 오히려 어색하여 몸 둘 바를 몰랐다. 나보다 늙은 여자가 징그럽게 삼촌이라니⋯⋯ 고생이 많은 모양이다. 지난번보다 살은 더 올랐지만 사는 것에 지쳤는지 행색은 형편없었다.

궁금한 것이 있었다. 묻고 싶어 견딜 수가 없었다. 지난번의 굿으로 병원에 있던 그 여자의 아이들이 다 나았는지 어떤지가 너무도 궁금했다. 오히려 그 여자의 아픈 상처만 건드리는 것이 아닌가 염려도 되었지만 내 궁금증을 결국은 참지 못해 묻고야 말았다.

"이봐, 애기보살! 아이들은 어때요? 다 나아서 퇴원을 했나요?"

"예. 학교에 잘 다녀요. 신령님들 덕택이죠."

대답하는 그녀의 표정이 밝았다. 하지만 나는 그 밝은 표정이 싫었다. 귀신들의 도움으로 아이들이 괜찮아졌다면 그 여자는 더욱 열심히, 기쁨으로 귀신을 섬길 것이 아닌가! 나야 어쩔 수 없이 귀신을 섬기고 있지만!

"요즘 산 기도 열심히 해요?"

"산에 가고 싶은데 어떻게 해야 할지도 모르고, 어느 산에 가야 할지도 몰라서 집에서만 기도를 하는데 삼촌이 언제 기도를 가시게 되면 저 좀 데리고 가실래요?"

결국 나는 금오산 산행 계획을 이야기하고 같이 가기로 했다. 하지만 두려움도 있었다. 무당 세계가 얼마나 말이 많고 탈도 많은지 남녀가 서서 이야기만 해도 추문이 도는 무서운 세계인 것이다. 그래서 찾은 사람이 정 법사! 다른 남자 한 사람을 더 데리고 가면 탈이 없을 것 같은데 정 법사가 그날에 다른 굿이 잡혀 있지를 않아야 갈 수가 있었다. 다행히도 그날 시간이 있다고 했다. 결혼한 내가, 그것도 몰래 이 짓을 하는 내가 외박까지 할 수는 없기에 당일코스로 잡기로 했다. 아내에게는 또 거짓말을 해야만 했다. 마침 구미에 코오롱 공장이 있으니 거짓말 하기는 쉬웠다. 당일로 출장을 다녀온다고 말을 하고 새벽 4시에 집을 나섰다. 한참을 고속도로를 달리다보니 붉은 태양이 떠올랐다.

금오산 기도

여명! 내 인생에도 저렇게 태양이 떠오르고 새벽같이 밝아져야
할 텐데 언제나 그날이 오려는가!

내림굿할 때의 용사슬이 생각났다. 항아리 속의 물은 사해바다
용궁이고, 거기에 서서 태양을 맞이한다는 일광맞이…… 최초에 어
떤 사람이 그런 방법을 생각해냈는지 참 대단하다고 생각했다. 근
데 그 항아리 위에서의 행동이 실제로 바다에 온 것 같은 효과가 과
연 있을까?

이런저런 생각을 하고 있는데 중얼중얼 법문을 외는 소리가 귀에
들렸다. 떠오르는 태양을 보며 정 법사와 신림동 애기보살은 기도
하기에 바빴다. 연신 해를 향해 절을 해대고 손바닥에 불이 날 정도
로 비벼대며 입으로는 알 수 없는 경들을 외워댔다. 지구상의 각 나
라 샤머니즘은 대충 비슷한가보다. 아르헨티나, 티베트, 아프리카,

네팔 등 문명이 덜 발달된 나라일수록 태양신을 받드는 것을 텔레비전에서 본 적이 있었다. 아메리카의 인디오들도 태양신을 숭배하고 자연을 숭배한다. 우리나라의 무당들과 별반 다를 것이 없다. 나도 저렇게 되어야 귀신의 사랑을 받을 수 있는 것인가?

열심히 고속도로를 달리다보니 어느덧 김천에 다다랐다. 거기서 칠곡 쪽으로 방향을 돌려 한참을 가다 보니 금오산의 뒷자락이 보였다. 그러니까 구미의 금오산 산행길은 관광길이고 이쪽은 무당들이 산에 많이 오르는 길이었다. 꿈에 본 지역을 그들에게 이야기해 주었다. 그러나 이 큰 산에서 어찌 그 자리를 찾을 것인가. 자동차로 길을 따라 쭉 달리다가 산 밑으로 가는 작은 길이 보였다. 순간 느낌이 왔다.

"여기예요. 이 길로 가면 될 것 같아요."

나는 자신 있게 소리쳤다. 왜 그리 자신이 있었는지 나도 모른다. 처음 가는 길인데 마치 예전에 가본 길인 것처럼 느껴지며 막연히 이 길로 가면 될 것 같은 생각이 들었다.

차를 적당히 주차하고 산을 오르기 시작했다. 산 밑에서 정상을 바라보며 큰절을 했다. 산왕대신에게 산을 오른다고 북어와 소주를 바치며 인사를 하고 나서 한참을 정신없이 걷기만 했다. 세 사람 모두 한마디 말이 없었다. 각자 나름대로의 기원할 것이 다른 것이다. 먼 길을 왔으니 열심히 기도를 해서 복을 받고 영험을 더 받고자 하는 생각인 것이다. 그들이 생각하는 복은 점을 보러 더 많은 사람들이 오고, 또 그 점을 보러 온 사람들을 신통력으로 잘 맞추어서 굿을 할 수 있게 엮는 것이었다. 그들은 굿을 하도록 성사시키는 것을 엮는다고 표현한다.

아! 드디어 발견했다!

나는 놀라서 까무러칠 뻔했다. 큰 바위가 있는데, 그 바위에 구멍이 난 것이 아니고 두 개의 큰 바위가 서로 걸쳐져서 마치 구멍이 난 것 같았고, 그 깊이가 5m는 되는 것 같았다. 그 바위구멍의 옆에는 작은 옹달샘이 있었다. 앞은 확 트이고 주변에 나무가 빽빽하여 얼른 지나치면 발견할 수가 없을 정도로 은밀한 곳이었다. 어쩌면 꿈에 본 것과 이리도 똑같을 수가 있다는 말인가!

그 자리에 주저앉았다. 눈물이 쏟아졌다. 나의 이 영험한 꿈에 감탄을 하며 기뻐해야 하는데 나는 오히려 좌절이 온 것이었다. 이렇게 나의 예언과 꿈이 맞아갈수록 신 제자가 된 것이 확인이 되었기에 내 스스로는 망가지는 것을 느꼈기 때문이었다. 한참을 꺼이꺼이 울다가 기도를 준비했다.

버너로 밥을 하고, 준비해온 나물들을 펼치고, 과일들을 놓고 바삐 움직이는데 건장한 남자 하나가 험악한 얼굴로 다가왔다. 산속이라 일단은 긴장을 하면서 여차하면 걷어차려고 마음을 다져 먹었는데, 그 아저씨가 대뜸 호통을 쳤다.

"아니, 시대가 어느 때인데 산에서 밥을 하는 거요? 산에서 취사금지인 것도 모르나요? 신분증 먼저 내시오. 뭐하는 사람이오? 혹시 무당 아니오?"

찔끔했다. 너무 너무 창피했다. 쥐구멍이라도 들어가고 싶었다.

그러나 정 법사는 너무도 당당하게 그렇다고 대답을 했다.

"빨리 밥을 하고 불 끌게요. 수고 많으신데 담배나 사 피우세요."

정 법사가 얼른 돈 만원을 건네자 순간 그 남자의 무서운 얼굴이 부드러운 얼굴로 바뀌었다. 단돈 만 원에 저리도 표정이 바뀔 수가 있을까? 싫다. 돈의 위력이 싫었다.

우리는 기도를 시작했다. 일단은 정 법사가 아주 묵은 신 제자이므로 대표로 축원문을 하기로 했다. 오랜 스님 출신이고 또한 법문을 외는 법사의 직업인지라 목청 좋고, 소리의 리듬도 아주 구성졌다. 마치 일류 소리꾼이 소리를 하는 것같이 이끌어가는데 당기는가 하면 늦추고, 미는가 하면 끌어주고 인간의 밑바닥까지 심금을 울리는 그러한 법문을 외웠다. 쉬지 않고 두 시간이나 계속 소리를 하는데 정말 대단했다. 그 정도의 소리를 외우려면 정말 서울대학교 입시공부 하는 것보다도 더 어렵게 느껴졌는데, 그분의 이야기로는 쉬지 않고 삼 일간 법문을 할 수 있을 정도는 외우고 있다고 했다. 다시 한 번 나는 내 사부님을 잘 선택했다고 생각을 했다. 그의 법문 후에 각자 또 기도를 했다.

"신령님들을 잘 모실 테니 제발 무당만 되지 않게 해주세요. 사회생활을 계속할 수 있게 제발 허락해주세요. 신령님, 제발 제 기도를 저버리지 말아주세요……."

본향 본산을 왔다가 가니 가슴이 후련했다. 칠곡을 돌아 김천으로 차를 몰아가는데 시장에 많은 무당집들이 보였다. 상호들이 참으로 촌스러웠다.

깔고리보살, 쪽집게보살, 팔선녀집, 산신도사, 대장군보살집……
좀 더 세련된 이름들을 짓지 못할까 생각을 하다가 나도 저들과 다
를 바가 없다는 생각이 엄습해 와서 다시 고개를 떨구었다.

고속도로 휴게소에 잠시 차를 멈추었다. 새벽부터 일어나 움직였
더니 피곤했다. 화장실에 갔다 오는데 애기보살이 급히 불렀다.

"저, 기도할 때 외우는 기도문 좀 가르쳐 주시면 안 돼요? 여러
선배들과 신엄마에게 가르쳐달라고 해도 가르쳐 주지를 않아요. 대
충만 가르쳐주고 삼촌이 하는 그런 자세한 기도는 안 가르쳐줘요."

그렇다. 그것이 무당 세계인 것이다. 모시는 신이 유일신이 아니
고 제각기 자신의 조상신을 모시고 있기 때문에 어느 정도 클 때까
지만 신엄마가 도와주지만, 때가 되면 언젠가 독립을 하게 되고 결
국은 경쟁자가 되는 것이니 가르쳐줄 리가 없었다. 중요한 것은 절
대로 가르쳐 주지를 않았다. 말로는 신엄마라고 하면서도 자기의
신딸이 급성장하는 것을 언제나 견제하는 것이다.

잘 키워서 훌륭히 만들고 그 후에 대우받을 생각을 하면 되는데
그러지 못하는 것을 보면 이것이 인간의 속성인지, 귀신의 속성인
지는 알 수 없지만 하여간 나빴다.

나는 무당이 되지 않으려 애를 쓰는 사람이니 견제할 일이 없었
다. 꼼꼼하게 적어 주면서 나는 그 여인에게 다시 한 번 강조를 했
다. 이 험한 신의 길을 가지 않으려면 모르지만 이왕 가려면 일류가
되어야지, 삼류 무당의 생활은 얼마나 초라하고 괄시를 받는지 자
세히 말해주었다.

무당이 되기 전에는 자신의 생각대로 다들 살아왔는데 이제는 귀신의 요구대로 살아야만 했다. 그렇지 못할 경우에는 욕하고 때리고 집안을 뒤집어놓는 것이 귀신인 것이다. 집안 식구를 아프게 하고, 남편의 사업을 망하게 하고, 부부싸움을 하게 하고, 무당을 아프게 하고, 하여간에 귀신 마음대로였다.

가자는 곳은 왜 그리도 많을까? 사달라는 것은 왜 그리도 많을까? 먹고 살기도 바쁜 것을 다 알 텐데, 왜 해마다 굿을 하자고 할까? 한을 풀어준다고 해놓고는 왜 잘사는 무당은 없을까? 피곤한데 왜 기도는 날마다 하라고 할까?

부부간의 잠자리도 어떤 날은 허락되고 어떤 날은 안 되고……, 귀신도 신은 신인데 왜 어린 아이보다 더 질투가 많고 투정이 심할까? 귀신이 시키는 대로 잘 해도 한두 번 어기면 확 뒤집어놓을까? 왜 신을 모시는 신 제자들은 결혼을 한 사람인데도 애인 가진 사람이 많을까? 왜 신 제자들은 서로 자주 싸울까? 무당들의 그 일반적인 품성은 귀신에 의한 것일까?

무당의 삶

무당의 영험이 적어서 굿을 많이 엮어내지 못하면 말 그대로 당주(굿을 엮어낸 무당)의 몸종 같은 생활을 하며 그의 눈치를 보아야 한다. 돈을 받는 액수 비율도 많이 다르고, 그나마 당주의 마음에 들지 않으면 불러서 일도 같이 하지를 않는다. 그래서 무당들이 기를 쓰며 열심히 산 기도, 강 기도를 다니며 명기 서기를 받아서 정확한 점을 보려고 애를 쓰는 것이다.

용궁 기도

여느 때와 마찬가지로 회사에 출근했다. 시간이 흘러 상품개발부에서 자금부로 부서 이동이 되었다. 경영학을 전공했으니 제대로 부서를 찾은 것이 되었고, 또한 나일론 특수가공 원단을 판매 개척하러 외근을 다니지 않아도 되니 한결 편해졌다. 자금부에서 나의 일은 주거래 업무였다. 정부가 30대 재벌그룹의 통제차원에서 만든 여신관리 규정 관련 업무인데, 일이 별로 재미가 없었다. 물론 언제나 정확성이 요구되는 자금부의 일이라는 것이 다 그렇겠지만 조금 갑갑했다.

시간이 갈수록 회사 업무가 하기 싫었다. 나도 다른 사람들처럼 내 일을 하고 싶었다. 대학에 들어올 때까지 계속 시험치고 테스트 받고 했는데, 회사에 들어오면 좀 나을까 기대했지만 별로 나을 게 없었다. 진급을 위해서 꼭 필요한 교육과정이 있었던 것이다.

무역실무론, 타이핑, 컴퓨터, 토익 등을 교육 받고 시험을 친 후에 적정한 점수에 도달하면 통과되고 그렇지 못하면 엄청난 스트레스…… 언제까지 이렇게 다른 사람에게 테스트를 받으며 살아야 하는 것일까?

신 제자가 되면 회사생활을 못하게 된다더니 이러한 상태가 되는 것인가 보다. 좌우간 회사의 대우도 다른 회사보다 낫고 회사에서의 내 위치도 이만하면 잘 나가는 것인데, 다니기 싫은 것을 보면 귀신의 작용도 있기는 있나 보다. 날마다 회사에 출근하면 고민했다. 이 회사 말고 다른 사업할 만한 것이 없는지 주변의 이야기도 듣고 또한 연구도 했다. 그러면서도 퇴근을 하면 날마다, 아니 한 달에 20일 정도는 퇴근길에 산에 갔다. 무당을 하지 않는 방편으로 기도가 최고인데 명산에 가는 것도 좋지만 거리와 경제적인 것과 시간적인 것을 고려해 볼 때 서울의 산을 찾는 것이 더 좋을 것만 같아서 삼각산에 가기로 했다.

평창동 쪽에서 산을 오르다 보면 약수암이라는 굿당이 있고 그 굿당에서 산을 조금만 비껴 올라가면 약수터가 있었다. 굉장히 기가 센 약수터인데 그 약수터의 주인 되는 귀신은 할머니였다. 초와 향을 준비하여 그 약수터에 자주 가는데, 가면 그 할머니 귀신이 굉장히 반겼다. 처음엔 나도 무서웠지만 자꾸 가다 보니 그 할머니 귀신과 정이 많이 들어 친해졌다.

갈 때마다 그 할머니 귀신은 내게 휘파람을 불라고 했다. 잘 불지도 못하는 휘파람을 약수터에 갈 때마다 불게 되니 굉장히 잘 불게 되었다. 대금 소리, 단소 소리같이 가락도 넣어가며 휘파람을 부는데 내가 들어도 들을 만했다. 원래 휘파람은 경상도 귀신의 전유물인데 서울의 무당들은 그 소리를 굉장히 싫어했다.

여하간 나는 굿돈을 준비할 여력이 충분치 않았기 때문에 산 기도와 강 기도로 주로 때우기로 했다. 제아무리 귀신이라도 없는 돈을 어쩐란 말인가! 꿩 대신 닭이라고 나는 그냥 기도로 때우기로 했다. 근데 이상한 것은 기도를 할수록 회사는 더욱더 가기가 싫어졌다. 어느 날, 약수암 할머니 귀신이 내게 용궁기도를 가라고 했다.

막연히 용궁기도를 어디로 가라는 말인가! 우리나라 사방 천지가 강과 바다 그리고 개울, 약수터인데…… 일단 내가 가기 편하게 가까운 곳으로 정했다.

한강! 한강은 한강인데 어느 곳으로 가나? 한강 둔치가 있어서 가기는 쉽다지만 어찌할 바를 몰라 고민하다가 내 방식대로, 영감이 떠오르는 대로 하기로 했다. 양초가 쉽게 꺼지지 않도록 양초에 창호지를 말고, 향을 들고 천호대교 밑으로 갔다. 역시 예상대로 바람이 세게 불었다. 하지만 창호지를 둘둘 말은 양초는 제 기능을 십분 발휘해 잘도 탔다. 향을 켜서 땅에 꼽고 손바닥을 바삐 비비며 열심히 기도를 하는데 기분이 이상해 고개를 들고 보니 지나가던 아베크 족이 어깨동무를 한 채로 동물원 원숭이 구경하듯 보았다. 아이고 창피해!

고개를 들 수가 없었다. 속절없이 잘도 흘러가는 강물만을 쳐다보며 그들이 가기를 기다렸다. 한참을 기다린 후에 다시 기도를 시작했다. 그러나 또 지나가는 연인들! 저 사람들은 집도 없나? 이밤에 왜 강가에는 나와서 서성대는 거야 하며 투덜거렸다. 기도를 열심히 해야 하는데 기도를 해야겠다는 마음보다 창피한 마음이 앞서서 영감이고 뭐고 아무런 느낌도 없이 시간만 때우고 돌아왔다. 그러고는 혼자 중얼거렸다.

"오는 것도 정성이고, 가는 것도 정성이라. 우리 신령님은 내가 온 것만 가지고도 예뻐하실 거야!"

다음날 용궁기도가 다시 생각이 났다. 천호대교 밑에서의 용궁기도가 개판 5분 전이었으니 마음이 찝찝하기가 말로 다할 수가 없었다. 전에 폭포에서 기도를 하면 아주 영빨이 잘 받는다는 말을 들은 기억이 났다.

군 생활 하던 철원의 삼부연 폭포가 문득 떠올랐다. 한겨울에도 물이 얼지 않고 쏟아져 내리는 삼부연 폭포가 기도하기에는 적격이라는 생각에 다시 그 곳에 갈 작전을 짰다. 가는 것보다 더 어려운 것은 아내에게 거짓말하는 것이었다. 아무것도 모른 채로 그냥 순종만 해주는 고마운 아내, 그러기에 더욱 미안했다. 날마다 산 기도로 귀가시간은 11시였고, 툭하면 출장 핑계로 지방에 다녀오는 나에게 보통 여자들처럼 따지고 덤비고 악을 쓴다면 오히려 덜 미안하고 내 마음대로 하기 편할 텐데, 그러지도 않고 늦게 들어가도 피곤하겠다며 꿀물을 타오니 그 꿀물이 가슴 졸여 영양분이 되겠는가!

철원에는 코오롱의 지사가 없으니 할 수 없이 다른 핑계를 대야 했다. 군대 생활할 때의 선임하사가 집들이한다고 둘러댔다. 이러다가 거짓말 올림픽대회가 있으면 틀림없이 금메달은 따놓은 것이나 진배없었다. 초상집 핑계도 무수히 대는 관계로 멀쩡히 살아 있는 사람도 여럿 죽였고, 이미 돌아가신 분도 여러 번 다시 죽였다.

이번에는 혼자 철원에 갔다. 아무도 인생을 대신 살아줄 수 없고, 또한 사람들이 더불어 살기는 한다지만 끝까지 동행이 되는 것은 아니기에 서서히 홀로서기를 익혀야 했다. 학교에 다닐 때도 보면 공부 잘하는 아이는 언제나 혼자 공부를 하고, 못하는 아이들이 같이 공부를 한다고 몰려 다니지 않았던가.

여기에서는 아는 사람을 만날 리도 없고 해서 자존심을 꽉 묶어버리고 열심히 기도했다. 무당이 되지 않는 비법을 알면서도 내가 열심히 하지 않아서 무당이 되고 만다면 어느 누구에게 하소연을 할 것이며 떳떳할 수가 있겠는가!

한참을 손바닥을 비비며 연신 폭포에다가 절을 하며 기도를 하고 있는데 예쁜 여자아이가 나타났다. 그 아이는 용궁선녀라고 자신을 밝혔다. 나는 그 여자아이에게 부탁했다. 영험한 신통력과 사람을 치유하는 능력은 주되 제발 무당은 되지 않게 해 달라고……

그 여자아이가 대답을 했다.

"계속 기도해, 오빠. 근데 회사를 그만둬! 내가 돈 많이 벌고 성공하게 해줄게."

"아니, 회사를 그만두면 어떻게 먹고 살아? 뭘로 돈을 많이 벌게 해준다는 거야?"

"사업을 해. 회사 오래 다녔으니까 이제 사업을 하란 말이야."

가슴이 설레었다. 철원에서 서울로 돌아올 때까지 줄곧 사업 생각만 했다.

'뭘 해서 먹고살지? 회사는 정말 다니기가 싫은데 이번 기회에 정말 그만둘까? 내가 모신 신령이 내게 거짓말을 할 리는 없는데, 내가 정말 사업을 하면 돈도 잘 벌고 성공할 수 있을까?'

회사를 그만둘 때 그만두더라도 어떤 아이템으로 어떤 일을 할 것인지를 정해야 했다. 무역회사, 유통회사, 아니면 판매회사······. 일단은 자본이 없었다. 적은 돈으로 사업을 시작해야 하는데, 내게 있는 돈이라고는 그만둘 때 받을 수 있는 퇴직금이 전부였다. 게다가 중간에 퇴직금을 담보로 대출받은 돈을 빼면 얼마 되지도 않았다. 날마다 고민했다. 무엇을 할까?

직장인들보다 사업을 하는 친구들을 만나 소주도 기울이면서 그들의 이야기를 들었다. 그들은 사업을 하지 말고 그냥 코오롱에 다니라고 권유했다. 일단 직장생활은 걱정 없이 밥은 먹고 산다는 주장이다.

하지만 내 생각은 달랐다. 고대광실의 종보다는 자갈길을 리어카를 끌며 가더라도 내가 주인인 것이 나을 것만 같았다. 막말로 사업을 하다 실패한다고 하더라도 최소한 밥 걱정은 하지 않을 것 같았다. 주민센터 탁구 코치도 할 수 있고, 면허증은 진작 땄으니 운전을 해도 먹고 살 수 있을 것 같았다.

여러 친구들을 만나다 보니 우연히 광고기획을 하는 친구를 만나

이야기를 듣게 되었다. 기업의 인쇄물을 디자인해서 납품을 하는 친구였다. 그 친구는 미술대학 출신이 아니지만 미대 출신 직원들을 채용해서 디자인은 하게 하고, 자신은 오직 일거리만 계속 수주하면 된다는 것이었다. 나는 재학 시절에 활동을 많이 해서 아는 사람이 무척 많으니 일거리 받기는 쉬울 것 같았다. 사무실을 구하고, 집기류, 미술도구 정도만 있으면 아쉬운 대로 일은 시작할 수 있을 것 같았다.

그 또한 하나님의 섭리

당시에 나는 어린 여자아이 귀신이 끊임없이 회사를 그만두라고 해서 그만두는 것으로 생각했었다. 하지만 세월이 지나고 보니 참 여러 가지 의미가 있었다.

옛날에는 대기업이란 것이 출근시간, 퇴근시간이 정해진 것이 아니었고, 정말 빡빡한 회사생활이라 죽음보다 더 무서운 피곤이 있었다. 오늘날에도 대기업에 들어간 사람의 60~70%는 입사하고 3년 안에 퇴사를 한다고 하는데, 나 역시 빨리 회사를 그만두고 사업을 해야 성공할 수 있다는 생각이 가득 차 있었다.

하지만 대기업 생활도 해보고 사업도 해보고, 고난도 겪어보고 배도 고파보아야 다른 사람의 아픔을 가슴으로 이해할 수가 있는 것이다. 하나님이면서 친히 사람의 모습으로 오셔서 고난을 경험하시고 십자가에서 못 박혀 돌아가신 예수님이 아니시던가! 하나님께서 나를 만들어 가시는 과정 중의 하나라고 생각하니 참 감사하기만 하다.

귀신과 동업한 사업

드디어 5년을 꽉 채우고 정들었던 코오롱에 사직서를 냈다. 사업체 상호를 지어야 하는데 마땅한 것이 떠오르지를 않았다. 그러다 본향 본산이 떠올라 '금오기획'이라고 지었다. 신촌의 작은 사무실에서 그렇게 일을 시작했다.

참으로 겁도 없고 무모하게 전공과 전혀 관계없는 미술 계통의 일을 시작했다. 미리 거래처를 확보한 것도 아니었고 잘 된다는 보장도 없이, 단지 용궁선녀의 말과 내가 직장생활을 더 이상 하기 싫다는 이유로 사업을 시작한 것이다. 일은 정말 열심히 했다. 사방팔방으로 일거리를 받으러 하루 평균, 차로 150km 정도는 다녔다. 그러나 열심히 한 만큼 사업이 잘되는 것은 아니었다.

수주방법을 연구해야 했다. 끊임없이 아이디어를 내고 인적 자원을 활용하고, 또 디자인도 개선하고 부지런하고 친절하고 예의바르게 거래처를 대해야 했다.

직장생활을 할 때 이만큼 열심히 생각을 하고 일을 했으면 승진을 해도 몇 번은 했을 것이다. 사무실을 오픈했다고 하니 수많은 무당들이 축하와 축원을 해주러 왔다. 고맙기도 했지만 직원들과 주변 사람들 보기에 조금 창피했다.

특이한 것은 그들의 선물이었다. 담배 한 보루, 사탕 한 봉지, 소주 한 병, 꽃, 예쁜 인형 등 상식적으로 생각을 할 때 정말 이해가 되지 않는 것들이었다. 담배는 60년대에 시골의 할아버지나 할머니께 드리는 선물이고, 사탕은 아이들이나 좋아하는 것이고, 거기다 연인도 아닌데 웬 꽃이며, 소주나 인형…… 내가 보기에도 이상하게 보이니 직원들이 보기에는 얼마나 이상했을까!

나중에 조용히 물었더니 그 선물들은 내게 주는 것이 아니고 나의 신령들에게 바치는 것이라고 했다. 그들이 고사를 지내야 한다고 강력하게 주장했다. 우선 이 사무실의 터주에게 신고를 하고 잘 도와달라고 하는 의식을 치르고, 일단은 나도 신 제자이니 신령님께 인사를 하는 고사를 지내야만 사업이 잘될 것이라며 무조건 하라고 했다. 망설여졌다. 사업 자금도 달랑달랑한데 고사를 지내면 또 백만 원은 깨질 것이 아닌가! 하지만 그들은 완강했다. 다 나를 위하는 것인데 왜 하지 않느냐며 길길이 뛰었다. 단돈 백만 원을 투자하면 수십 배, 수백 배를 신령이 벌어줄 텐데 왜 의심을 하느냐며, 정의심이 가면 내 신령에게 물어보라고 했다.

저녁이 되었을 때 혼자 조용히 내 신령을 불렀다.

"걱정하지 말고 고사 지내! 몇 배 더 벌어줄게. 새로 사업을 하려면 당연히 신고를 해야지!"

신령이 단호하게 말했다. 나에게 돈 벌어준다는데 하지 못할 이유가 없었다. 그래서 날을 받고 고사를 하기로 했다.

드디어 고사 당일! 돼지머리와 여러 가지 음식물을 준비해서 차려 놓고 시작했다. 징을 치고 경을 읽었다. 한참을 읽더니 돼지머리에 돈을 올려놓고 절을 하라고 했다. 만 원짜리를 올려놓고 절을 하는데 기분이 묘했다. 저 돼지머리 잘라놓은 것이 나를 과연 도와줄 수 있을까?

그놈의 돼지머리 고르는데도 정말 힘이 들었다. 딱 봤을 때 웃는 모습의 돼지를 골라야 된다고 하여 시장을 다니는데, 목이 잘려고 죽어서 삶아지는데 웃는 모습으로 죽는 돼지가 얼마나 있을까? 여하간 하라는 대로 열심히 절을 했다. 돼지 콧구멍에 돈을 꽂고, 귀에도 돈을 꽂고, 시루떡판에 돈을 놓고…….

징소리가 너무 커서 건물 사람들이 몰려올까봐 두려웠다. 아니, 정확히 말하면 두렵다기보다는 그들이 몰려오면 뭐라고 말을 해야 할지 몰라 창피했다.

고사를 지내는 중에 귀신이 계속해서 이야기했다.

"걱정하지 마라, 도와주마. 금전에 한 풀어주마. 사업 번창하게 해주마."

나는 그냥 좋은 소리니까 믿기로 했다. 그러나 새로운 문제가 생겼다. 사무실에 법당을 만들라고 하는 것이다.

법당? 무당 집처럼 옥수그릇(깨끗한 물을 담아놓는 그릇)과 향로, 그리고 신령이 앉을 수 있는 조화(인조꽃), 촛대, 사탕 등을 차려 놓으라는 이야기였다. 정말 미칠 것 같았다. 이런 것을 만들어놓으면 거래처 사람이 방문했을 때 항상 향 냄새가 날 것이고, 만약에 보게 된다면 과연 거래를 계속할 수 있을까? 그러나 무당들은 강경했다. 자기들이 나보다 고참이니 무조건 따르라는 것이다.

어쩔 수 없이 법당을 갖추기로 했다. 사무실 뒤편, 잘 보이지 않는 곳에 법당을 차려 놓고, 입구에 무명실로 감은 북어를 매달아놓고, 날마다 옥수를 갈고 향을 피우고 부지런히 절을 하며 축원을 하면 사업이 잘 될 거라고 해서 그렇게 했다. 직원들이 회사가 이상하다며 그만둔다고 할까 봐 겁이 났다. 어쩔 것인가? 좋다면 해야지.

사무실에 법당이라는 것을 차려 놓으니 신령들이 더 활기를 띠었다. 전에는 어쩌다 한 번씩 그들이 먼저 말을 하고 평소에는 내가 그들을 찾을 때에나 의견을 말했는데, 이제는 수시로 내게 주장하는 것이 많이 생겼다. 그러다 보니 자연히 사람들과 대화하는 시간보다 귀신들과 대화하는 시간이 많아졌다. 귀신이 바로 내 몸에 붙어있기 때문이었다.

고사를 지내서인지 법당을 차려서인지 일거리가 조금 더 많아진 것 같았다. 한동안은 계속 바빴다. 거래처에서 상담을 하는 중에도 귀신은 내게 끊임없이 이야기했다.

"여기서는 일거리가 안 나와! 시간 낭비 말고 빨리 돌아가자."

또 결제일이 되면 미리 알려주었다.

"결제는 내일 되니까 오늘은 갈 필요가 없어."

그런데 문제는 그렇게 알려주는 것이 맞아떨어진다는 것이었다. 그러니 점점 귀신에게 의지할 수밖에……

언제쯤 새로운 일이 될까, 새로운 거래처가 언제 확보가 될까, 거래처 담당자는 무엇을 좋아하며 어떻게 해주어야 우리 금오기획을 밀어줄까, 지금 운영자금이 딸리는데 어디서 자금 확보가 가능할까, 좌우간 모든 것을 귀신에게 물어보게 되었다. 그들이 워낙 자신 있게 금오기획을 키워준다고 하니 나는 더 그들을 믿게 되었다. 인간으로서의 나는 점점 없어졌다. 나는 없어지고 오직 귀신만이 내 안에 자리를 잡아갔다. 새로운 거래처를 확보하기 위한 노력도 점차로 줄어들게 되었다.

기도만 열심히 하면 모든 것을 다 해 줄 것만 같았다. 출퇴근 때는 물론 외출을 하기 전에, 그리고 외출을 다녀와서도 법당에 열심히 절을 했다. 처음에는 손바닥을 마주 비비는 것이 참으로 어색했지만, 어느새 마치 작은 송편을 만드는 숙련된 할머니의 손바닥처럼 잘도 돌아갔다. 일이 꽤 많아져서 통장에 돈이 조금씩 쌓여갔고, 사무실도 충무로로 옮겼다.

그러던 어느 날, 귀신들은 내게 또 굿을 하자고 요구했다.

"아니, 몇 푼 벌어줬다고 또 굿을 한단 말인가?"

고사를 지내고 아침저녁으로 법당에 인사를 하고 정말 충성을 다하고 있는데 또 굿을 해? 법당에 물도 갈아놓고 언제나 싱싱한 꽃도 바치고 정기적으로 초콜릿, 사탕도 올리고 음력 초하루와 보름

날에는 생미와 과일, 떡을 바치고…… 이렇게 내가 할 수 있는 한 최선을 다하고 있는데 또 굿이라니 이게 웬말인가?

이번에 또 굿을 한다면 그간에 벌었던 것을 다 귀신의 입에 털어넣는 것이 되는 꼴이니 그렇다면 사업은 왜 한다는 말인가. 나는 귀신에게 반항하기로 했다.

사업 번창하게 해준다더니 툭하면 굿이라 하라고 하고, 귀신 좋은 일만 하지 나한테 좋게 한 게 뭐가 있냐며 악을 썼다. 귀신도 내게 협박을 했다. 사업 망하고 집안이 풍비박산 날려면 알아서 하라고 했다. 나는 죽이려면 죽이고 맘대로 하라고, 귀신 씨나락 까먹는 소리 하지 말라며 소리를 질러댔다.

드디어 그들도 내게 소리를 지르며 욕을 했다. 아니 귀신도 욕을 하네? 귀신도 신의 일종이라면 생로병사에 초연해야 하는 것이 아닌가 하는 생각이 들었다. 아무리 귀신이라지만 신은 신일 텐데 점잖지 못하게 욕을 하다니. 게다가 웬 돼지머리와 막걸리와 풍악소리를 그렇게 즐기고, 그렇게 안하면 협박을 하나?

나도 화가 났다. 귀신도 길들이기 나름이라는 생각이 들었다. 방법은 하나! 돈 들이지 않고 하는 방법은 오직 몸으로 때우는 것이었다. 사업체가 충무로에 있으니 남산의 신령들이 우리 사무실과 관련이 있을 것 같아 다시 산을 타기로 했다. 초와 향을 한 박스씩을 샀다. 날마다 가려면 많이 필요했다. 퇴근 후 산에 갔다. 남산 굿당 초입까지 차가 들어가니 산에 가기는 편했다. 굿당 안에 들어서려는데 한 남자가 혼자 중얼거렸다.

"대신 하나 들어온다."

신 제자라는 소리였다. 바로 나를 두고 하는 소리다. 나도 이제는 바로 무당의 느낌을 주는 모양이었다. 하지만 이제는 처음에 내림굿을 했을 때처럼 그렇게 당혹스러워하지는 않았다. 나도 담대해진 것이다. 그의 말을 무시하고 큰 바위 밑에 자리를 잡았다. 초와 향을 키고 열심히 빌었다. 내 사정은 신령님이 더 잘 알고 계시니 자꾸 굿을 하게 만들지 말고 제발 사업 번창하게 해달라고 싹싹 빌었다.

한참을 정신없이, 열심히 빌고 나니 마음이 조금 후련해졌다. 귀신이 대답은 없었지만 왠지 잘될 것 같은 느낌이라 그리 나쁘지 않은 기분으로 산을 내려왔다. 사무실 위치 때문에 남산 굿당을 주로 갔지만, 내림굿을 삼각산 약수암에서 했고 그곳의 약수터 할머니 귀신과의 친분 때문에 가끔씩은 삼각산도 갔다. 이러다 보니 한 달에 20일 이상을 퇴근길에 산에 올랐다. 먹고살아야 하니 아무리 힘이 들어도 산에 가지 않을 수가 없었다. 하지만 언제나 아내에게 미안한 마음을 금할 길이 없었다. 매일 11시나 되어야 집에 들어가니 어찌 미안하지 않겠는가!

귀신보다 노력의 힘이 더 강하다

처음에 사업을 시작하면서 모든 것을 귀신에게 물어보고 느낌이나 소리가 들리면 행동에 옮겼다. 얼마나 무모한 짓이었던가? 귀신같이 다 알아 맞힐 수도 없거니와, 알려준다 해도 반드시 그보다 더한 반대급부를 요구하는 것이 귀신이다. 귀신을 의지할수록 내 인생은 없어지고 귀신의 삶만 남았다.

그렇다면 도대체 삶의 의미가 무엇인가? 사업이 성공하려면 기본적으로 본인이 연구하고 노력해야 하는 것이다. 어떤 사람은 점을 보고는 불길한 소리를 들으면 불안해서 못 견디는 사람이 있다. 불길한 소리를 들으면 그런 일이 안 생기도록 노력하면 된다. 그와 반대로 좋은 소리를 들으면 그것만 믿고 있다가 낭패를 보는 경우가 있다. 결국 노력하지 않으면 단돈 1원도 수중에 들어오지 않는 것이 세상의 법도인 것이다. 우리가 선한 마음으로 노력할 때 열매가 있는 것이다.

내리막

그러던 어느 날, 아내가 임신을 했다. 첫아이를 낳고 6년이란 시간이 흐른 뒤에 임신이 된 터라 매우 기뻤지만 그런 기쁨도 잠시, 자연유산이 되고 말았다. 아내는 소리 없이 눈물만 흘렸다. 힘들게 가진 아기인데 유산이 되니 얼마나 안타까운 일인가. 나는 아무 말 없이 아내의 어깨만 다독거려 주며, 아기는 다음에 또 가지면 되니까 몸 관리나 잘 하라며 위로했다. 몇 달 후 또 아기를 가졌는데, 이번에는 더 조심했다.

나는 당시에도 계속 산을 오르고 있었는데, 남산에서 신령이 내게 말했다.

"너무 좋아하지 마. 또 유산돼."

깜짝 놀랐다. 또 유산이라니 말도 안 되는 소리라며 펄쩍 뛰었다. 유산되지 않게 해달라며 손이 발이 되도록 열심히 빌었으나 신령은 말이 없었다.

몇 달 후 또 자연유산이 되었다. 이렇게 나쁜 것은 왜 그리도 잘 맞는지 귀신들과 말하는 것조차 겁이 나기 시작했다. 이런 것 하나 막아주지 못하고 내게 나쁜 일이 계속 생긴다면 내가 무엇 때문에 귀신을 섬겨야 하는가 하는 생각이 들었다.

하지만 그렇다고 완전히 그들을 외면할 수도 없었다. 온전히 받들어도 특별히 도움을 주지도 않으면서 요구하는 것만 많고 나는 어찌해야 하나! 한동안 참았던 눈물이 나기 시작했다. 전에는 아기가 잘 들어서지를 않더니만 이제는 임신은 되는데 자꾸만 자연유산이 되니 아내의 몸이 얼마나 축나겠는가. 자연유산이 네 번이나 계속되었다.

사무실은 사무실대로 고사 지내고 굿을 하면 부자 만들어 주고 금전에 한 풀어준다더니 시간이 지날수록 점점 거래처도 줄고 매출이 줄어 정말 미칠 지경이었다. 눈만 뜨면 귀신을 찾고 빌고 사무실의 법당에서 열심히 축원문을 외우고 빌고, 노상 산에 올라 초와 향을 밝히고, 집에서 아내 몰래 심야에 기도를 하고, 틈을 내서 산으로 들로 기도를 다녀도 사업은 별로 잘 되지를 않았다.

눈물로 기도를 하며 오직 사무실 발전을 기원했다. 또한 둘째아이를 그렇게도 기다리는데 바라는 대로 되지는 않고 오히려 점점 고통만 쌓여갔다. 고통 속에 시간만 흘러가는데 귀신들은 바라는 것이 늘어만 갔다. 정말 많이 지쳐 버렸다. 죽음보다 더 무서운 피곤이라는 것이 실감났다. 몸도 상해가고 마음도 상해만 가고 모르는 사람들이 보면 곧 죽을 사람의 형상이었다.

그렇게 지내던 어느 날 피곤에 지쳐 잠에 빠져들었는데 한밤중에 어디선가 아련하게 전화벨 소리가 들리는 것 같아 잠이 깨었다. 시계를 보니 새벽 2시!

누나였다. 울면서 다짜고짜 누나 집으로 오라고 했다. 이유를 물었지만 묻지 말고 빨리 와서 도와달라는 소리만 연신 했다. 영문도 모른 채 누나 집으로 달려가 보니 큰형, 작은형, 남동생이 이미 도착해 있었다. 매형 회사가 부도가 났다는 것이었다. 부도금액이 꽤 컸다. 매형은 일단 채권자들이 두려워 몸을 피했고, 누나와 아이들도 신변의 위협을 느껴 꼭 필요한 것들만 챙겨서 피신하려고 했다. 물론 법이란 것이 있는데 어떻게 되겠느냐마는 그래도 사람들이 흥분한 상태에서는 어떤 일이 발생할지를 몰라 일단은 피해야 한다는 것이었다. 회사를 정리해도 부족하기에 어쩔 수없이 부도가 났다는 것이다. 30년이나 된 회사인데!

순간 나는 귀신들 생각이 났다. 행여 내가 귀신들에게 악을 쓰고 덤비기도 하고, 정말 귀신들이 하라는 대로 하지를 않아서 집안이 풍비박산 나는 것은 아닐까 하는 생각에 가슴이 내려 앉았다. 설마 설마 했지만 내 사업도 잘 되지를 않고 매형 회사는 부도가 나고 아내는 자꾸만 자연유산이 되고 아무것도 되는 일이 없었다.

아이 셋과 누나는 일단 짐을 싸서 우리 집으로 왔다. 그러니까 32평 아파트에 우리 식구 셋과 누나 식구 넷을 합하면 일곱이 되는 것이다. 누나의 아이들은 고3, 고1, 중3이니 다 큰 아이들이다. 넓게 보이던 집이 꽉 찼다. 하지만 혈육 좋다는 것이 무엇인가? 오히려 누나 식구들이 마음 상하지 않게 하려고 노력을 했다. 다른 형제들도 집이 다 서울인데 왜 우리 집에만 계셔야 하는가 하고 물을 만도 한데 일절 불평불만 없이 음식을 내오고 도란도란 이야기도 하며 잘 지내는 아내가 정말 눈물이 나도록 고맙고 또한 미안했다. 나는 정말 내 아내에게 늙어서라도 잘해야겠다는 생각과 다짐을 수도 없이 했다.

며칠 후 누나가 많이 아팠다. 부도의 충격으로 하혈까지 했다. 어지럽다고 자주 주저앉으면서도 병원에는 가지를 않겠다며 밤에 교회를 갔다. 나는 극구 말렸다. 몸도 좋지를 않은데 무슨 교회를 가느냐고, 가다가 길에서 쓰러지면 어떻게 하냐고, 말려도 듣지를 않았다. 귀신들은 누나 식구들을 내보내라고 난리가 났다. 그렇지만 나는 귀신들의 말을 들을 수가 없었다.

누나는 매일 교회를 갔다. 40일 작정 철야 기도를 한다는데, 가는 누나도 힘이 들었지만 옆에 있는 내가 더 힘이 들었다. 오다가다 쓰러질까 염려도 되고 혹시라도 좌절하여 누나가 딴 마음이라도 먹어 죽기라도 할까봐 혼자 교회를 가게 할 수가 없었다. 그래서 가고 올 때 내가 차로 태워서 돌아와야 했다.

근데 참 이상도 했다. 그렇게 집안이 박살나고 난리가 났는데도 오히려 누나는 담대했다. 틈만 나면 찬송가를 부르고 기도하고 철야 기도를 다니며 의연했다. 참 이해가 안 되었다. 어쩌면 저렇게도 담담하게 살아갈 수가 있을까. 아마도 내가 누나 입장이라면 펄펄 뛰고 난리가 났을 것이다. 나는 누나가 믿는 하나님은 어떤 신이기에 저렇게 된 상황에서도 담대할 수가 있는지 궁금했지만 누나의 품성이 차분해서 그런 것이라고 막연히 생각했다.

그 상황에서도 누나는 내게 예수를 믿으라고 했다. 예수는 좋은 분이라서 언제나 함께 계시니 어떠한 어려움도 해결해주신다고 하며, 마음에 평안을 주신다고 했다. 결국 나는 누나와 한판 붙었다. 그렇게 좋은 분인데 누나를 왜 이리도 곤경에 빠뜨리냐고, 내가 흥분할수록 누나는 "주여!"만 했다.

정말로 듣기 싫었다. 차라리 같이 인상을 쓰며 덤비면 좋을 텐데, 다른 말은 한마디도 않고 오직 "주여!" 그 말만을 하니 내가 뭐라고 항변을 하겠는가?

고난도 하나님의 뜻이다

사람이 육신을 입고 있는 한 살아가면서 고난이 없을 수는 없다. 누구나 고난이 있지만 그 고난을 대하는 자세는 사람들마다 다르다. 나 역시 사업이 안 되고 망해갈 때에는 매우 힘들었지만, 매형의 부도와 더불어 하나님께로의 인도하심을 받게 된 것이다. 하나님의 깊은 섭리가 있었던 것이다. 그러기에 고난을 만나게 되면 본인의 삶을 돌아보고, 잘못이 있을 때는 회개해야 하며, 하나님을 잠잠히 바라보면서 하나님의 뜻을 이해하려고 노력하고, 지혜롭게 고난을 이겨나가면 면류관을 받을 수 있게 되는 것이다.

너한테 내일이 있니?

작은형이 소주 한잔 하자고 전화를 했다. 이런저런 사는 이야기를 하며 소주를 두어 병 비웠다. 형이 재미난 이야기를 했다.

참새와 하루살이가 하루 종일 재미나게 놀다가 해가 저물었는데, 참새가 말하기를, 엄마가 기다린다며 간다고 했다.

"하루살이야! 오늘은 이만 놀고 내일 다시 만나서 놀자."

참새가 돌아간 후 하루살이는 혼자서 한참을 고민했다.

'어, 내일이라는 게 뭐지? 내일? 내일?'

형이 계속 이야기를 했다.

"사람이 살다가 죽는 것이 해가 저무는 것이야. 그러면 내일이라는 것은 죽음 저편의 세계를 말하는 것인데 너는 내일이라는 것을 아니?"

나는 자신 있게 내일을 안다고 대답을 했다. 귀신들과도 대화하는 내가 왜 죽음 저편의 세계를 모른다는 말인가? 형은 계속 말했다.

"그렇다면 너한테 내일이 있니?"

나는 갑자기 대답할 말이 생각이 나지를 않았다.

'나한테 내일이 있는가?'

계속 생각을 하고 있는데 형이 재촉을 했다.

"형, 나도 내일이라는 것은 알겠는데 나한테 내일이 있는지는 솔직히 잘 모르겠어요."

형이 얘기를 마무리했다. 며칠 잘 생각해 보고 답이 떠오르면 대답을 하라며 자리에서 일어섰다. 집으로 돌아왔다. 자려고 해도 잠이 오지를 않았다.

'형은 괜히 이상한 이야기를 해서 사람 머리 아프게 하네.'

나는 투덜거리면서도 계속 '내일'이라는 단어를 중얼거렸다. 한참을 생각하다가 나도 모르게 잠이 들었다.

며칠 후 다시 형이 전화를 했다.

"내가 답을 알려 줄게. 내일이라는 것은 영원히 살 수 있는 천국을 말하는 거야. 결국 내일은 하나님이신 예수님이야."

나는 형에게 성질을 내며 말했다.

"형, 나는 예수 안 믿어. 쓸데없는 이야기 하지 말고 전화 끊어요. 나 지금 바빠요."

사실 나는 바쁘지 않았다. 그도 그럴 것이 사무실에 일거리가 없었다. 아무리 귀신들에게 빌어도 일감이 없어 화가 나 죽겠는데 부정 타게 웬 예수 타령이야. 정말 이 상태로 나가다가는 어쩔 수 없이 문을 닫을 지경까지 이를 것 같았다.

'아니, 귀신들은 도대체 뭘 하고 있는 거야? 돼지머리에, 술에, 좋은 음식을 다 받아먹었으면 잘되도록 보답해야 되잖아. 다른 사람들의 점은 잘 맞아떨어지면서 왜 내 사업은 잘 안 되는 거야? 내 운이, 내 팔자가 그런 건가? 왜 내 점은 맞지를 않는 거야?'

정말 미치고 펄쩍 뛸 일이었다. 너무도 답답했지만 의지할 곳이 없었다. 미우나 고우나 내 안에 있는 귀신인데 다시 한 번 물어나 봐야겠다 하며 열심히 기도를 했다. 그들이 다시 대답했다.

"산 부정에, 들 부정, 피 부정이 있어서 사업이 안 되는 거야. 초상집 다니고, 병문안 다니고, 다닐 것 다 다니면서 어떻게 부정이 끼질 않겠어? 이번에 다시 굿을 해서 모든 부정을 쳐내고 새로 운을 받고 명기 서기를 받아서 잘 마무리하면 사업이 잘될거야. 다시 한번 굿을 해!"

또 굿을 하란다. 할 수도 없고 안 할 수도 없고 어쩌면 좋을지 몰랐다. 자칫 회사를 닫을 판에 돈은 또 어디서 구한단 말인가. '작은형에게 돈을 빌려달라고 해야겠다. 이판사판 공사판인데 이대로 그냥 문을 닫을 수는 없지 않은가!' 형에게 운영자금이라고 거짓말을 하고 돈을 빌려달라고 전화를 했다.

"너, 굿 하려는 거지?"

어떻게 알았지? 너무나 놀라 전화기를 떨어뜨렸다. 정신을 가다듬고 다시 전화기를 주워 들었다. 형은 만나서 이야기를 하자고 했다. 그날 밤 형과 다시 만났다. 나는 속이 답답해서 죽을 지경인데

형은 또 이상한 질문을 했다.

"세월이 가도 늙지 않는 방법이 뭔지 아니?"

나는 생각하는 것도 귀찮아서 그냥 모른다고 대답을 했다.

"빛보다 빠르게 살면 결코 늙지 않는 거야. 근데 빛보다 빠른 것은 오직 예수님밖에 없어."

나는 빛하고 예수하고 달리기 시합시켜 봤느냐고 덤비며 돈이나 빌려달라고 했다. 형은 돈 얘기는 하지 않고 계속 말했다.

"우리가 빛보다 빠르게 살수는 없지만 예수님을 믿기만 하면 예수님처럼 빛보다 빠르게 살 수 있어. 나중에 육신은 죽더라도 영혼은 영원히 살수가 있고 예수님이 재림하실 때에 우리의 육신도 다시 살 수가 있는 거야. 이제 굿은 그만하고 예수를 믿어."

함께 살고 있는 누나가 내 몸에서 향 냄새를 맡고 낌새를 알아차려 작은형에게 말한 것이었다. 아직 아버지는 모르시니 비밀로 해달라고 신신당부를 하고 나의 전후사정을 다 말했다.

형은 내가 다 속은 것이라며 이제부터라도 바르게 살자고 설득했다. 무당들과 귀신의 종교가 그렇게 대단하면 왜 세상 전체에게 전도되지 않느냐고 했다. 근데 단지 속은 것은 아니었다. 왜냐하면 진짜로 귀신은 존재하기 때문이다. 이나마 받들었기 때문에 여태까지 살아온 것이라고 항변을 했다.

"형, 나는 예수를 믿을 수가 없어. 만약 예수 믿다가 귀신들이 앙심을 품고 내 가정을 해하면 나는 어쩌란 말이야. 물질적인 것이나 다른 것들은 괜찮다 해도, 건강을 해치고 내 아이를 해하면 나는 더 이상 세상을 살 의미가 없다는 것을 형이 나보다 더 잘 알고 있잖아? 나 죽는 것은 그렇다고 쳐도 마누라하고 애가 죽으면 형이 책임질 거야?"

나는 이미 이성을 잃어버렸다. 돈 빌려주기 싫으면 그만이지 왜 사람 속은 뒤집어 놓느냐고 덤볐다. 형은 다른 데 쓰는 것이라면 모르지만 굿 하려고 하는 것을 알면서 돈을 빌려 줄 수 없다고 했다.

결국 나는 그날 돈도 빌리지 못하고 화만 잔뜩 나서 돌아왔다. 오면서 혼자 생각했다. 내가 옛날에는 이렇지 않았는데 귀신들려 신경질적으로 변한 것 같다고!

집에 돌아와 혼자 생각을 했다. 예수, 그는 과연 누구일까? 그가 과연 누구이기에 부도가 난 상황에서도 누나를 그렇게 의연하게 만들고, 형이 자신 있게 내게 권하는 것일까? 직접 경험을 해보지 않았으니 도무지 알 수가 없었다.

회사는 점점 내리막이었다. 결정을 해야 할 때가 가까워졌다. 하지만 사무실에 있는 법당은 어찌해야 한다는 말인가! 폐업을 하면 그 이후에 나는 무엇을 하며 어떻게 살아야 하는가. 참으로 머리가 복잡했다. 하지만 이대로 계속하다가는 사무실 운영비를 감당하지 못해 점점 부채가 늘어나게 되니 어차피 닫을 수밖에 없다.

일단 법당 문제! 염주, 단주와 향로, 조화, 엽전, 옥수그릇들을 남산의 굿당에 갖다놓기로 했다. 그래도 귀신이 앉았던 곳인데 쓰레기통에 버리기는 더욱 찜찜하기 때문이었다. 물건들은 치우면 되지만 앞으로 귀신들을 어찌 대해야 할지…… 그러다 어떻게 되겠지

하는 생각에 일단 폐업신고를 했다. 귀신들은 내게 말로만 부자 만들어준다고 하고는 잘 다니던 회사를 그만두게 하고, 금오기획까지 폐업하고 이렇게 피눈물을 흘리게 만들었다. 그 생각을 하니 참으로 억울했다. 눈물이 쏟아졌다. 그러나 폐업신고를 하고 나니 일단 마음은 홀가분했다.

영적인 '손절매'

내가 귀신을 믿고 또 끌려 다닌 것 자체가 잘못이었다. 잘못이란 것을 알았을 때, 즉시 악의 길에서 돌이켜 의의 길로 갔으면 고생은 덜 하였으리라. 하나님께서 반드시 지켜주시기 때문이다.

결단이 필요한 것이다. 주식을 하는 사람들은 '손절매'라는 용어를 안다. 주식가격이 폭락하면 손해를 감수하고라도 던져야 한다는 결단의 마음을 말하는 것이다.

게다가 무꾸리들(무속인들이 가지고 있는 용품들)은 사람이 만든 것이니 아무 힘도 없다. 그냥 쓰레기통에 버려도 아무런 탈도 일어나지 않는다. 잘 모르는 사람들이 두려워하는 것이다.

아빠, 무당이 뭐야?

회사를 폐업하고 집에서 당분간 쉬어야 했다. 몇 달 푹 쉬고 새로운 일을 찾기로 했다. 우리 딸은 아빠가 집에 있다고 너무나 좋아했다. 무거운 마음을 억누르고 아이와 놀아주었다. 집에서 쉬니 정말 세상에서 제일 좋은 곳이 내 집이라는 것을 알았다. 며칠을 잘 쉬고 있던 어느 날, 딸아이가 유치원을 마치고 돌아오자마자 쫓아 왔다.

"아빠, 무당이 뭐야?"

나는 갑자기 너무 놀라서 심장마비가 되는 줄 알았다. 피가 거꾸로 치솟는 것 같았다. 얘가 지금 뭘 물어보는 거야?

"너 그 소리 어디서 들었니?"

"응, 우리 반 아이가 그러는데 자기 집 지하에 무당이 살고 있대. 뭐, 빌려서 사는 거 있잖아. 전세라는 거."

나는 할 말을 잃었다. 뭐라고 대답을 해주어야 하나? 딸아이는 계속 재촉을 했다.

"무당은 좀 이상한 사람 아니야? 어른이 방울을 흔들면서 놀고, 부채를 갖고 논대. 둥그런 쇠로 된 것으로 두들기고, 그래서 굉장히 시끄럽고 또 울긋불긋한 옛날 옷 같은 것도 굉장히 많대. 그런 일하는 사람이 뭔지 빨리 말해줘."

머릿속이 정리가 되지를 않았다. 딸아이에게 뭐라고 설명을 해주어야 할는지 도무지 생각이 나지가 않았다. 순간적으로 머리가 마비가 된 것 같았다. 일단 고비를 넘기는 것 외에는 달리 방법이 없었다.

"아빠도 잘 모르겠어. 잘 생각해 보고 내일 대답을 해줄게."

아직 어린 아이인지라 일단 오늘만 넘기면 잊어버릴 것 같았다. 잊어버리면 내일 다시 질문을 하지 않겠지 하며 길게 한숨을 몰아쉬었다. 정말 끔찍한 순간이었다.

그런데 내 예상과는 달리 아이는 나를 용서하지 않았다. 다음날, 잊지 않고 다시 질문을 해온 것이다.

"아빠, 오늘 말해준다고 했잖아? 무당이 뭐야?"

식은땀이 흘렀다. 긴장이 돼서 제대로 일어서기도 힘이 들었다. 하지만 딸아이는 잠시도 틈을 주지 않고 내 눈을 빤히 쳐다봤다. 아이의 눈이 언제나 사랑스럽고 해맑기만 했었는데 지금처럼 무섭게 느껴지리라고는 상상도 하지 못했다.

"무당은 귀신들과 친하게 지내고 귀신들이 시키는 대로 잘 따르는 사람들이야."

"응, 그렇구나. 그럼 무당은 나쁜 사람들이네. 아빠는 그런 사람들하고 만나지도 말고 친하게 지내면 안 돼, 알았지?"

그 말을 남기고 소꿉놀이를 한다며 제 방으로 쏙 들어가 버렸다. 난 그 자리에 주저앉고 말았다. 그 아이가 무심코 던진 그 말! 내 가슴을 갈기갈기 찢어놓았다.

세상에서 가장 사랑하는 내 딸! 그 사랑하는 어린 딸이 내게 던진 그 한마디! '무당은 나쁜 사람들이네, 무당은 나쁜 사람들이네, 무당은 나쁜 사람들이네…….' 끊임없이 메아리치며 나를 강타했다. 그 후로 날마다 고민을 했다. 어찌해야 하나? 아빠가 되어 가지고 사랑하는 딸에게 나쁜 사람이 되면 안 되는데…….

하지만 내가 나쁜 사람이 되고 싶어 나쁜 사람이 되는 것은 아니잖아? 나도 어쩔 수 없이 신 제자가 된 것인데 그 아이가 과연 나를 이해할 수 있을까? 사실 따지고 보면 나도 피해자였다. 나도 무당이 되는 것은 죽기보다 싫지만 가족들을 위해 어쩔 수 없이 신 제자의 길을 선택한 것인데 이 상황을 이 세상의 어느 누가 이해하여 줄 수 있다는 말인가! 터질 것만 같은 이 가슴을 어느 누구에게 하소연할 수가 있다는 말인가!

내 딸이 성장을 해서 시집을 가게 될 때에, 만약 상대가 무당의 아들이라면 과연 내 딸을 그리로 시집을 보낼 수가 있겠는가? 절대로 안 될 일이다. 비록 나도 내림굿을 하여 신 제자의 몸이라 할지라도 그것은 절대로 안 될 일이었다.

바꾸어 생각을 해봤다. 내 아이가 어떤 건실한 청년과 결혼하기를 진실로 원하고 있을 때, 만약에 상대 집안에서 내 상황을 알게 되다면 과연 결혼을 허락해 주겠는가? 당연히 그 쪽에서도 허락지 않을 것이다. 그 때에 내 아이가 입게 될 가슴의 상처는 어찌하겠는가? 내 사랑하는 딸에게 어찌 아빠로서 그 가슴에 상처를 줄 수가 있다는 말인가! 어떻게 무당의 자식이라는 소리를 사랑하는 내 딸에게 물려줄 수가 있다는 말인가!

어쩌다가 내가 이 지경까지 되었는가? 죽고 싶다. 차라리 내가 죽고 없다면 무당의 자식이라는 소리는 남겨 주지 않을 것이 아닌가? 죽을 수도 없고 또 살 수도 없는 나는 어쩌란 말인가!

집에다가는 담배를 사러 간다고 말하고 놀이터에 갔다. 벤치에 앉아 하염없이 눈물을 흘렸다. 내 인생은 차치하고라도 내 아이와 아내에게 미안한 마음이 들어 정말 하염없는 눈물이 비 오듯 흘러 내렸다. 마치 정신병자가 된 양 미친 듯이 울었다.

그날 이후 나는 딸아이를 똑바로 쳐다볼 수가 없었다.

우리에게 말씀을 전하시는 하나님

하나님은 참으로 다양한 방법으로 우리에게 말씀하시고 인도하신다. 예배 중에 목사님의 설교말씀을 통하여, 성경말씀을 읽는 중에 감동 감화를 통해, 기도 중에 친히 말씀을 주시기도 하시고 혹은 주변의 사람들을 통해서 말씀하시기도 하신다. 문제는 우리가 늘 마음을 열고 깨어 있어서 하나님의 뜻을 받을 수 있어야 한다는 것이다. 육신이 아프면 물론 하나님께서 친히 낫게도 하시지만, 의사를 통해 치유하는 것 역시 하나님의 섭리이고 혹시라도 누군가 나에게 예수님을 믿으라고 한다면 이미 하나님은 그 분을 통해 나에게 말씀을 하고 계시다는 뜻이다.

동생도 예수 믿게!

마음이 너무도 답답해서 정 법사나 만나볼까 하고 그의 집으로 갔다. 그동안 사무실을 신경 쓰느라고 오랫동안 만나보지를 못했다. 그러나 그는 집에 없었고 그의 아내는 한숨만 내리쉬고 있었다. 내가 위로 받으러 갔는데 오히려 위로를 해주어야 할 판이었다. 그가 병원에 입원을 한 것이다.

몇 해 전 췌장암을 앓고 수술을 받았는데 재발한 것이었다. 그때 내가 그에게 한 말이 생각이 났다. 43세를 잘 넘기면 오래 살 수 있을 거라고 했는데 지금 그가 43살인 것이다. 섬뜩했다. 귀신들이 나를 부자 만들어주지는 못하더니만 다른 사람의 나쁜 것은 기가 막히게 맞추는구나. 하지만 맞추는 것이 무슨 의미가 있다는 말인가. 그 나쁜 것을 막아주고 좋은 길로 인도해주어야 그것이 참신이 되는 것이 아닌가. 다시 한 번 귀신들에게 화가 났다.

병원에서 정 법사를 만났다. 그는 뼈만 앙상하게 남은 모습이었다. 옛날 우리 어머니가 암으로 돌아가시기 직전처럼 완전히 망가진 모습이었다. 형님이라고 부르며 친하게 지냈던 그가 너무도 불쌍해 보였고 또한 돌아가신 어머니가 다시 생각이 나서 눈물이 줄줄 흘렀다. 그를 보자마자 직감적으로 느껴졌다. 며칠 살지 못하겠다는 생각이 머리를 떠나지 않았다.

그가 나를 보자 아픈 몸으로도 반기면서 말을 건넸다.

"동생, 어찌 지내는가? 사업은 잘되고?"

나는 그간의 폐업신고부터 매형의 부도, 우리 딸아이의 질문까지 자세히 이야기했다. 곧 죽을 환자한테!

"동생, 지금부터 내 이야기 잘 듣게. 내가 지금까지 평생을 무당들과 손을 잡고 법문을 외워 읽는 것으로 벌어 먹고살며 내 아이들을 키웠는데, 참으로 생각이 많네. 동생도 알다시피 내가 귀신들을 얼마나 잘 받들어 모셨는가? 그럼에도 불구하고 지금 내 꼴이 이게 뭔가? 이번에 병원에 입원하기 전에도 여러 번 굿을 했네. 그들 모두 병 낫게 해준다고 공수(굿을 할 때 무당이 예언하는 말)주고 건강하게 산천을 누비며 다닐 거라고 하였지만 나는 점점 악화되어 이 지경까지 되고 돈만 수없이 날린 거야. 돌이켜 생각을 해보니 내가 평생을 헛살았네. 귀신들은 자기들만 위해달라고 하지 나를 위해서는 해준 것이 없어. 근데도 나는 귀신들에게 정말 충성을 다했지. 그래서 말인데 나 심경에 큰 변화가 있어."

잠시 이야기를 멈추었다. 그의 뺨에 눈물이 흘러내렸다. 회한의 눈물이……. 그가 다시 이야기를 시작했다.

"나, 예수 믿기로 했네!"

아니, 이럴 수가! 스님, 법사로 평생을 살던 사람이 이렇게 갑자기 신앙을 바꿀 수가 있다는 말인가?

"곧 죽을 내가 이제 와서 웬 예수냐고 하겠지만 귀신 믿어 덕본 것 없어. 귀신 믿어서는 천국에 가지 못할 것 같아. 귀신들이 좀 거짓말을 하냐고! 무당들도 속고 있는 거야. 귀신들은 툭하면 굿해라, 치성해라, 고사지내라, 기도비 달라, 초하루 보름날에 쌀과 돈 들고 오라고 하고 그러면서도 덕을 준 것은 없다는 것을 동생도 잘 알고 있지 않은가? 나도 내 욕심으로 무조건 점 보러 온 사람들을 엮어서 굿을 엄청 시켰거든. 그들의 생활 어려운 것은 아랑곳하지 않았지. 전세 사는 사람들의 전세금까지 빼오라는 것이 귀신들 아닌가? 그 전세금 몇 배 벌어준다고 뻥을 치면서!

하지만 예수 믿는 사람들은 좀 다르더라고. 일단 돈 달라는 소리를 하지 않으니 마음이 편했지. 그리고 잘 알지도 못하는 사람들이 와서 나를 위해 진실로 기도를 해주니 얼마나 고마운가. 이 병원에 있는 사람들이 나를 전도한 거야. 뭐, 신우회라나 그런 이름이었어. 마음이 편해. 나 세례받기로 했어."

나는 깜짝 놀랐다. 엄청난 변화였기 때문이었다. 상상도 하지 못했던 일이기 때문이다. 내가 내림굿을 하고 신 제자가 될 때 엄청 걱정을 하고, 무당이 안 되기를 기원하던 그가 급기야는 먼저 일을 저지른 것이었다.

"형님, 갑자기 그렇게 종교를 바꾸면 탈이 나지 않을까요? 귀신들이 가만히 있지를 않을 텐데 그걸 어떻게 감당해요? 형님네 식구들 괜찮을까요? 형님, 병세가 더 악화되면 어떡해요?"

"동생, 어차피 평생을 천하게 무당 생활했는데 이 상태보다 더 나쁠 것이 뭐가 있겠는가. 동생도 모든 것을 정리하고 예수 믿게!"

담대했다. 그러나 우리의 만남은 그날이 마지막이었다. 며칠 후 그는 세례를 받았고 생을 마감한 것이었다. 불쌍한 정 법사, 아니 세례를 받았으니 이제는 정 성도! 그가 내게 준 마지막 유언.

"동생도 예수 믿게!"

마음을 뒤흔든 한마디

평생을 무속에 몸담았던 정 법사. 친형같이 나를 아껴주시던 그분이 예수를 믿기로 했다며, 나한테도 예수를 믿으라고 할 때는 정말 황당했었다. 그저 사람이 죽을 때가 가까우면 정신이 흐려져서 헛소리하는 정도로만 받아들였는데, 시간이 갈수록 내 가슴속에 깊이 자리 잡히는 것이었다. 스님도 하고, 법사도 하고, 수많은 무당들에게 존경받고, 귀신에 대해서는 어느 누구보다도 많이 아시는 나름 큰 분이 내게 그런 말씀을 하실 때는 분명 이유가 있으리라는 생각이 들면서 내 마음도 흔들리기 시작했다.

그때까지 귀신들하고 지내다가 예수님을 믿어도 별 탈이 없을까 고민도 하고 두려워도 했지만, 나도 예수님을 믿어볼까 하고 흔들리는 마음은 어쩔 수가 없었다. 날이 지날수록 딸의 장래와 정 법사의 유언이 나를 흔들어서, 수없이 많은 밤을 지새며 고민을 하다가 조금씩 조금씩 예수님 쪽으로 끌리기 시작했다.

2부
은혜

─

예수 제자가 되다

'하나님 아버지, 저를 받아주시옵소서.
더 이상 고통의 세월을 겪게 하지 마옵시고 저를 받아주시옵소서.
이제 제게는 영혼의 휴식이 필요합니다. 당신의 품 안에서
안식할 수 있도록 저를 받아주시옵소서.
이 세상에서는 더 이상 만족할 수가 없나이다.
나의 피난처가 되어주시옵소서.'

이렇게 가슴속으로 부르짖는 동안
내 머리 위로 차가운 물이 쏟아짐을 느꼈다.

회심

작은형이 가끔 예수 믿으라고 귀찮게 하더니 누나까지 합세했다. 누나는 계속 철야 기도를 다녔는데 나는 언제나 기사처럼 따라다녔다. 누나를 교회 앞에 내려주면 그때마다 실랑이를 벌였다. 심심하게 밖에서 기다리지 말고 같이 들어가자고. 설교가 듣기 싫으면 복도에라도 있으면 되지 않느냐는 것이었다. 차에 있는 것보다는 소설책을 읽더라도 교회 복도가 낫다는 말이었다. 누나는 잘 생각해보라며 혼자 교회에 들어갔다.

나는 차 안에서 혼자 또 고민을 했다. 형의 말, 누나의 신앙생활, 딸아이의 질문, 정 성도의 유언 등 여러 가지가 내 머리를 어지럽혔다. 무엇보다도 딸아이의 장래가 걱정되었다. 무당의 자식을 만들수는 없지가 않은가!

한참을 계속 고민을 하다가 깜박 잠이 들었다. 잠깐 졸은 것 같은데 예배가 끝난 모양이었다. 많은 사람들이 쏟아져 나왔다. 예수가 뭐가 좋다고 저 많은 사람들이 이 밤에 잠도 안 자고 저렇게 교회에 오는 것일까. 저 가운데는 교수도 있고, 학생도 있고, 사업하는 사람도 있고, 직장인, 가정주부, 많은 종류의 사람들이 있을 텐데 저렇게 많은 사람들이 믿는 것을 보면 그리 나쁘지는 않을 거라는 생각도 들었다.

하지만 나는 귀신에 매인 몸! 내 처자식이 잘못되면 안 되니까 결코 안 돼, 절대로 안 돼 하며 속으로 외치고 있는데 누나가 왔다. 오늘 설교말씀이 너무너무 좋아서 은혜를 많이 받았다고 했다.

"전지전능하신 하나님이라 모든 것을 하실 수가 있고, 우리의 어려운 사정을 다 알고 계시므로 고통과 환란 중에서 건져주실 수 있어. 하나님이 너를 지켜 주실 수가 있다고."

전지전능? 모든 것을 알고, 모든 것을 할 수 있는 분? 그렇다면 나를 귀신의 해함에서 구해주실 수도 있지 않을까? 만약에 내가 온전히 귀신들로부터 탈출할 수만 있다면 해볼 만한 것인데…….

나는 거의 강제적으로 귀신들에게 이끌려 다니고 그들의 요구를 들어야 했는데, 예수를 믿는 누나를 보면 언제나 자유로운 것 같았다. 아직 잘은 모르지만 예수는 강제적으로 하지는 않는 것 같았다.

'전지전능, 전지전능, 전지전능…….'

만약 하나님이 나를 지켜주기만 한다면, 내 가정에 아무런 해도 없이 종교를 바꿀 수만 있다면, 그럼으로 인하여 내가 자유로워질 수만 있다면 나도 내 아이에게 좋은 아빠가 될 수 있을 텐데…… 내

가정에서 좋은 가장이 될 수 있을 텐데!

날마다 '전지전능하신 하나님'에 대해서 …… 수없이 많은 날들을 밤을 하얗게 지새며 생각했다.

'전지전능하신 하나님이라는데 지켜주시겠지. 전지전능하신 하나님이라는데 지켜주시겠지……' 수없이 중얼거리며 반복했다. 만에 하나 나를 지켜주시지 못해 내가 죽는다 해도 무당의 자식이라는 소리를 물려주는 것보다는 차라리 내가 죽어 없는 편이 나을 것이라고 생각했다.

드디어 결심을 했다. 귀신으로부터 탈출을 하려면 귀신이 가장 싫어하는 쪽의 종교를 선택해야 하고, 그래야 한 번에 끝을 볼 수가 있고, 또 전지전능하다니까 오직 그것만을 굳게 믿기로 했다. 여태 귀신은 나를 고생만 시켰고 잘되게 해준 적이 없다. 게다가 주변 사람들에게 떳떳하게 자신이 무당이라고 하지 못하는 것만 봐도 분명 귀신은 나쁜 것이다. 예수를 믿는 사람들이나 목사님들이 자신 있게 이야기하는 것을 여러 번 본 적이 있다. 나도 그들처럼 떳떳하고 싶었다.

예수 믿을 준비를 했다. 가족들이 다 잠든 후에 혼자 무릎을 꿇었다. 마지막으로 귀신들을 청했다. 나는 간절하게 영원히 당신네 신령들을 모실 수가 없으니 제발 나를 놓아달라고 애원했다. 내 어머니를 열심히 찾았다.

"나는 이제부터 예수를 믿기로 결심했으니 제게서 떠나소서."

이제 모든 신령들과 귀신들은 내게서 떠나 하늘로 가서 살라고!

그리고 이제 사람들과는 인연을 끊고 저승세계에서 살라고 손이 발이 되도록 애원을 하며 빌었다. 기도를 하면서도 눈물이 쏟아졌다. 다른 귀신들은 다 가도 괜찮지만 이제 내가 예수를 믿으면 어머니의 영혼과도 더 이상 이야기를 할 수 없다는 서글픈 생각이 들어 한없는 눈물이 쏟아졌다. 눈물, 콧물을 쏟으며 정말 한참을 기도를 했다. 2시간 정도 기도를 했나 싶은데 갑자기 느낌이 이상했다.

풍선에서 바람이 새는 것 같은 느낌이 들며 내 몸에서 하얀 연기 같은 것이 빠져 나오는 것이 보였다. 이건 또 뭔가? 천천히 아주 천천히, 조금씩 한참 동안 계속해서 빠져 나왔다.

나는 혼자 생각을 했다. 귀신들의 혼령이 빠져 나오는 것이구나 싶었다. 한참 후 연기처럼 나오던 것이 멈췄다. 다 나온 모양이었다. 갑자기 기운이 없고 어지러웠다. 나는 그 자리에 쓰러지듯 누웠다. 누운 채로 다시 어머니를 생각했다. 혼자 끊임없이 중얼거렸다.

'어머니 죄송합니다. 끝까지 모시지 못해 죄송합니다. 어머니도 제가 잘 사는 것을, 자유롭게 사는 것을 원하시지요. 용서하세요.'

더 빨리 예수님을 알았더라면……

사실 나는 이때까지만 해도 귀신이 나를 속이는 줄은 꿈에도 생각하지 못하고, 그저 내 안에 있던 어머니가 정말 어머니인 줄 알았다. 그래서 내가 살기 위해 어머니를 떠나보내야 한다는 것이 정말 가슴 아팠다. 그러나 아니었다. 떠나보내는 것은 귀신이었다.

게다가 당시에는 예수님은 그저 힘이 센 서양 귀신인 줄 알았기에 더욱 힘이 들었던 것이다. 예수님이 왕이시고 하나님이신 것을 진즉 알았더라면 이리도 아파하지 않고 고민하지 않았을 것이다. 믿고 보니 예수님은 확실한 왕이신 것이다.

난생처음 교회에

다음날 밤 또 누나를 교회로 바래다 주었다. 어제와 마찬가지로 누나는 또 시작을 했다.

"누나가 동생한테 나쁜 것을 권하겠니? 아무 소리도 하지 말고 한 번만 들어가보자. 가서 경험해 보고 나쁘거나 해가 있으면 다음에는 안 가면 되잖아?"

못이기는 척하며 누나에게 이끌려 들어갔다. 무섭고 두렵고 떨렸다. 누나를 따라 교회 안으로 들어갔다가 오늘 이 밤에 죽을지도 모른다는 생각이 나를 사로잡았다. 그날 집을 나서기 전에 미리 A4용지에 보험 들어 놓은 내역과 저금통장 계좌번호들을 써놓았다. 그리고 하고 싶은 말들도 써놓았다. 지금 교회에 들어갔다가 귀신들의 저주로 죽게 될지도 모른다는 생각에 유서라도 있어야 한다고 생각했기 때문이다. 극도로 긴장되지만 죽으면 죽으리라는 생각으로 따라 들어갔다.

드디어 교회에 첫발!

1992년 5월 6일, 여의도순복음교회 바울성전!

두려움과 떨림으로 자리에 앉았다. 정말 엄청나게 많은 사람들이 앉아서 기도하고 노래를 했다. 한참 후, C 목사님이라는 분이 에베소서 6장을 설교하신다고 했다.

'어, 귀신에 대한 이야기를 하네. 귀신들은 다 예수의 이름으로 떠나가라고 말하네.'

누나가 옆에서 소곤거렸다.

"봐라, 벌써 하나님이 아시고 네 이야기를 저 목사님을 통해서 말씀하시는 거야."

목사님의 설교를 열심히 들었다.

"하나님의 전신갑주, 의의 흉배, 진리의 허리띠, 성령의 검, 구원의 투구, 믿음의 방패, 복음의 신, 그리고 성령 안에서 기도하라."

같은 한국말인데도 무슨 말인지 잘 알 수는 없었지만 단지 귀신들과의 영적 전쟁에서 반드시 이겨야 한다는 그런 내용인 것은 확실했다. 가슴이 벅차올랐다. 왠지 전지전능하신 하나님이라는 말은 확실히 맞는 것 같고 귀신들로부터 나를 잘 지켜 주실 것만 같았다. 어쨌든 간에 기분 좋게 집으로 돌아와서 오랜만에 편안히 잠을 잤다.

다음 날도 역시 누나를 따라 교회를 갔다. 어제보다는 한결 긴장감이 덜했다. 예배가 아무 탈 없이 또 끝났다. 물론 귀신들이 욕하고 때리고 협박하겠지만 나를 죽이지는 못할 것이다. 그래, 인생만

사 삼세판이라고 했지. 내일 또 와보자 해서 다음 날도 교회를 왔는데 여전히 나는 건강했다. 너무너무 좋았다. 무려 세 번이나 예배에 참석했지만 아무런 문제가 생기지 않았다.

당분간 누나를 따라 계속 교회를 가기로 했다. 누나는 "할렐루야"를 외치며 굉장히 기뻐했다. 그날 이후 나는 누나를 따라서 매일 밤 교회에 갔다. 처갓집에서 내가 교회를 나간다는 소식을 듣고 만세를 부르며 난리가 났다. 장모님이 가죽으로 된 성경책을 사가지고 환한 얼굴로 득달같이 오셨다. 이제 우리는 이승에서의 인연만이 아니고 죽어서도 영원한 만남이 될 수 있다면서 너무도 기뻐하셨다. 결혼 첫날부터 지금까지 줄곧 처형과 장모님과 아내가 함께 나를 위해 기도를 해오셨는데 이제 하나님께서 응답하셨다며 할렐루야를 외치셨다.

그러나 평탄하지만은 않았다. 귀신들이 다 가버린 줄로 알았는데 한 번씩 와서 악을 썼다. 교회에 가지 말고 다시 자기들과 손을 잡자고 했다. 세상의 돈을 다 벌게 해주고 잘 살게 해주겠다며!

하지만 나는 이제 더 이상은 결코 속지 않을 것이다. 세상을 사는데 돈이 가장 중요한 것이 아니라는 것을 나는 확실히 알게 되었다. 나는 물질보다 더 중요한 것이 명예와 건강이라고 생각했다. 그러나 무속에 있을 때, 나는 건강도 잃었고 또한 명예까지 잃었다. 귀신들은 회유책을 쓰다가 안 되니 욕을 하고 협박을 했다. 어림없지. 나도 성질이 있는데!

나는 더 강하게 나가야겠다고 생각했다. 처갓집 식구들과 의논을 했다. 한 번씩 귀신들이 와서 방해를 하는데 어찌해야 하는지…….

날을 잡고 기도원에 가기로 했다. 오산리 기도원! 2박 3일을 가기로 했는데 장모님이 금식을 하라고 했다. 온전히 귀신들을 내몰기 위해서는 금식기도가 가장 좋다는 것이었다. 나는 밥 때가 조금만 늦어도 배가 고파서 어지럼을 탈 정도인데 어떻게 3일이나 금식을 한다는 말인가? 그래도 귀신을 완전히 떼어낼 수 있다는데 그깟 3일쯤이야 하며 시도하기로 했다.

첫째, 둘째 날, 계속 굶었다. 다섯 끼까지 굶었다. 금식과 굶는 것은 다른 것이라며 같이 간 처형이 주장했다. 처형은 신학대학을 졸업했다. 내 생각에는 굶는 것이나 금식이나 똑같은데 다른 것이라고 하니 이해가 잘 안 되었다. 여하간 나는 다섯 끼로 굶는 것을 끝을 냈다. 더 이상 굶다가는 죽을 것 같은 느낌이 들었다. 어지러워서 걸음도 잘 걸을 수가 없었다. 하늘이 빙빙 돌고 땅이 움직이는 것 같고 기운이 없어 견딜 수가 없었던 것이다. 게다가 나는 출혈성 위염까지 있어서 위에도 나쁠 것 같아 포기했다. 그런데 처형은 여자의 몸으로 잘도 굶었다. 아니, 잘도 금식했다. 남자보다 여자가 더 독한가보다. 둘째 날 저녁부터 나는 밥을 먹었다. 세상에 이렇게 밥이 맛있다는 것을 정말 처음 알았다. 꿀맛이었다.

하지만 여기서 또 문제점이 발생했다. 밥을 먹으니 담배가 피고 싶어져서 미칠 지경이었다. 기도원 안에서 담배를 피우면 안 된다고 하는데, 화장실에서 핀다고 해도 연기와 냄새가 날 것이고 또한 담배를 피우지 않는 교인들은 냄새도 금세 알아차릴 텐데 그렇다면 얼마나 민망할 것인가? 밤을 기다렸다. 낮에 담배 피기에 좋은 장소를 정찰해두었다. 돌아올 때 냄새날 것을 대비하여 칫솔에 치약을 발라서 들고 담배와 라이터를 주머니에 감추고 자리를 박차고 일어섰다.

새벽 1시 공동묘지! 기도원 내에 교회묘지가 있었다. 누구의 무덤인지도 모르는 공동묘지 옆에 쪼그리고 앉았다. 담뱃불이 보일까 봐 납작 쪼그리고 앉아서 깊이 들이마시는 담배의 맛이란 정말 세상의 어느 것과도 바꿀 수가 없을 것 같았다. 하지만 담배를 피우면서도 마음은 편하지를 않았다. 교인이 담배를 핀다면 보기에도 흉할 뿐더러, 건강을 생각해서라도 끊기는 끊어야 겠다는 생각을 했다. 적어도 담배에 있어서는 나는 의지박약아였다. 담배는 피웠지만 나도 다른 사람들처럼 기도는 열심히 하고 개선장군처럼 집으로 돌아왔다.

어색한 교회 생활

시간이 흘러 혼자서도 교회에 여러 번 갔다. 그래도 역시 혼자 교회에 다니기는 어쩐지 어색했다. 어떤 목사님은 너무 심하게 타 종교를 거부했다. 아직 불교와 무속이 몸에 익고 정이 들어서인지 타 종교를 거부하는 이야기를 듣기가 불편했다. 그러던 와중에 좋은 일이 생겼다. 아내가 다시 임신을 한 것이다. 내가 교회에 다니기 시작한 그 달이었다.

'이번에는 정말 하나님께 기도를 하며 조심을 해야지. 전지전능하신 하나님인데 이번에야말로 유산되지 않고 건강한 아기를 낳도록 해주시겠지.'

좋은 일은 연이어 찾아왔다. 10년 만에 고등학교 동창생이 전화를 했는데, 이스라엘을 상대로 무역업을 해 보자고 했다. 내가 하나님을 믿기로 해서인지 평소에 생각지도 않던 이스라엘과의 업무가

다 연결이 되나보다! 금오기획을 문을 닫고 뭔가 할 일을 찾아야 했는데 너무 잘된 것이다. 친구와 서로 힘을 합해서 잘 해야겠다고 속으로 다짐했다.

먹고 살기도 바쁘고, 하는 일도 많고, 아직 교회문화에 덜 익숙하기도 하고, 교회에 갈 때마다 귀신들이 자꾸 욕을 하며 덤비기도 하고 해서 가다 말다의 신앙생활이 이어졌다. 그놈의 귀신들은 질기기도 했다. 하지만 이젠 하나도 겁이 나지를 않았다. 하나님이 전지전능하다는데 뭘 걱정해?

장인어른의 추도식 날이 되었다. 교회에 다닌 후 처음 맞이하는 추도식이었다. 전에 같으면 참석을 하기는 한다고 해도 잘 보이지도 않는 귀퉁이에 앉아서 남의 일 구경하듯 했는데, 이번에는 미친 척하며 목사님 옆자리에 앉았다. 태어나서 처음으로 목사님 옆에 가까이 가본 것이다. 온누리교회의 L 목사님이었다. 추도식을 참으로 잔잔하게 인도하셨다. 평안한 모습으로 예배인도를 하시는데 참 보기가 좋았다. 내 또래의 연배 같은데 점잖고 설교도 잘하셨다. 그분 옆에서 나도 덩달아 진지하게 예배를 드렸다. 떠듬거리며 목청을 낮춰 찬송가를 따라 불렀다. 예배 후 그 목사님께 조용히 이것저것을 질문하다가 예수님 이야기에 귀를 기울였다. 왠지 이젠 빠지지 않고 교회에 가야겠다는 생각이 들었다.

예수를 믿지 않는 처가 친척들이 내게 배반자라고 했다. 평생 예수를 믿지 않을 것 같더니만 갑자기 웬 예수냐며…… 나는 못 들은 척했다.

친구와 함께 일을 하니 좋은 점도 많지만 때로는 불편한 점도 많았다. 어느 날, 마음이 상해서 다른 날보다 조금 일찍 회사를 퇴근했는데, 나도 모르게 발길이 온누리교회로 옮겨졌다.

수요예배를 드리고 난 후 가방을 둘러메고 나오는데 누가 뒤에서 아는 척을 했다. 온누리교회에는 처음이라 아는 사람이 없는데…… 잘못 불렀겠지 하며 그냥 가는데 누가 나를 붙잡았다. 놀라서 돌아보았다. 얼굴을 봐도 모르겠는데, 그는 내 이름까지도 알았다. 엉거주춤 서 있는데 그가 먼저 자기를 밝혔다. 추도식 때 만난 L 목사라고 했다. 아, 잔잔한 미소의 주인공!

잠깐 동안의 만남이었는데 어찌 나를 기억할까? 목사님들은 다 머리가 좋은가보다……. 커피숍으로 따라 내려가서 차를 얻어 마셨다. 이런저런 얘기들을 나누고는 특별히 정해진 교회가 없으면 온누리교회로 나오라고 하셨다. 처갓집 바로 앞의 교회이니 다니기는 쉬울 것 같아 일단은 생각을 해보겠다고 대답을 하고 헤어졌다.

다시 교회 생활이 시작되었다. 이제는 빠지지 말고 계속 교회에 다녀야지 하고 속으로 다짐을 했다. 주일에 교회 와서 본당에 들어갈 때 절에서처럼 합장을 하고 강대상을 보고 인사를 했다. 다른 사람들은 다들 그냥 바삐 들어갔다.

예배가 거의 끝날 무렵에 하용조 목사님께서 성도들에게 통성기도를 하자고 하셨다. 부목사님들이 그날따라 강대상에 다 올라가셨다. 뭔가 중대한 기도가 있는 모양이었다. '아, 맞아! 오늘은 성령집회의 날이었지.' 하 목사님은 위에 있는 높은 강대상에, 그리고 부목사님들은 단상의 마루판에 무릎을 꿇고 두 손을 들고 기도를 했다. 다들 소리 소리를 지르며 기도를 하는데 마치 정신이 이상한 사람들 같이 보였다. 무슨 기도 내용이 그리도 많은지, 무슨 한이 그리도 많은지 우는 사람, 소리 지르는 사람, 몸을 흔들며 하는 사람 등 다양한 모습으로 길게도 했다. 나는 1분만 하고 나면 할 말이 없는데!

내 기도가 끝나고도 계속되는 통성기도에 눈을 살짝 떠 보았다. 다른 사람들은 어떻게 기도를 하는지 보고 싶었다. 하 목사님의 모습이 눈에 보였다. 진지하게 기도를 하고 계신데 마치 하 목사님은 큰 무당, 부목사님들은 새끼무당 같아 보였다.

종교를 바꾼다는 것

여기서 우리가 꼭 짚고 넘어가야 할 것이 있다. 많은 사람들은 종교를 바꾸면 엄청난 해가 생기고 가족 중에 누가 아프게 될 것이라는 착각을 하고 있다는 것이다. 그래서 종교를 바꾸기가 어렵다.

내가 예수님을 믿는다고 할 때 수많은 무당들이 나에게 예언했다. 3년이 채 지나기도 전에 피똥을 싸며 쓰러지고 다 죽게 되어 신령들에게 살려달라고 무릎을 꿇을 것이라고 했다. 하지만 나는 1992년 처음 예수님을 믿기 시작해 2015년이 된 지금까지도 아무런 탈 없이 목사가 되어 기쁘고 건강하게 잘 살고 있다.

눈물의 세례

그럭저럭 교회생활에 잘 적응해가고 있는데, 어느 날 한 친구가 내게 물었다.

"세례는 언제 받은 거야?"

"세례? 그것 꼭 받아야 돼? 그냥 하나님 믿으면 되는 것이지 세례 같은 것 받을 필요가 있는 거야?"

그 친구의 주장은 강경했다. 예수님도 세례를 받았고, 우리도 반드시 세례를 받아야만 예수님과 연합하여 하나님의 자녀가 되고 은혜를 받을 수가 있다고 했다.

멀뚱멀뚱 쳐다보니 그 친구 하는 말이 명문이었다.

"야, 너한테 어렵게 설명해 주면 알아듣겠니? 쉽게 말해줄게. 하늘나라에 호적 올리는 거야."

가만히 생각해보니 사람도 태어나면 호적에 올리는데, 그럼 나도 하늘나라에 호적을 올려야 하는 것이 아닌가 하는 생각이 들었다. 그런데 부담스러웠다. 세례를 받으려면 교회에 등록을 해야 하고, 그러다 보면 구역예배 등에도 참석을 해야 하고, 어쩌다 주일이나 구역예배를 빼먹으면 표가 날 것 같기도 하고, 아무튼 여러 가지로 불편할 것 같아 그냥 세례를 받지 않고 다녔다.

하지만 교회를 다닐수록 견딜 수가 없었다. 나도 하늘나라에 가고 싶었다. 먼 훗날 죽었을 때 천국에 가려면 하늘나라에 호적을 올려야 한다는 그 말이 나를 짓눌렀다. 어쩔 수 없이 세례를 받기로 결심했다. 그런데 세례도 그냥 받는 것이 아니었다. 교회의 소정 교육을 7주간 받아야 했다.

7주간을 교육 받고 교회에 등록을 했다. 그때까지도 간간이 기도 중에 귀신들이 보였다. 하지만 세례를 받음으로써 귀신들의 세계를 온전히 탈출할 수 있고 확실한 하나님의 자녀가 될 수 있다고 생각만 해도 괜히 눈시울이 붉어지며 가슴이 터질 듯이 좋기만 했다. 세례교육을 받고 세례문답을 우수한 성적으로 통과하였다.

드디어 1992년 12월 27일! 내가 새로 태어난 날!

나는 단상에서 무릎 꿇고 머리 숙이고, 하 목사님은 내 머리에 그 외 부목사님들과 장로님들은 함께 내 몸에 손을 얹으셨다. 두려웠다. 내림굿할 때의 모습이 마치 텔레비전 영상처럼 뇌리를 스쳐 지나갔다. 산과 들로 철야 기도 다니던 시절들도 떠올랐다.

'이 세례로 한 번에 사탄, 마귀, 더러운 귀신, 악한 귀신이 내게서 떠나가고 진정 내가 하나님의 사람이 될 수 있을까, 어쩌면 오히려

벌집을 쑤셔놓은 격이 되는 건 아닐까?'

이런저런 걱정과 두려움이 내게서 떠나지를 않았다. 하지만 그 순간 나는 느꼈다. 여기서 내가 이겨내지 않으면, 내가 사탄, 마귀의 해함을 두려워하여 꺾인다면 어쩔 수 없이 신 제자, 속칭 무당이 되어야 한다. 그리하면 내 아이들은 무당의 자식이 되어야 한다는 그 슬픈 삶이 기다리고 있다는 것을 느끼자 온몸이 오싹해졌다.

드디어 하 목사님의 집례가 시작되었다. 순간 내 몸에 그 무엇인가 엄청나게 강한 힘이 들어옴을 느꼈다. 아! 이것이 어찌된 일인가? 쓰러질 것만 같았다. 눕고 싶었다. 어지러웠다. 그와 동시에 까닭 없는 눈물이 하염없이 쏟아졌다. 내가 왜 우는지 그 이유를 알 수가 없었다. 과거 10년간의 고통스러웠던 나날들이 주마등처럼 스치며 서러움까지 겹쳐 더욱 더 눈물이 쏟아졌다. 그것은 차라리 통곡이었다. 그 와중에 나는 하나님을 부르짖고 싶었다.

'하나님, 하나님 아버지, 저를 받아주시옵소서! 더 이상 고통의 세월을 겪게 하지 마옵시고 저를 받아주시옵소서. 이제 제게는 영혼의 휴식이 필요합니다. 당신의 품 안에서 안식할 수 있도록 저를 받아주시옵소서. 이 세상에서는 더 이상 만족할 수가 없나이다. 나의 피난처가 되어주시옵소서.'

이렇게 가슴 속으로 부르짖는 동안, 내 머리 위로 차가운 물이 쏟아졌다.

'아, 이것이 물세례구나. 내가 지금 세례를 받는 중이구나.'

조금씩 정신이 들었다. 나는 다시 속으로 외쳤다.

'하나님 감사합니다. 하나님 진정 감사합니다.'

내 차례가 끝나고 다음 성도에게로 세례의식이 건너갔다. 옷이 많이 젖었다. 목사님은 다른 사람에게는 물방울을 뿌리셨는데, 내게는 뿌리시다 못해 막 부으셨나보다. 평생에 한 번밖에 받을 수 없는 세례인데 그 귀한 성수를 쏟아부어 주시는 것이 뿌리는 것보다 오히려 감사했다. 그 자리에서 바로 일어설 수가 없었다. 나는 눈을 감고 고개 숙이고 계속 중얼거렸다.

'제가 바로 돌아온 탕자이옵니다. 그럼에도 불구하고 저를 받아주시니 감사합니다. 영적 전쟁이 바로 제 집안에 있었는데 이제 온 가족이 웃으며 하나님을 뵐 수 있으니 참으로 감사합니다. 그간 무속에서의 고통스러운 나날들…… 하나님 아버지, 당신께서 저를 연단시켜 주신 것으로 생각하고 있습니다. 이 세상의 모든 일들이 다 당신의 계획 아래에 있다고 생각하고 있습니다. 저의 지난 영적인 고통들 역시 당신의 계획 속에 스쳐 지나왔다고 생각하니, 한편으로는 너무 아까운 세월이었지만 또 한편으로는 감사하기도 합니다. 누구보다도 아버지 하나님, 당신을 더욱 사랑하겠습니다.'

세례의 의미

세례는 예수 그리스도와 함께 죽었다가 예수님이 부활하실 때에 함께 살아난다는 의미이다. 다시 말하면 죄인일 수밖에 없는 우리의 옛사람은 죽어 없어지고 깨끗한 새사람으로 거듭난다는 것을 의미한다.

요즘 일부 교회에서 세례를 받을 때 간단하게 머리에 성수를 뿌리지만 원래는 물에 완전히 잠겼다가 다시 일어나는 침례를 하는 것이었다. 물속에 잠기면 호흡을 못하므로 죽게 되는 것을 의미하고, 물속에서 나올 때는 예수님과 함께 다시 새사람으로 살아나는 것을 말한다. 그리스도와 연합하여 온전히 그리스도의 사람이 되는 것을 의미하는 예식이다.

믿지 않는 가족들의 핍박

세례받은 이후 교회 생활은 새롭게 시작되었다. 나름대로 열심히 신앙생활을 했다. 이제 일대일 양육도 받았고 스스로 생각하기에도 정말 교인이 된 것 같았다. 온누리교회 성도들을 비롯하여 과거에 단지 예수를 믿는다는 이유로 멀리했던 친구들의 도움도 받아가며 지내다보니 새로운 별명이 붙었다. 8대 불가사의 중의 하나라는 것이다. 해가 서쪽에서 뜨는 것보다도 더 믿기 힘든 일이 내가 예수를 믿는 것이라고 했다.

친구들은 그렇게 놀리면서도 잘 도와주었는데, 오히려 집안에서 교묘하게 방해를 했다. 주일에 교회를 다녀온 후에 아버님 댁에 형제들이 모였는데 식사시간이 되면 그들은 꼭 나를 곤란하게 만들었다. 음식을 앞에 두고 아버지께 들키지 않으려고 조심스럽게 그리고 빨리 식사기도를 하려고 고개를 숙였다. 그때 큰형이 한마디했다.

"어허, 이 사람이 밥상을 앞에 놓고 왜 졸아?"

나는 깜짝 놀라 고개를 번쩍 들었다. 가만히 계시던 아버님이 큰형의 이야기를 듣고는 꾸중을 하셨다.

"너, 요즘 교회에 나간다는 소문이 있더니 그 말이 사실이냐?"

나는 대답을 하지 못하고 고개만 숙였다. 주님은 십자가에서 나를 위해 못 박혀 피를 흘리며 돌아가셨는데 나는 순간 주님을 부인했던 베드로처럼 숨을 죽이고 가만히 있었다.

'주님, 저는 왜 이럴까요? 베드로가 주님을 부인했을 때, 그가 비겁하다고 맘껏 비웃었는데 저도 결국은 똑같은 아니 더 비겁한 자가 되어 버렸습니다. 용서하세요. 용서하세요.'

평소 항상 점잖고 우리 동생들을 잘 돌보아주시는 큰형이 이렇게 나올 줄은 정말 몰랐다. 야속했다. 비겁하게까지 느껴졌다.

아버님이 계속 말씀하셨다.

"뿌리가 없는 나무가 없듯이 조상이 없이는 우리네 후손이 있을 수가 없는 거야. 네가 어디서 왔니? 내가 칠십 평생을 살아보니 조상 잘 받들지 않는 사람치고 잘되는 사람을 본 적이 없다. 또 분명한 자기 조상이 있는데 왜 출처도 분명치 않은 서양 귀신을 믿으려 하는 거야? 예수가 바로 서양 귀신이잖아? 네가 여태 크면서 이 애비 말을 한 번도 거역한 적이 없는 착한 아들이니 이만큼 말했으면 알아들으리라고 믿는다. 교회에 다닐 생각 하지 말고 부모 말을 들어라. 내가 바로 산 조상이 아니냐. 죽은 조상만 조상이냐. 더 이상 말하지 않겠다. 밥 먹자."

그날 식사시간은 말 그대로 공포 분위기가 되어버렸다. 그 분위기보다 더 참기 힘든 것은 예수님께 죄송한 마음이었다. 오히려 담대하게 아버님과 형제들에게 예수를 믿어야 천국에 갈 수 있다고 말을 해야 하는데, 아버님께 꾸중 듣는 것이 두려워 말 한마디 하지 못한 내가 정말 미웠다.

남동생도 큰형과 똑같았다. 오히려 더했다. 식사기도를 할 때면 잠들었는지 확인하는 듯한 동작으로 두 손을 얼굴 앞에서 마구 흔들어대고는 꼭 소리쳤다.

"형, 전에는 무당과 귀신을 믿더니 이제는 예수 귀신이야? 오늘 저녁은 내가 사기로 했는데 왜 나한테 감사기도를 하지 않고 예수 귀신한테 감사기도를 하는 거냐고? 그럼 예수한테 돈 받아서 계산하라고, 알았어?"

나는 전에 누님이 내게 그랬듯이 나도 그저 속으로 '주여' 소리만 외쳤다.

'주님, 저 죄 많은 중생을 용서하소서. 모르고 짓는 저 죄를 용서하여 주옵소서.'

하여간 매번 형제들과의 식사시간에는 이러한 일이 자주 일어나니 여간 신경 쓰이는 것이 아니었다. 나는 극복이 될 수 있도록 더욱 기도를 열심히 해야겠다는 생각이 들었다. 골방에서 은밀히……

사탄아, 떠나갈지어다!

그날 밤부터 마음을 다져먹고 철야 기도를 갔다. 여의도순복음교회! 나는 온누리교회 성도였지만, 순복음교회는 나름대로 또 다른 장점들이 있었다. 우선 아무 때나 가고 싶을 때 가도 교회가 개방되어 있었고 365일 철야 기도가 있었다.

누나와 함께 철야 기도를 갔다. 같이 기도하러 갈 수 있는 동역자가 있다는 것이 얼마나 신앙생활에 도움이 되고 기쁨이 되는지 참으로 감사한 일이었다. 물론 교회는 같이 가지만 간절함의 정도나 기도 내용은 차이가 있으리라.

먼저 하나님을 찬양하고, 영적으로 육적으로 지은 죄들을 회개하고, 내게 주어진 일들을 순전한 마음으로 감사드리고, 형제들의 영혼 구원을 위해 간절히 기도하고, 나라와 민족을 위해 또 주변의 사랑하는 사람들을 위해 기도를 한 후에 내 기도들을 죽을힘을 다해서 했다. 기도를 할 때마다 짜릿짜릿했다. 찬양할 때에는 하나님께 대한 존경의 마음이, 회개할 때에는 진정 부끄러운 마음으로 내 잘못을 반성하면서 주님만을 바라보게 되고, 감사할 때에는 뿌듯함과 즐거움을 느끼고, 중보기도를 할 때에는 뭔가 꼭 해야 할 일을 한 것 같아 보람이 느껴졌다.

하지만 내 기도는 정말 힘이 들었다. 주님의 은혜로 영혼을 구원받고 세례까지 받았지만 그래도 어려웠다. 예수를 믿기 전까지는 귀신의 지시에 그냥 따르기만 하면 되었는데, 이제는 귀신들과 적극적으로 대항하여야 할 때가 된 것이다.

전지전능하시다는 그 말씀 한마디를 꼭 붙들고 예수님을 따라 여기까지 왔지만 그놈의 귀신들이 가끔씩 기습공격을 하고 귀찮게 했다. 기도 중에 어떤 날은 수많은 귀신들이 나타나서 나를 공격했는데, 눈앞에 온통 귀신들 투성이고 사방에서 덤벼들어 괴롭히며 나를 물기도 했다.

단지 무속을 믿고 혹은 타종교를 믿었던 다른 사람들이야 별일이 있겠는가? 하지만 원래 험한 조직폭력 세계에서 손 씻을 때에 더욱 아픔이 있듯이, 무속세계에서 수많은 귀신들과 이야기하기도 하고 그들과 함께 생활을 했던지라 나는 더욱 무섭고 두려운 마음도 들었다. 기도 중에 그들이 나타나고 보이면 소름이 짝 끼치기도 하였다. 하지만 그들에게 지면 안 될 일!

교회에서 보고 듣고 배운 대로 실행했다. 얼마나 효과가 있을지 나도 몰랐다. 그냥 해보는 것이었다.

"나사렛 예수의 이름으로 명하노니 사탄, 마귀, 더러운 귀신, 악한 귀신은 다 떠나갈 지어다."

'예수 이름으로.'

'예수 이름으로.'

이 한마디면 더 이상 필요한 것이 없었다. 놀라운 일이 일어났다. 예수 이름으로 떠나가라고 말했을 뿐인데도 귀신들은 눈앞에서 나가떨어지는 것이었다. 정말 환상적이었다. 어떻게 이런 멋진 일이 일어날 수가 있다는 것인가? 이론으로 교회에서 배운 것뿐인데 정말 이런 일이 일어난다는 것에 다시 한 번 놀랐다. 예수님의 권능과 은혜에 감동하지 않을 수가 없었다.

물론 모든 귀신이 한 번에 다 나가떨어지거나 도망가지는 않았다. 끈질긴 귀신은 몇 번씩 예수님의 이름으로 물리쳐야 했다. 하지만 결국에는 그 어둠의 세력들은 다 사라졌다. 산으로 들로 십수년을 다녔으니 내 몸에 붙어있는 귀신들이 좀 많았겠는가? 그 많던 귀신들을 전부 예수님의 이름으로 물리치고 나니 뜨거운 눈물이 흘러내렸다.

'하나님 아버지, 감사합니다. 나 같은 놈을 구해주시니 정말 감사합니다. 전지전능하시고 만왕의 왕이라는 말이 진짜 맞네요. 하나님 아버지 감사합니다.'

그렇다. 나는 이제 예수님의 사람이었다. 그 사실이 확연히 증명이 되는 것이다. 어릴 적 만화영화에서 여자아이가 황금박쥐를 부르면 곧바로 나타나서 구해주는 것을 본 적이 있는데, 내게도 그런 예수라는 큰 힘이 생긴 것이다. 밤낮 구별 없이 주님을 찾기만 하면, 옛날에 그렇게도 무섭고 내 세월을 10년이나 앗아간 귀신들까지도 물리친 것이다. 왜 무속인들이 예수 믿는 사람들을 싫어했는지 이제야 확실히 이해가 되었다. 그들이 예수 믿는 사람들을 싫어했던 것이 아니고 그들을 지배하고 있던 귀신들이 싫어하고 무서워했던 것이다.

만왕의 왕이신 예수, 언제나 승리하시는 예수, 사랑과 은혜를 베풀어주시는 예수, 나의 생명이신 예수님을 찬양한다.

귀신들을 다 물리치고 본격적인 기도에 들어갔다. 정말 편안한 마음으로 기도에 몰입할 수 있었다.

최초의 기도 응답

당시에는 주로 누님을 위해 기도했다. 우리 가족들이 아무리 잘한다고 해도 누나네 식구들이 우리 집에서 얼마나 불편했겠는가? 처음에 부도가 났을 때 누나네 식구들이 전부 우리 집으로 왔다가 다시 흩어져 살게 되었다. 누나와 큰 딸은 우리 집에 살고, 그 아래 남자아이 둘은 누나 시동생 집에 살았다. 나는 작은 집이라도 그들 식구끼리 모여 살면 더 나을 것이라는 생각에 아버님께 누나의 전셋집이라도 구해달라고 부탁드렸다.

물론 아버님은 노발대발하셨다. 전에 이미 여러 차례 도와준 적도 있거니와 다른 자식들도 있어 도와줄 수 없다는 말씀이었다. 더 이상 말도 꺼내지 못하고 돌아설 수밖에 없었다.

그러고는 교회에 가서 앉아 눈물로 기도를 했다. 어느 때인가부터 기도할 것이 급박하게 느껴지면 자연스럽게 철야 기도를 가게 되었다. 초신자라서 기도도 잘 할 줄을 몰랐다. 하지만 정말 간절한 마음으로 기도를 했다.

'하나님 아버지, 저를 도와달라는 것이 아닙니다. 불쌍한 누님네 가정을 위하여 기도하오니 완강하게 굳어 있는 아버지의 마음을 풀어주셔서 누나의 전셋집이라도 구할 수 있도록 도와주시옵소서.'

눈물이 흘렀다. 다른 기도는 하지 않고 오직 누나의 전셋집만을 위해 기도했다. 한동안 그렇게 기도를 하고는 집으로 돌아와 자리에 누웠다.

다음날 아침 6시! 요란한 전화벨 소리가 울렸다. 잠결에 전화를 받아보니 아버님이셨다.

"미우나 고우나 딸자식인데 어쩌겠냐? 불쌍하니 내가 집이라도 마련해줘야겠다. 그렇게 알고 있어라."

그러고는 전화를 끊으셨다.

나는 즉시 '할렐루야'를 외쳤다. 역시 대단하신 하나님이셨다. 바로 어제 내가 철야 기도 때 울며 기도한 내용을 예수님이 다 들으시고 응답을 하신 것이다. 이것이 예수를 믿은 후 나의 첫 응답이었다. 더욱 확신이 왔다.

"은혜를 풍성히 내려주시는 하나님 아버지. 제 기도를 들어주셨군요. 그 깊은 밤에 드린 기도를 졸지도 아니 하시고, 주무시지도 아니하시고 제 기도를 듣고 바로 응답해주셨군요. 정말 감사합니다. 주님을 사랑합니다."

나의 아킬레스건, 새벽 기도

이후에도 크고 작은 기도응답이 있었다. 지혜를 주시고 때로는 직접 해결해주시기도 하시고 그럴 때마다 더욱 감사하게 만드시고 무릎 꿇고 기도하게 만드시는 하나님이 정말 좋았다. 귀신들은 맨날 굿을 해라, 산 기도를 가라, 용궁기도를 가라, 초콜릿을 사달라는 둥 하라는 것도 해달라는 것도 많았지만, 주님은 내게 특별히 요구하시지를 않으셔서 더욱 몸 둘 바를 몰랐다. 그냥 주님을 사랑한다고 고백하고 기도하기만 해도 예뻐해 주셨다.

귀신들도 때로는 작은 것들을 들어주기는 해도 반드시 반대급부로 요구한다. 물질적으로, 정신적으로 굴복하게 만들고 육체까지도 망가뜨리니 정말로 예수 믿기를 잘했다.

너무도 감사해서, 또 과거에 우상을 섬긴 것이 너무도 죄송하고 죄책감이 들어서 더 열심히 교회에 갔다. 나는 다른 사람들보다 더 열심히 신앙생활을 해야 한다고 항상 스스로 생각을 하고 있었다.

그래서 시간을 쪼개어서 철야 기도를 가고, 철야 기도를 가지 않는 날에는 새벽 기도를 갔다. 하지만 아침잠이 많아서 새벽 기도는 너무 힘이 들었다. 10년 세월 동안 귀신들에게 축시(새벽 1시~3시)에 기도하던 것이 습관이 되어 밤에는 잠도 잘 오지 않고 기도도 잘 했지만, 새벽에는 자칫 시간을 놓쳐서 교회에 못 갈 때가 많았다. 새벽 기도를 많이 해야 영적으로 더욱 성장을 하고 하나님의 축복을 많이 받는다는데, 새벽 기도를 가겠다고 잠을 일찍 자고는 새벽에 가지도 못하고 철야 기도도 못한다면 어떻게 하나?

고민을 했다. 둘 다 못하느니 차라리 하나라도 잘하자 하는 생각에 새벽 기도는 포기를 하고 날마다 깊은 밤에 기도를 했다. 물론 밤이라고 은혜를 주시지 않는 것은 아니었다. 기도 중에 많은 것을 환상으로 보여주시기도 하고 음성도 들려 주셨다. 그러면서도 마음의 한구석은 언제나 찜찜했다. 목사님들이 새벽 기도를 강조하시고 성경말씀에도 새벽을 깨우라 했는데 실행을 하지 못하니 나만 자꾸 뒤처지는 것 같았다.

방법을 연구했다. 집에 알람시계가 세 개나 있는데도 추가로 더 샀다. 그것도 헛일이었다. 하루 종일 사무실에서 신경 쓰며 일을 하고 퇴근을 하니 내 귀에는 시계 소리가 들리지도 않고 괜스레 집안 식구들만 깨웠다.

나의 한계라는 느낌이 들었다. 이 부분에도 나는 의지박약아인가? 문득 모든 것을 주님께 아뢰라고 하신 목사님의 설교 말씀이 생각이 났다.

'그래, 예수님께 깨워달라고 부탁을 하자.'

정말 이렇게 사소한 것까지 예수님이 들어주실까 하는 의심은 들었지만 밑져야 본전이라는 생각에 자리에 누워서 기도를 했다.

'주님, 저 내일 새벽에 기도하기를 원하오니 깨워주옵소서.'

다음날 새벽에 시계도 맞춰놓지 않았는데 눈을 뜨니 4시 10분이었다. 주님을 의심한 것이 너무도 죄스러웠다. 나는 기쁜 마음으로 교회로 갔다. 하지만 고백하지만 나는 다른 신앙 좋은 사람들처럼 매일 새벽 기도를 가지는 못했다. 그냥 최선을 다해서 갔다.

'마음에는 원이로되 육신이 약하도다'(마 26:41)

조폭 전도

    회사 생활을 하던 중, 우연히 특이한 사람을 알게 되었다. 우리나라의 굵직굵직한 조직폭력배 두목들이 연이어 감옥에 가게 되는 상황에서도 잡히지 않아 전국에 지명수배가 된 또 다른 세력의 두목을 알게 된 것이다. 내가 있던 사무실 근처에 그의 사무실이 있었다. 조직폭력배의 두목이라 해도 겉보기에는 전혀 보통 사람과 차이가 나지 않았다. 인물도 잘생기고 덩치도 크고, 눈에 약간 살기가 느껴지기는 했지만 그래도 좋은 사람처럼 보였다. 여러 달을 알게 되어도 전혀 거친 행동과 말을 하지 않았다.

    그래서 조심스럽게 물어봤다. 실제로 수백 명의 부하를 거느린 두목이 맞느냐고. 그는 씩 웃더니만 자기의 생활신조를 말했다.

    첫째, 마약은 손대지 않는다. 둘째, 민간인은 절대 해치지 않는다. 셋째, 여자 관련 범죄와 도둑질은 않는다.

나는 묘한 오기가 발동을 했다. 이 사람을 전도가 하고 싶어진 것이다. 그래서 그를 수시로 찾아갔다. 예수 이야기도 하고 커피도 같이 마시면서 세상 속의 좋은 이야기도 해주면서 그를 꼬셨다. 좋은 교회가 있는데 더도 말고 덜도 말고 꼭 한 번만 교회에 가자고 볼 때마다 졸랐다. 내가 너무 자주 이야기를 하니까 귀찮은지 "꼭 한 번만이야" 하며 같이 가기로 했다. 그의 조건은 예배가 끝난 후 같이 목욕탕에 따라가 주고 식사를 하는 것이었다.

드디어 약속한 날이 되어 우리는 온누리교회 앞에서 만났다. 교회 안까지만 데리고 들어가면 예수님이 다 책임져주셔야 한다고 주님께 나는 수없이 기도를 했다. 앞자리가 싫다는 그의 손을 끌어 언제나 내가 앉는 맨 앞자리에 앉혔다. 무척이나 어색해 하면서 그는 잠깐 잠깐 졸기도 했지만 목사님의 설교를 열심히 들었다.

드디어 예배가 다 끝나고 나는 꿈에 부풀어 그의 소감을 물었더니 그는 어색한 표정으로 대답을 했다.

"앞에서 말하는 사람이 목사지? 배우처럼 잘생기지는 않았지만 묘한 분위기가 있어. 왠지 편안해 보이고 매력 있는 사람이야."

얼른 내가 말을 이었다.

"그치? 우리 목사님 진짜 멋있지? 다음 주에 한 번만 더 오자."

"아니야, 나는 죄가 많아서 아직은 교회 오기가 부담스러워. 그런데 사람이 죽기 전에 신앙을 하나는 꼭 가져야 할 것 같은데, 내가 그때는 꼭 예수를 믿을게. 그것은 약속할 수 있어."

나는 그 말을 듣자마자 주먹을 불끈 쥐고 마음속으로 기도했다.

'하나님 아버지, 분명히 들으셨지요? 언제일지는 모르지만 교회에 나오고 예수님을 믿겠다네요. 그날이 하루 빨리 올 수 있도록 역사하여 주시옵소서. 예수님의 이름으로 기도드리나이다.'

기도를 하고 입구 쪽으로 같이 걸어 나오는데 그가 헌금함을 가리키면서 뭐냐고 물었다. 아무것도 아니라고 얼른 몸으로 가렸다. 그래도 자꾸만 물었다.

"뭐가 아무것도 아니야? 쌀통 크기만 하구먼."

아무것도 아니라 해도 자꾸만 물어서 어쩔 수 없이 감사헌금을 내는 통이라고 설명을 해주었다.

"헌금을 모아서 수재의연금도 내고, 불우이웃도 돕고, 지역사회 발전에도 쓰고, 해외선교도 하고, 교회 운영도 하고 아무튼 좋은데 쓰는 거야."

그랬더니 그가 지갑에서 만 원짜리 한 장을 꺼내서 헌금함에 넣었다. 나는 그가 행여 헌금에 부담을 느낄까봐 설명했다.

"안 내도 괜찮아. 강제는 아니고 본인이 감동받아서 내고 싶을 때 내는 거야."

"아니야, 저 목사님이 목에 핏대를 내면서 말했는데 박카스라도 사먹어야지."

더 이상 할 말이 없었다. 나는 그 자리에서 웃겨 죽는 줄 알았다.

그가 향후 예수를 믿고 교회에 기쁨으로 출석하기를 기대하면서 더 이상 그를 밀어붙이지 않기로 했다. 그리고 여러 날이 채 지나기 전에 그에게서 다시 전화가 왔다. 술을 끊었다고! 끊었다가 언제 다시 마실지는 모르지만 일단은 그 시도가 아름다웠다. 역시 주님은 역사하시는 하나님이야!

그와 계속 교제를 이어갔다. 만나서 사무실도 놀러가고 그러다가 조직에 있는 다른 사람들도 알게 되었다. 두목을 통해 만난 사람들이다 보니 모두가 나에게 예의가 깍듯했다. 중간 보스들도 알게 되고 새끼 조폭도 알게 되고…… 내 인생 계획에 없던 수많은 조직원들을 알게 된 것이다. 그렇게 자연스럽게 친해지며 기회가 될 때마다 예수님 이야기를 했다.

그러다 중간 보스 중 하나가 교회에 나오기 시작했다. 그리고 그의 아내는 세례까지 받게 되었다. 내가 개인적으로 바라고 원하기는 이 조직의 총 두목이 모든 것을 청산하고 온전히 주님을 인격적으로 믿는 것인데, 그렇게만 된다면 그 밑에 있는 조직원들이 굴비 엮듯이 주렁주렁 매달려서 주님을 믿게 되지 않을까 싶어서 열심히 기도를 했다. 그렇게만 된다면 정말 얼마나 좋을까? 얼마나 하나님께 영광을 돌릴 수 있을까?

'하나님 아버지, 이들 역시 천하보다 귀한 영혼들입니다. 긍휼을 여기시사 이들도 주님을 영접할 수 있도록 도와주시옵소서…….'

나도 그렇게 계속 전도가 하고 싶어졌다. 몇 명을 전도하기도 했지만 이젠 나를 그렇게 아껴주시고 사랑해 주시는 나의 예수님을 가족들과 주변의 사람들에게 자꾸만 자랑하고 싶어졌다.

아버님께는 섣불리 예수 이야기를 꺼낼 수가 없었다. 치밀한 작전으로 은근과 끈기를 가지고서 실행에 옮겨야 겠다고 생각했다.

일단은 자주 뵙고 아버지가 좋아하시는 일을 해야 했다. 아버지가 좋아하시는 것은 등산인데, 함께 가려면 천상 주일을 이용해야 했다. 그렇게 하려면 1부 예배를 드리고 가는 수밖에 없었다. 주일에 교회에 가지 않는다는 것은 정말 참기 힘든 일이었다. 주님이 나를 기다리고 계시고, 또 인간적으로는 단상에서 하 목사님이 나를 찾으실 것 같기 때문이었다. 수많은 성도 중에 나를 찾을 리가 있겠느냐마는 나는 그래도 하용조 목사님께서 내가 안 보이면 궁금해 하실 거라고 혼자 생각했다. 왜냐하면 내가 언제나 맨 앞줄 같은 자리에 앉았기 때문이다. 학교 다닐 때에도 맨 앞에 앉았고, 교회에서도 맨 앞에 앉아야 은혜가 더 될 것 같은 내 욕심 때문이다. 나는 침이 튀기는 사정거리 안에 있어야 좋다고 어느 신앙의 선배가 얘기한 것을 깊이 가슴에 새겨두고 있었다.

여하간에 아버지를 모시고 북한산에 갔다. 미리 준비해둔 찬송가 테이프를 조용하게 틀어놓았다. 물론 가사는 없고 가락만 있는 것이었다. 일단 그 곡조들에라도 익숙해지시면 더 좋을 것 같아서였다. 하지만 작전실패! 아버지는 금세 알아채시고는 끄라고 하시며, 한 말씀을 더 보태셨다.

"그래, 그래도 무당을 믿는 것보다는 예수 믿는 것이 훨씬 낫지. 너는 교회를 나가도 좋다."

'할렐루야!' 나는 속으로 외치면서 얼른 말을 받았다.

"맞아요, 예수 믿어보니까 정말로 좋아요. 그러니까 아버지도 한 번 같이 가세요. 꼭 한 번만이라도요."

그러나 소용이 없었다. "쓸데없는 소리하지 마라" 하시며 내 말을 막으셨다. 일단은 나도 작전상 후퇴를 했다. 계속하면 당장 불호령이 떨어질 것은 분명하고, 아버지를 모시고 산에 가면서 기분을 상하게 해드려서는 안될 것이라고 생각을 했다. 하지만……

내가 공식적으로 교회 가는 것을 인정해주신 것만 해도 엄청난 수확이라 생각을 하면서 쾌재를 불렀다. 또 한 가지 수확이 있었다. 아무것도 믿지 않으시는, 말 그대로 신앙에 대해서는 전혀 문외한이신 아버지께서도 귀신을 섬기는 것은 나쁘다는 것을 명확히 아시는 것이었다. 그렇다. 그동안 무속에 있었던 나를 비롯해서, 교인 중에도 아무것도 모르고 또 얼마나 위험한 것인지도 모르고 점을 보거나 사주보는 것을 가까이 한 사람들은 모두 회개를 깊이 해야 한다. 오직 주님만이 우리의 생명이라는 것을 명심하며 신앙생활을 해야 한다는 것을 다시 한 번 깨달았다.

산에서도 머릿속은 계속 아버지 손을 잡고 같이 교회에 가는 것이 상상이 되어 연신 벙긋벙긋 웃었다.

주님과 동업한 사업

기도원을 한 달에 한 번은 꼭 갔다. 회사업무를 제쳐두고 무조건 갔다. 옛날에 귀신을 섬길 때는 가기 싫어도 해코지를 당할까봐 어쩔 수 없이 갔지만 이제는 정말 기쁨으로 갔다. 먹고 사는 문제만 아니면 매일이라도 가면 좋겠다고 생각했다.

주님은 정말 나를 자유롭게 해주셨다. 내 의지를 존중해주시니 너무나 좋았다. 기도원은 대부분 산 좋고 물 좋은 곳에 있었다. 기도원에서 성령도 받고, 단풍놀이도 하고, 세상사에 바쁜 일들 다 잊어버리고, 여유로움도 만끽하고, 한 번쯤 내 삶을 돌이켜보기도 하고 정말 좋았다.

기도를 깊이 하면 할수록 예수님이 함께 하심을 느끼게 되니 보람찬 일이었다. 어린아이가 학교에 다녀오면 엄마한테 학교에서의 일을 종알종알 모조리 이야기하듯이 나도 내 삶을 주님께 다 이야기했다. 어떤 사람들은 참으로 거룩하고도 고상한 언어들을 잘도 구사하며 기도를 잘 한다. 나는 그렇게 언어들을 찾다보면 집중이 안 된다. 그래서 내 나름대로 어린아이가 엄마에게 말하듯이, 서로 대화하듯이 그냥 기도한다. 나도 고상한 기도를 하려 노력도 많이 해보았지만 이것이 내 한계인가보다 하며 그냥 내 방법대로 한다. 주님이 함께 있기만 하면 되니 그냥 편한 대로 하기로 했다.

기도원마다 분위기가 많이 다르다는 것을 느꼈다. 저마다 장단점이 다 있지만 나는 그냥 다 좋았다. 잘은 모르지만 자꾸 가서 기도를 하다보면 왠지 기분이 좋고, 좋은 일이 생길 것만 같았다. 예수를 믿기 전에 금오기획이라는 광고회사를 경영하며 열심히도 귀신에게 빌었지만 결국은 말아먹고, 친구와 이스라엘의 교육용 완구 관련 업무를 하다가 그 회사에는 내 지분만 남겨놓고 새롭게 충무로에서 광고회사를 시작했다. 오직 예수님을 빽(?)으로 생각하고!

여기서 한 번 더 망하면 나는 거의 회생할 방법이 없었다. 내가 할수 있는 방법으로는 열심히 거래처를 개척하고 열심히 기도하는 방법밖에 없었다. 물론 전에 하던 회사를 말아 먹었을 때도 열심히 일은 했지만 그때와는 엄청난 차이가 있었다. 옛날에는 귀신에게 빌었지만 지금은 예수님께 회사의 앞날을 맡기고 기도했다.

집을 담보로 운영자금을 준비하여 시작을 했는데 4개월 정도가 지나니 자금이 거의 바닥이 났다. 절박했다. 더 이상 자금을 융통을할 곳도 없고 오직 내가 기댈 곳은 예수님밖에 없었다. 원래도 기도를 잘 할 줄 모르는 나였지만 너무도 절박하니 기도문도 잘 생각이 나지를 않았다.

아침에 눈을 뜨자마자 기도하고, 출근을 하자마자 기도하고, 틈틈이 기도하고, 목욕탕에서도 기도하고, 화장실에 앉아서도 기도하고, 운전 중에도 기도하고, 잠자리에 누울 때도 기도하고 정말 간절하게 주님께 매달렸다.

'사랑하는 나의 주님, 살려주세요. 전에는 귀신에게 매달려 사업을 하다가 회사를 말아먹었는데 이제는 예수님을 믿고 있는 지금 또 망하면 안 돼요. 또 망하면 식구들에게 가장으로서의 체면도 안 서고, 연로하신 아버님께 손 벌릴 수도 없고, 형제들을 전도하는데도 걸림돌이 되고 여러 가지로 예수님께도 덕이 되지를 않습니다. 밥술이나 먹게 해주세요. 제가 언제 삼성 회장처럼 재벌되게 해달라고 했습니까? 그저 밥술이나 먹게 해주세요.'

내가 생각을 해도 너무도 촌스러운 기도였다. 자존심도 상했다. 명문대학을 졸업하고 대한민국 장교로 엘리트층에 있던 나였는데, 밥술이나 먹게 해달라는 기도는 정말 하기 싫었지만 워낙 절박하니 그러한 기도 외에는 할 것이 없었다.

하지만 그 촌스러운 기도를 주님은 들어 주셨다. 우연히 새로운 거래처가 늘어나고 주문량이 늘고 결제도 잘 되었다. 이러한 업종은 납품 후 돈을 떼이는 경우도 많은데 내 회사는 한 번도 그러한 일이 없었고, 오히려 내가 이상하게 생각할 정도로 회사가 안정되어 갔다. 나는 감격하여 감사의 눈물을 흘렸다.

'주님은 나를 영원한 사망에서 내 영혼을 구원해 주시더니 이제는 이 세상 속에서도 승리하게 하시는구나.' 이런 생각을 하니 너무도 감사했다. 더 열심히 기도를 했다. 눈만 뜨면 주님을 생각했다.

무속에 매달렸던 내가 억울했다. 전혀 쓸데없는 귀신들만 믿고 손바닥에 불이 나도록 빌어댔던 내가 한심하게 느껴졌다. 나를 살릴 수 있는 힘도 없으면서 마치 대단한 힘을 가진 척 하는 귀신들, 자기들만 위하게 하는 못된 귀신들, 내 영혼을 끊임없이 갉아먹던 귀신들, 그리고 예수님 앞에서는 숨도 크게 못 쉬는 약한 귀신들에 의존했던 미련 곰탱이 같던 나 자신! 나는 살아서 역사하시는 주님을 다시 한 번 가슴으로 찬양했다.

성공을 위한 바른 길

귀신과 동업을 한 사업은 처음부터 끝까지 모든 의사결정과 작업을 귀신에게 물어보면서 했다. 그랬기에 내가 한 사업이 아니었다. 그런데 귀신이 시키는 대로 했더니 사업이 망했다.

예수님을 믿은 이후 하나님과 동업한 사업은 완전히 달랐다. 늘 하나님께 기도하면서 시시콜콜한 것까지 하나님께 여쭙고 지혜를 구하며 내가 더 노력을 한다는 것이다. 물론 필요에 따라서는 하나님께서 친히 기적을 일으켜 도와주시겠지만 기본적으로는 자신도 열심히 노력을 해야 하는 것이다. 이렇게 할때 하나님께서 성공의 길을 열어주신다.

크리스마스 전도 집회

어느 날 새벽 기도를 마치고 교회식당에 들어갔다. 메뉴가 무얼까 기대하면서 식당에 들어서는데 하용조 목사님과 눈이 마주쳤다. 식사를 하시다 말고 벌떡 일어나셔서 내게 오셨다.

"이번 크리스마스 전도 집회 때 간증을 하도록 하세요."

느닷없는 말씀에 나는 대답을 못했다. 그런 것은 해본 적도 없고 또한 꼭꼭 감추고 싶은 부끄러운 과거이기 때문이었다. 결코 아름답지 않은 이야기를 수많은 성도들 앞에서 터뜨릴 만큼 나는 자신에게 아직 담대하지 않았다.

고민을 했다. 내가 간증을 하게 되면 일단 우리 교회의 수많은 사람들이 내 과거를 알게 될 것이고 그와 동시에 사랑하는 내 딸들이 알게 될까봐 두려웠다. 물론 사람들의 시선은 두렵지 않았다. 예수님만이 나를 알아주시면 되니까 그것은 문제되지 않지만, 내 아이들에게 아빠가 옛날에 귀신들린 무속인이었다는 사실을 알리기가 싫었다. 하지만 존경하는 목사님의 부탁이니 그냥 거절을 할 수도 없었다.

주님의 뜻이 어디에 있는지를 여쭈어보아야 하니까 무릎 꿇고 간절히 기도를 했다. 그래서 어느 방향이든 간에 주님이 원하시면 실행에 옮기겠다고 마음 먹었다. 대답이 없으시다. 또 기도를 했다. 그래도 대답이 없으시다. 혼자 많은 생각을 했다.

'만약에 나 하나가 망가지고 단 두 명이라도 영혼구원이 된다면? 한 명은 본전이고 남는 한 명은 주님의 측면에서 보면 이득이 아닐까? 그렇다면 간증을 해야 하는 것이 주님의 뜻이 아닐까? 게다가 사랑의 하나님이시고 항상 동행해 주시는 하나님이신데 나를 망가지게 두실 리도 없고 분명 지켜주실 텐데 걱정할 것이 없을 것 같고! 게다가 일반 성도들은 귀신의 세계가 얼마나 위험한 것인지 잘 모르니 이번 기회에 내가 확실히 밝혀 경종을 울려야 할 것 같기도 하고……'

고민 끝에 결론을 냈다. 목사님께서 시키시는 대로 순종을 하기로 하고 준비했다.

드디어 간증 당일, 두렵고 떨리는 마음으로 단상에 올라갔다. 강대상에 서서 고개를 드니 우선 기가 질렸다. 크리스마스 전도 집회라 그런지 더욱 사람이 많았다. 꽉 채운 본당이 터져나갈 것만 같고 자리가 없어 들어오지 못한 사람도 뒤에 잔뜩 서 있었다. 나는 여태 그렇게 많은 사람들 앞에는 서본 적이 없었다.

그런데 이상한 것은, 떨려야 하는데도 불구하고 많은 성도들이 꽉 채워진 본당을 둘러볼 때 묘한 쾌감을 느꼈다. 준비해간 간증문을 대국민 담화문 발표를 하듯이 열심히 읽어 내려갔다. 이런 자리가 처음인지라 성도의 반응이나 표정들은 눈에 들어오지도 않았다. 일사천리로 읽고는 고개를 숙인 채로 단상을 내려왔다. 자리에 돌아와서도 두근거리는 가슴을 억제할 수가 없었다.

그날 예배가 끝나고 본당을 나서려는데 어떤 사람이 와서 나를 잡았다. 방송국의 특수제작팀 PD라면서 명함을 내밀었다. 얼떨결에 받았는데, 그는 나에게 '인간시대' 같은 프로그램에 출연해볼 생각이 없느냐고 물었다. 나는 최대한 겸손한 자세로, 예의 바르게 거절했다. 경험도 없을 뿐더러, 굳이 내세울 것도 없는데 방송에 나가는 것은 조금 부담스럽다고 하며 사양했다. 그렇게 돌아서면서 혼자말로 중얼거렸다.

'내가 전국적으로 쪽팔릴 일 있냐?'

그날은 그렇게 끝이 났다.

대학입시와 사주팔자

그렇게 떨리는 가슴으로 간증을 하고, 다시 일상 생활로 돌아와서 열심히 일을 하는데, 어떻게 내 전화번호를 알았는지 여기저기서 전화들이 오기 시작했다. 전혀 모르는 사람들이었다. 어느 교회의 누구인지 본인의 이름은 밝히지도 않고 그냥 O 집사라고 했다. 상담을 하려면 본인을 밝혀야 하는 것이 예의인데 절대로 본인은 밝히지 않았다. 속으로 찔리는 것이 있어서 그런가? 그러면서도 상담할 것이 있다고 다짜고짜 말을 시작했다.

"우리 아이가 이번에 대학교 시험을 치는데, 어디에 넣으면 합격을 할까요? 세 군데를 정해서 원서 넣으려구요. 아이 생년월일을 말해야 하나요? 태어난 시간까지 정확하게 말씀드려야 하는지요? 사실 제가 정확하게 태어난 시간은 기억이 나지를 않거든요."

기가 막혔다. 무슨 말을 어떻게 시작해야 할 지 아무런 생각이 나지를 않았다. 속으로 화가 울컥 치밀어 올랐지만 잘 알지도 모르는 사람한테 화를 낼 수도 없었다. 그저 화를 꾹꾹 누르면서 최대한 점잖은 목소리로 대답을 했다.

"집사님, 집사님도 기도하실 수 있잖아요? 저한테 묻지 마시고, 하나님께 직접 기도드려 보세요. 하나님께서 친히 지혜를 주실 것이고 응답해주실 겁니다."

이렇게 대답을 하고 수화기를 내려놓았다. 화가 가라앉지를 않았다. 어째 이런 일이 있을 수 있다는 말인가? 더구나 교회 집사란 사람이…….

끓어오르는 화를 다스릴 수가 없어서 그날 회사 일은 대충 하고 밤에 철야 기도를 갔다. 나를 아는 사람이 전혀 없는 여의도순복음교회 바울성전! 울분을 다 토해내리라는 마음으로 아주 크게 '주여' 삼창을 하고 열심히 기도를 했다. 이렇게 한참을 부르짖으며 통성 기도를 하고 나니 울화통이 삭여지고 화가 풀리는 듯했다.

그런데 집사님들만 전화를 하는 것이 아니었다. 어느 날은 내 사무실로 점잖게 옷을 차려입은 나이가 드신 여성분이 찾아오셨다. 자신은 권사님이라고 했다. 나는 왜 오셨느냐고 여쭈었더니만 황당한 대답을 했다. 자기 딸 시집을 보내야 하는데, 사주팔자와 속궁합을 보러 오셨다고 했다. 나는 그런 것 보는 사람 아니라고 대답을 해도 돌아가지 않았다.

"그러지 말고 궁합 한번만 봐줘요. 나이 먹은 사람이 물어물어서 힘들게 여기까지 찾아왔는데 정성을 봐서라도 한번 봐주면 되잖아? 용하다면서요?"

질겨도 이렇게 질길까? 고래 힘줄보다도 더 질긴 듯했다. 속궁합 봐주기 전에는 절대로 가지 않겠다고 해도 난 무시하고 계속 일을 하는데, 사무실 소파에서 한 시간이 지나도 그냥 앉아계셨다.

내가 졌다. 속궁합을 봐드리겠다고 했다. 내가 먼저 네 가지를 여쭈어 보았다.

"첫째, 두 사람 모두 예수님 잘 믿나요? 둘째, 다 건강한가요? 셋째, 성격이 잘 맞는 것 같나요? 넷째, 취미가 비슷한가요?"

권사님이 고개를 갸웃갸웃 하며 생각하더니 다 맞는 것 같다고 대답하셨다. 나는 그럼 천생연분이라고 대답을 해드렸다.

실제로 우리 크리스천들은 이렇게 사주를 보면 되는 것이다. 예를 들어보면 확실히 알 수가 있다. 한 사람은 예수님 잘 믿는데 한 사람은 다른 종교를 믿으면 궁합이 맞을 리가 없고, 종교나 신앙이 다르면 영혼의 측면에서 평안할 리가 없기 때문이다.

그렇다면 취미로 알아보자. 한 사람은 산을 좋아해서 눈만 뜨면 등산 가자, 단풍놀이 가자, 꽃놀이 가자 하는데, 다른 한 사람은 물을 좋아해서 수영장 가자, 해수욕장 가자, 뱃놀이 가자, 낚시 가자 하면 다툼이 일어나지 않을 수가 없다. 물론 부부간에 대화를 하면서 취미를 조정하면 되기야 하겠지만 그래도 기본적으로는 비슷한 것이 잘 살기에는 더 좋기 때문이다.

사주도 궁합과 마찬가지다. 사주팔자는 두 시간 간격으로 보는 것이다. 자시(밤 11시~새벽 1시), 축시(새벽 1시~3시), 인시(새벽

3시~5시)……, 이렇게 두 시간 간격으로 사주팔자를 보게 되어 있다. 태어난 해, 태어난 달, 태어난 날 그리고 태어난 시간을 보면 연월일시 네 가지니까 사주이고, 갑오년, 갑술월, 을유일, 정축시. 이렇게 사주가 여덟 글자가 되기에 팔자를 본다고 하는 것이다.

예를 들어 요즈음 아이들이 1초에 세 명 정도 태어난다고 한다. 그렇다면 같은 사주팔자를 가진 두 시간 안에는 21,600명이 태어난다. 정말 사주팔자가 맞는 것이라면 같은 날, 같은 시에 태어난 사람은 사는 것이 똑같아야 하는 것이다. 절대 있을 수가 없는 일이다. 내가 아는 사람 중에 쌍둥이가 있는데, 한 사람은 대학 교수를 하고 있고 한 사람은 수년째 백수다. 이래도 사주가 맞는 것인가?

88올림픽을 생각해보자. 올림픽 개최 때문에 우리나라에 썸머 타임이란 것을 적용한 적이 있다. 여름에는 해가 빨리 뜨기 때문에 일과를 1시간 먼저 시작하고, 다시 겨울이 되면 본래의 시간으로 되돌려 업무효과를 높이고 사람의 생체리듬에 도움을 준다는 그런 것이다. 외국에는 지금도 썸머타임을 실행하는 나라가 있지만, 우리나라는 88년도 한 해만 하고 그만두었다. 그렇다면 88년 여름에 태어난 아이들은 그때의 시간으로 사주를 보아야 할 것인가 아니면 지금의 시간으로 보아야 하는 것인가? 어느 것이 맞는지 확인할 방법이 없는 것이다.

그럼에도 불구하고 아직도 교회에는 사주팔자, 속궁합 보는 것은 통계이고 학문이니까 우상숭배가 아니라고 하면서 철학관에 가시는 분들이 있다는 것이 참 안타깝다.

게다가 남자들은 스포츠 신문을 보면서 '재미로 보는 오늘의 운세, 금주의 운세'를 보기도 한다. 이런 것을 하다 보면 자기도 모르게 영혼이 미혹되고 하나님이 싫어하시는 일을 하는 것이 되므로 절대로 하지 않아야 한다.

'누가 철학과 헛된 속임수로 너희를 노략할까 주의하라'(골 2:8)

사주가 맞지 않는 이유

우리나라에 한 때 아주 나쁜 것이 유행한 적이 있다. 바로 원정 출산이라는 것이다. 미국에서 아이가 태어나면 시민권을 얻게 되고 그렇게 되면 군대를 면제받을 수가 있고, 향후 미국생활을 하는 것이 도움이 될 것이라는 생각에 만삭의 몸으로 비행기에 몸을 싣고 미국에 가는 경우가 한때 많이 있었다. 미국은 거리 차이가 많이 나기 때문에 우리나라와 시간 차가 많이 난다. 날짜까지 차이가 나는 수가 있다. 만약에 산모를 태운 비행기가 날짜변경선을 지나고 있을 때, 산모가 아이를 낳는 중이면 어찌할 것인가?

날짜 변경선 전에 아이를 낳으면 한국 날짜로 사주팔자를 보면 되고, 날짜 변경선을 지난 후에 아이를 낳으면 미국 날짜로 사주를 보면 되는데, 하필 날짜 변경선 위를 지나갈 때 아기를 낳는 중이면 도무지 사주팔자를 어디에 기준을 두어야 할 지 알 수가 없는 것이다. 비행기가 있기도 전에 생긴 사주팔자 풀이법으로는 방법이 없다. 당연히 정확할 수가 없다.

어촌 마을 간증 집회

그후로 여기저기서 간증 요청 전화가 오기 시작했다. 어떻게 전화번호를 알았는지 그들의 교회에서 간증을 해달라고 목사님들에게서 전화가 왔다.

요즘 텔레비전에서 너무 많이 무속이나 귀신들에 대한 이야기들을 취급하여 우리 성도들을 비롯하여 일반 국민들의 정신건강에도 좋지 않을뿐더러 복음전파를 하는데도 상당히 걸림돌이 된다는 것이었다. 그래서 부풀리거나 빼는 것도 아니고 단지 내가 경험한 그것들을 잔잔히 전해달라고 말씀을 하시는데도, 나는 상당히 부담스러웠다.

물론 나도 귀신들이 얼마나 위험한 존재들이고 못된 세력인지를 전하여 많은 사람들로 하여금 오직 예수님만을 바라보게 하는 것이 매우 중요하다는 것은 잘 알고 있었다. 그러나 그 당시에는 내가 교회를 다닌 지 6년밖에 안 되는 해였다. 강대상에서 내가 말씀을 전파할 때 하지 않아야 할 말들과 더 강조해야할 말들을 신학적으로 명확히 구분해낼 능력도 부족했다. 또 그때까지 내가 들었던 다른 사람들의 수많은 간증들이 모두 다 내게 은혜로웠던 것은 아니라는 사실이 나를 붙잡고 가로막았다.

훌륭한 강사님의 말씀에 감동, 감화를 받고 도전을 받아 나도 저렇게 올바른 신앙인이 되어야겠다는 생각이 드는 집회도 있었지만, 어떤 때는 예수님보다 강사의 개인 이야기만 듣고 온 것 같아 기분이 상한 적도 있었기 때문에 나도 그런 강사가 될까봐 두려웠다.

또 다른 이유도 있었다. 내 이야기가 자랑할 만한 것도 아니지만 호기심을 자극하여 단지 재미와 관심만 불러일으킬까 염려되기도 했다. 사탄, 마귀의 세계를 아는 것보다는 오히려 항상 주님만 생각하면서 성령 충만한 신앙생활을 하는 것이 더욱 건전하고 올바른 길인데, 자꾸 귀신들을 이야기하며 쫓아내려고 노력하기보다는 오히려 성령으로 끊임없이 재충전하면 자동적으로 귀신은 쫓겨가게 된다. 또한 남은 귀신들까지도 성령에 의해 말라죽게 된다. 예배드리고 말씀 읽고 열심히 기도 하면 다른 방법 필요 없이 완전 자동으로 이겨낼 수가 있는 것이다.

여하간 걸려온 전화들을 조심스럽게 사양했다. 크고 작은 여러 교회들의 주문을 거절하던 중, 이 문제를 담임목사님께 여쭈었다. 그러나 오히려 염려만 들었다.

"찾아다니면서도 전도를 하는데……, 다른 교회들이 다 준비해

놓고 부르는데 왜 하지 않겠다는 거죠? 다 주님을 위한 일이니 담대한 마음으로 시작해보도록 하세요."

혹을 떼려다가 오히려 붙이는 격이 되었다. 다시 혼자 고민했다.

그러던 어느 날, 어느 전도사님에게서 전화를 받았다. 자신은 어촌의 작은 교회 전도사라고 했다.

"우리는 성도가 열다섯 명밖에 되지 않는데 그래도 와주실 수 있나요? 어촌마을이라 아직 무속이 많이 남아 있어서요."

이 말을 듣는 순간 나는 온몸이 전기에 감전되듯 짜릿짜릿함을 느꼈다. '정말 내가 가야만 하는 곳은 이런 곳이 아닌가?' 하는 생각이 들어 거절도 못하고 기도해 보겠다며 전화를 끊었다.

몇날 며칠을 기도하고 고민한 끝에 그만 나는 허물어졌다. 결국 간증집회에 가기로 약속을 하고 멀찌감치 날을 잡았다. 조금이라도 기도를 더 하고 가고 싶은 마음이 있어서였다.

기도로 열심히 준비를 하고 있던 중 또 다른 교회에서 연락이 왔다. 망원동에 있는 작은 교회였다. 어차피 앞으로 간증집회를 하기로 마음먹었기에 이곳 역시 마음을 강하게 먹고 가기로 했다. 이 교회에서 어촌마을 교회보다 먼저 집회를 하기로 했다.

약속한 날이 되었는데 도무지 식사를 할 수가 없었다. 얼마나 긴장이 되는지 장이 경직된 듯했다. 하루 종일 아무것도 먹지 못하고 기도했다. 일찍 온누리교회에 가서 대예배를 드리고는 저녁에 망원동의 광염교회로 갔다. 정신이 하나도 없었다. 뻘쭘하고 어색한 표정으로 교회에 들어가서는 간증을 했는데 무슨 말을 했는지도 기억이 나질 않았다. 그저 성령님을 의지하여 입에서 나오는 대로 말씀을 증거하였다.

간증집회가 끝나니 그제야 배가 고파왔다. 슬슬 제정신이 돌아온 것이다. 온몸이 속옷까지 식은땀으로 흠뻑 젖었다. 그래도 주님을 위해 나도 무언가를 했다고 생각하니 가슴이 뿌듯했다.

그렇게 떨면서 정신없이 첫 번째 간증을 끝냈다. 드디어 제일 먼저 약속을 했던 바로 그 어촌 교회의 간증 날짜가 되었다. 잘 알지도 못하는 길을 물어물어 몇 시간에 걸쳐 찾아 갔다. 노랗게 물들어 가고 있는 들판을 보며 쭉 시골길을 달리는데, 커다란 창립기념행사를 알리는 현수막이 보였다.

내가 가는 곳, 신외교회였다. 갑자기 가슴이 뛰기 시작했다. 억지로 진정을 하고 전도사님을 만나 한참을 이야기하고는 집회시간에 맞추어 교회 안으로 들어갔다. 그런데, 교인이 열다섯 명이라더니 교회 안이 꽉 차서 백 명은 되는 것 같았다. 열다섯이라 했는데 창립기념행사라 동네 사람들을 다 모아놓은 것이다.

지난번에 한 번 한 경험도 있고, 또 나름대로 열심히 준비를 하고 갔지만, 나는 그날 역시 뭘 말했는지 정신없이 버벅대다가 강대상을 내려왔다. 그러고는 강사의 자리에 앉아 울어버렸다.

'주님, 저를 용서하여 주시옵소서. 이렇게 순진무구한 사람들이 시간을 내어 다 모였는데 제가 과연 주님께서 원하시는 만큼 다 말씀을 전하지도 못한 것 같습니다. 또 준비가 미흡하여 주님의 신성한 강대상을 더럽힌 것 같아 고개를 들지 못하겠습니다. 저를 용서

하여 주시옵소서.'

고개를 숙이고 있는 그 순간, 전도사님이 교회의 성도와 동네 사람들에게 따라하라고 하시며 말씀을 계속하셨다.

"나는 어디에서 와서 왜 살며 어디로 가는지 모르고 있었습니다. 그러나 지금 나는 내 마음의 문을 열고 예수님을 나의 구주, 나의 하나님으로 영접합니다. 나의 죄를 용서하시고 영생을 주심을 감사합니다. 나를 주님이 원하시는 사람으로 만들어주옵소서. 예수님의 이름으로 기도합니다. 아멘."

놀랍게도 많은 사람들이 이 말씀을 따라했다. 평생을 무속을 믿고 따르던 사람도 이 말씀을 끝까지 따라했다.

나는 집회가 끝나고 고개를 숙이고 밖으로 나왔다. 전도사님 부부가 따라 나오시더니, 그곳 사람들이 직접 농사한 것이라며 고춧가루와 밤을 주셨다. 인사를 하고는 그것들을 감사하게 들고 집으로 돌아왔다.

집에 오니 밤 12시가 넘었다. 아내가 자지도 않고 기도하며 나를 기다리고 있었다. 나를 반갑게 맞이하며 보따리에 눈길을 돌렸다. 고춧가루와 밤을 확인하자 느닷없이 나를 나무랐다. 농부들이 고생해서 농사 지은 것을, 준다고 해서 푼수같이 넙죽 받아왔다고 두고두고 면박을 했다.

군부대 교회 간증 집회

강원도의 어떤 군부대 교회에 집회를 간 적이 있었는데, 여름 날씨에다가 병사들의 땀 냄새가 물씬 나는, 그래서 더욱 좋았던 기억이 있다. 열심히 말씀을 증거한 후에 군목의 방으로 차를 마시러 들어갔다. 고개를 숙이고 주님께 감사의 기도를 드리고 있는데 갑자기 상병 계급장을 단 병사가 군목을 따라서 들어왔다.

젊은 군목은 상병이 귀신들린 것 같다고 하시며 내가 무속에 있다가 왔으니 귀신을 잘 알 것이 아니냐며 기도를 해주면 좋겠다고 부탁하고는 나가 버렸다. 나 혼자 남겨두고…….

당황스러웠다. 이런 경우는 처음이라 무엇을 어떻게 해야 할지 도무지 몰랐다. 그 상병은 나만 멀뚱멀뚱 바라보고 있는데, 순간 고민을 하다가 용기를 내었다.

병사에게 내가 기도를 해주어도 괜찮겠느냐고 물었다. 그 병사는 대답도 하지 않고 그냥 나를 쳐다만 보았다. 무릎을 꿇고 앉으라고 했다. 나는 병사의 머리에 손을 얹고는 기도를 시작했다. 정말 진심으로, 열심히 하나님을 찾으며 기도를 했다.

"이 상병에게 들어 있는 악한 영들은 다 예수님의 이름으로 떠나갈지어다."

나이도 얼마 되지 않은 젊은 청년의 몸에 참 여럿 귀신들이 자리 잡고 있었다. 남자 귀신, 여자 귀신, 어린아이 귀신 등. '하지만 제깟 것들이 예수님의 이름으로 기도하는데 버틸 수 있겠어?'라는 마음으로 주님만 믿고 열심히, 한참 동안을 기도를 하고는 손을 떼었다.

기도를 열심히 하고 나서 내 마음엔 악한 영들이 다 떠나간 것으로 확신했지만, 그 병사는 어떻게 느끼고 있는지 물어보았다.

"항상 팔다리가 무겁고, 머리가 아팠는데 지금은 왠지 시원해요."

그 말 한마디에 난 하나님께 감사의 기도를 드렸다.

그런데 군부대 교회에 작별인사를 하고 차를 몰고 고속도로를 한참 달려오는데 내 몸에 이상이 생겼다. 어지럽고, 머리가 아프고, 토할 것 같아서 미칠 것만 같았다. 그 병사의 증세가 내게 나타난 것이다. 마음이 급했다.

비상등을 켜고 차를 고속도로 갓길에 세웠다. 찬송가를 최대 볼륨으로 키웠다. 그리고 내 목청도 최대로 키웠다. 손뼉을 치면서 소리 높여 찬송가를 따라했다. 핸들을 두들겨 가며, 손뼉을 치며, 찬송가를 불렀다. 한참을 찬송가를 부른 후 '주여' 삼창을 하고 통성기도를 시작했다. 하나님을 찬양하고 회개기도를 하고 감사의 기도를 하고…… 얼마나 기도를 했는지, 정신없이 한참을 기도하다 보니 정신과 육체가 깨끗해진 것을 느꼈다. 하나님이 도와주셨다. 악한 영들을 다 물리쳐주시고 깨끗이 씻어주신 것이다.

'하나님 아버지, 정말 감사합니다.'

그날 난 한 가지 중요한 사실을 알았다. 우리가 아무리 하나님의 사람이라 할지라도 영과 육이 강건치 않거나 자칫 깨어 있지 않고 방심하면 악한 영들이 틈 탈 수 있다는 것을…….

'근신하라 깨어라 너희 대적 마귀가 우는 사자 같이 두루 다니며 삼킬 자를 찾나니 너희는 믿음을 굳게 하여 그를 대적하라'(벧전 5:8-9)

안심하고 다른 사람을 위해 기도해 주자

당시에는 교회를 다닌 지 오래되지 않아서 예수님을 믿는다고 하면서도 확신이 부족했다. 두려움이 내 안에 있었는가보다. 지금은 어느 누구를 기도해 주어도 아무렇지 않은데, 그때 당시에 귀신들린 사람을 기도해 주었다고 해서, 귀신들린 사람의 고통을 내 몸으로 느끼게 되었다는 것이 돌이켜 생각해보면 참 웃음이 난다.

기도를 해준다고 상대방의 고통과 증세를 그대로 느껴야 한다면 우리는 중보기도를 할 수가 없지 않겠는가? 암 환자를 위해 기도할 때 그 고통을 같이 느끼고, 고열이 있는 감기환자를 기도하면 나도 고열이 나고, 맹장염 걸린 환자를 기도할 때 그 고통이 똑같이 느껴진다면 어찌 지속적으로 기도를 할 수 있겠는가?

확실히 말하건대 평소 예배를 잘 드리고, 말씀 읽고 기도하면 성령 충만케 되어 주님의 권능을 받게 되고, 그 어느 누구나 악한 영들을 쫓아낼 수 있고 또한 아무런 해를 받지 않게 된다. 그러니 안심하고 다른 사람을 위해 맘껏 기도할 수 있기를 바란다.

귀신들린 40대 남자의 전도

우리 집에 전기공사를 하러 온 사람이 자꾸만 눈에 들어왔는데, 언뜻 보기에 건실하고 성실하게 보였다. 그런데 내 눈에 그에게서 깨끗하지 못한 영이 느껴졌다. 나는 그에게 커피 한잔 타주면서 말을 걸었다.

"다른 사람들을 보면 앞날도 잘 알아맞히고, 성격이나 이러한 것들을 잘 알지 않나요?"

그는 나를 아무 말 없이 물끄러미 쳐다봤다. 나는 그에게 내가 쓴 책을 주며 전화번호를 알려주었다. 읽어보고 궁금한 것이 있으면 전화하라고 했다.

며칠이 지나서 그에게 전화가 왔는데 한번 만나자고 했다. 우리는 약속을 하고 만나서 식사부터 했다. 그가 자신의 이야기를 조심스럽게 털어놓았다. 그는 초등학교 시절부터 자기의 몸 안에 귀신이 있었다고 했다. 벗어나고 싶은데 어떻게 할지 모르겠다며 고개를 떨구었다.

그렇다. 오늘날 수많은 사람들이 예수님을 믿고 싶어도 귀신을 떨쳐 버리지 못한다. 또 겁이 나서도 벗어나지 못하는 사람들이 많다. 그래도 이 사람처럼 본인이 예수님을 믿고 싶다고 말을 하면 한결 쉬운 것이다.

나는 그에게 백 퍼센트 귀신들을 이길 수 있는 방법을 알려주었다. 첫째는 이번 주일부터 무조건 교회에 가서 예배를 드리라고 했다. 둘째는 성경을 신약부터 읽으라고 했다. 그리고 셋째로는 기도 방법을 알려주었다.

하나님을 찬양하고, 회개기도를 하고, 그간의 주변 모든 것에 대하여 감사기도를 하고, 주변에 아는 모든 사람들을 위하여 중보기도하고, 마지막에 자신을 위하여 기도를 하라고 했다.

사도신경, 주기도문을 적어주며 외우라고 하고, 성경책도 사주었다. 나는 지난번에 군부대에 갔을 때 한번 혼이 났지만 또 겁도 없이 그의 머리에, 몸에 손을 얹고 기도를 했다. 예수님의 이름으로 그의 몸에 있는 악한 영들은 떠나가라며 맘껏 소리쳤다.

그날은 그렇게 헤어졌다. 그리고 며칠 후, 그가 다시 찾아왔다. 손에 뭔가를 들고서…… 열어보니 꿀단지였다. 다른 사람들은 귀신이 있다고 자신을 외면하고 피했는데, 자기 몸에 뻔히 귀신이 있는 줄을 알면서도 머리에 손을 얹고 기도를 해주어서 고맙다는 인사를 하러 왔다고 했다. 나는 그냥 씨익 웃고는 다시 그의 머리에 손을 얹고 기도를 해주었다. 이 정도의 의지를 가진 사람이라면 자신이 있었다.

다음날부터 이 사람의 영적 전쟁이 본격적으로 시작되었다. 성경을 읽기만 하면 어지럽고 눈이 거의 보이지 않을 정도로 침침해지며 속이 메스꺼워 토하기까지 했다. 사탄, 마귀가 방해하는 것이었다. 자기가 차지했다고 여기던 영혼을 빼앗기기 싫은 것이다. 그에게서 수시로 전화가 왔다. 원래 이렇게 아픈 거냐고 물었다. 나는 잠시 아픈 듯하다가 괜찮아질 것이라고 용기를 주며 더 열심히 성경말씀을 읽으라고 했다.

사람에 따라서 차이가 있다. 사탄, 마귀의 방해 공작은 그 사람의 가장 취약한 부분을 공격하여 붙잡아두려고 하는 것이기 때문에 사람마다 다른 것이다.

어떤 사람들은 별 문제 없이 그냥 귀신이 떠나가는 경우도 의외로 많다. 하지만 그와 반대로 경제적인 문제를 가지고 잠시 고난을 겪게 하기도 하고, 육체적인 아픔을 주기도 하고, 부부간의 성적인 문제로 갈등을 가지기도 하고 주변의 인간관계를 가지고 곤란을 겪게 하기도 하는 등 귀신들은 참으로 여러 가지 방법을 사용하곤 한다.

하지만 확실한 것은 사탄, 마귀는 결코 하나님을 이길 수 없다는 것이다. 그러므로 우리는 사탄, 마귀가 공격을 심하게 해올수록 오직 하나님만을 의지하며 이겨내야 한다. 전지전능하신 하나님이 아니시던가? 나는 해줄 수 있는 말이 아무것도 없었다. 그럴수록 성경을 더 열심히 읽고, 기도를 더 열심히 하라는 말만 알려주었다.

그가 여자가 아니고 40대 남자이기에 대하기가 매우 편했다. 고맙게도 그는 나의 말을 잘 따라주었다. 아니, 그 이상이었다. 때로는 어지러워서 걸음을 제대로 못 걸을 정도이면서도 세수를 해가며 성경을 읽었다. 그리고 너무나도 열심히 기도를 했다. 오직 자기를 구해주실 분은 예수님밖에 없다며 수천 번도 더 고백 기도를 했다.

그와 그렇게 만난 지 한 달 반 정도 지났을 때, 그는 자신에 찬 목소리로 나에게 전화를 했다.

"형님. 제가요, 신약부터 시작해서 한 바퀴 다 돌고 다시 신약까지 오게 되었어요. 끝까지 다 읽은 거예요! 근데 이제는 어지럽지도 않고 머리도 안 아프고요, 몸도 가뿐하고 굉장히 좋아요. 귀신이 저에게서 다 떠나간 것 같아요."

'이야! 정말 이렇게 성경을 빨리 읽을 수도 있다니……'

말씀이 그에게 들어간 것이다. 예수님께서 함께하신 것이었다. 예수님을 잘 믿는다는 성도들도 그렇게 성경말씀을 읽기가 어려운데, 그는 의지도 있었고, 하나님만을 온전히 믿었던 것이다. 그는 해냈다. 놀라운 일이었다. 하나님은 그의 기도를 들어주셨고, 그의 중심을 보시고 은혜를 베풀어주신 것이다. 할렐루야!

그 후로 점점 더 귀신의 세력은 약해지고, 그는 신앙생활을 잘 하고 있는 착한 성도가 되었다.

하나님은 정말 대단하시고, 고마우신 분이시다. 나를 구해주시더니, 또 다른 귀신들린 자를 이렇게 구해주셨다. 너무나도 감사해서 정말 온 마음으로 주님께 감사기도를 드렸다.

말씀의 승리

지금 이 사람은 잠실교회 안수집사가 되어 신앙생활도 잘 하고 가정도 화목하게 잘 지내고 있다. 이겨낸 것이다. 사탄, 마귀, 귀신들이 발악을 해도 결코 예수님을 이길 수가 없다. 말씀이 몸 안에 들어가면 승리하는 것이다. 예수님이 함께하시면 이기는 것이다. 안수기도나 무슨 특별한 비법을 찾는다는 것보다 예배를 드리고 말씀 읽고 기도하면 그 어떤 악한 세력도 다 물리칠 수가 있는 것이다.

구국 기도원

오랜만에 기도원에 갔다. 몇 해 전, 우리 교회 목사님 소개로 알게 된 김천금식기도원! 세상 사람들의 눈으로 보기엔 참으로 보잘것 없는 작은 기도원이지만, 너무나 아름다운 기도원이다. 주님을 영 접한 후 주님을 느끼고 싶은 마음을 억누르지 못할 때면 한 번씩 이 곳저곳 기도원을 찾아 다니곤 했는데, 이곳만한 기도원을 보지 못 했다. 1960년대 같은, 정말 오래된 고향집 같은 기도원이다.

주변이 온통 산으로 둘러싸인 오목한 곳에 자리를 잡고 있어 마 치 천혜의 요새 같다. 봄이면 이름 모를 들꽃과 진달래가 만발하고, 여름이면 숲이 좋아 시원하면서도 물이 언제나 풍부하고, 가을이 면 온통 벌겋게 산이 타오르고, 겨울이면 눈이 많이 내려 설경을 마 음껏 느낄 수 있는 그러한 곳이었다. 예배드리는 본당을 비롯한 숙 소도 나지막하게 황토로 지어서 건강에도 아주 좋았다. 게다가 여기는 돈 냄새가 전혀 나지를 않는다. 헌금 이야기는 한 번도 들어본 적도 없고, 그저 기도하고 은혜 받는 그러한 곳이었다.

난 작은 것을 특별히 좋아한다. 기차역도 키 작은 코스모스가 피어있는 간이역을 좋아하고, 해수욕장도 유명한 곳보다는 어촌마을에 있는 작은 곳을 좋아하고, 음식점도 넓은 곳보다는 테이블이 서너 개가 있는 작은 식당이 더 정겹고 좋다. 백화점보다는 사람 사는 냄새가 물씬 나는 재래시장을 더 좋아한다. 사람도 돈 많고 지식이 풍부하고 권력층에 있는 사람보다는 가난하고 힘들지만 성실하게 사는 사람을 좋아한다. 목사님도 수수한 이웃집 아저씨 같은 분을 좋아한다. 내가 기쁘거나 슬플 때 언제고 찾아가서 편히 이야기를 할 수 있기 때문이다.

기도원도 옛날에 임금님이 사시던 대궐 같은 그런 곳보다는 작은 시골 기도원이 좋다. 그곳엔 정이 있다. 사랑이 있다. 어릴 때 먹던 먹거리가 생각이 나서 좋다. 누구의 눈치도 보지 않고 편안하게 맘껏 기도를 할 수 있어서 좋다.

설레임을 가슴 가득 안고 차를 몰아 기도원으로 갔다. 기도원에 도착하니 그곳에 상주하고 있는 식구들이 반겼다. 식구들이 많지 않기 때문에 몇 번밖에 오지 않았는데도 다 아는 분들이다. 마치 옛 친구를 만나는 것처럼 반갑게 맞이해주었다. 내가 묵을 방을 배정해서 안내해주는데 정말 아담하다. 아파트의 화장실보다 조금 더 클까 말까? 그래도 나만의 공간이기에 너무도 좋다.

이곳에만 오면 정말 모두 다 잊어버리고 만다. 회사도 친구도 아내도 아이들도 다 잊어버리고 온전히 주님만을 느끼게 된다. 우리네 성도들은 아무리 신앙생활을 열심히 한다고 해도 사회 일과 신앙생활 둘 다 하므로, 한 번씩은 재충전과 정화의 시간을 가질 필요가 있다. 이럴 땐 뭐니뭐니해도 기도원이 제일이다.

하지만 난 여전히 의지박약이라서 금식은 정말 큰마음을 먹지 않으면 하지 못한다. 그래서 미리부터 준비 기도를 하고 단단히 마음을 먹어야 가능하다. 다른 성도들은 금식기도를 잘도 하는데 아무래도 난 그 방면에는 은사가 없는가보다.

이웃집 아저씨 같은 기도원장 목사님께 인사를 드리고 나면 본격적으로 기도를 시작한다. 기도원의 산꼭대기에 있는 구국제단! 1년 365일 단 1초도 비워놓지 않고 나라와 민족을 위하여 기도하는 이곳, 구국제단!

목사님과 사모님, 그리고 이 기도원 내의 장로님, 안수집사님들이 주된 멤버지만 특별히 이 기도원을 찾는 사람들 중에서도 영육이 강건한 하나님의 성도들은 이 구국제단에 들어가서 기도하는 것을 허락하신다.

한 시간씩 교대로 기도를 해야 하는데 허락받은 기도시간이 차라리 초저녁 무렵이나 새벽이면 얼마나 좋겠냐마는 밤 1시~2시에 기도시간이 배정되면 정말 힘이 든다. 저녁 무렵이면 기도를 한 후에 편안히 잠자리에 들 수 있으니 좋고 새벽이면 구국기도를 한 후에 바로 새벽 예배를 참석하면 되는데 한밤중은 참으로 애매한 것이다. 시간을 바꾸어 달라고 할 수도 없고, 거의 밤을 새야만 한다. 깜박 잠이 들어 기도시간을 지키지 못하면 30년 이상을 변함없이 지켜온 구국제단의 기도가 나로 인하여 끊기게 되니 말이다. 게다가 나는 원래가 잠에는 약하지 않던가?

그래서 미리 준비를 했다. 알람 시계! 그것도 2개씩이나. 하나님은 왜 나를 이렇게 잠이 많은 사람으로 만드셨을까? 먼 훗날 천국에 가면 하나님께 여쭤보아야겠다.

마음을 다지고 구국제단에 들어간다. 무릎을 단정히 꿇고 소리 높여 찬송을 한다. 먼저 하나님을 찬양하고, 그간의 나의 잘못들을 진정 반성하며 회개를 하고, 주님께 진정 감사의 기도를 드리고, 하나님과 온전히 하나 되어 교제하기를 간절히 소망하면서 또한 나라와 민족을 위해서 기도한다.

정말 평안하다. 내 영혼이 살찌는 것 같아 너무 좋다. 성령에 취한다는 것이 이러한 것 아닐까? 내가 주님을 믿기 전에 술에 취해 노래하고 즐기던 것을 어찌 이렇게 성령에 취하는 기쁨과 평안에 감히 비교나 할 수 있겠는가? 기도의 즐거움, 찬양의 즐거움, 성경을 읽고 묵상하는 즐거움, 내 주변의 모든 삶에 대해 주님께 감사하는 즐거움은 세상의 어떤 것에도 비할 수가 없다.

검증된 기도원을 가라

우리가 신앙생활을 하면서 재충전 및 신앙의 성숙을 위해 기도원에 가는 것이 때로는 필요하다.

그런데 조심할 것은 오늘날 이단, 사이비가 관리하는 기도원들이 의외로 많다는 것이다. 그러기에 우리 성도들이 기도원을 갈 때는 반드시 목사님들께 여쭈어보고 영적으로 검증된 곳을 가야만 한다. 영적으로 검증된 기도원이라 하더라도 꼭 명심해야 할 것이 있다.

기도원에서는 그저 예배드리고 말씀 읽고 개인 기도만 열심히 하고 와야지, 그곳에서 만난 잘 알지도 못하는 사람들의 이야기에 미혹되면 안 된다는 것이다. 자칭 신령하다는 사람, 은사가 있다는 사람들과의 접촉은 하지 않는 것이 안전하다. 이러한 사람들의 말에 미혹되면 신앙이 망가지고 인생이 망가지게 되는 것이다. 그러기에 초심자는 혼자 기도원에 가기보다는 신앙이 탄탄한 분과 함께 동행하는 것이 좋다.

드디어 안수 집사가 되다

기쁨으로 열심히 교회를 다녔다. 하나님을 만나려고 더 열심히 교회를 갔다. 주일에는 일찍 일어나서 깨끗이 목욕재계하고 옷도 단정하게 입고 님을 만나러 교회에 갔다. 나는 예수님을 '님'이라는 용어로 잘 불렀다.

'나의 님, 내 사랑 예수님, 나의 주 예수님.'

1부 예배를 드리고, 집에 오려다가 아쉬워서 2부 예배도 드렸다. 다른 사람들보다 늦게 교회에 다니기 시작했으니 더 열심히 해야지만 주님이 나를 더 사랑해주실 것만 같아서 툭하면 하루에 두 번을 예배드렸다.

어떤 날은 두 번 예배를 드려도 미련이 남아서 3부 예배는 커피마시며 놀다가 다시 4부 예배를 드리기도 했다. 또 집에 왔다가 편안하게 쉬다가 밤에 철야 예배를 가기도 했다. 어찌 그리도 주님이 좋던지…… 어찌 그리도 교회의 분위기가 좋던지…….

머리카락을 휘날리고 눈썹을 휘날리며 새벽 기도를 가고, 일주일에 한 번씩 새벽에 모여서 성경공부를 했다. 몇 해 전부터 같이 공부를 했던 '목련회'와 의기투합해서 공부를 했다. 교리별 성경공부, 인물별 성경공부, 주제별 성경공부, 로마서 강해, 다윗의 생애, 전도학교, 긍휼사역학교…… 그러다가 조금만 감동이 오면 또 철야 기도를 가고…….

계속 교회에 가다 보니 일주일에 평균 열한 번을 교회에 가게 됐다. 처음에는 교회에 다니지 않는다고 아내에게 눈총을 받다가, 오히려 너무 가는 것 아니냐며 밉지 않은 눈총을 받았다. 그렇게 성령 충만하게 신앙생활을 하다가 내 가슴을 찢어놓은 사건이 생겼다.

교회 내에서 일대일 제자양육을 할 지도자가 항상 부족하다는 소식을 접하고는 나도 이제껏 배웠으니 내가 배운 것을 누군가에게 나누어주고 싶었다. 나도 조금은 가르칠 자신이 생겼던 것이다. 게다가 하용조 목사님께서 항상 주장하시는 말씀이 있었다.

"가르치든지, 배우든지 둘 중의 하나는 항상 해야만 신앙생활을 잘할 수가 있고 교회도 부흥을 해요."

정말 맞는 말씀이었다. 그런데 이것이 사건의 발단이 되었다. 사람을 양육하고 싶다고 신청을 했는데, 그러나 아무리 기다려도 나에게 배울 사람이 연결이 되지를 않았다.

왜? 처음에는 나도 그 이유를 몰랐다. 뒤늦게 알게 된 사실은 내 가슴을 무너뜨렸다. 무속에서 왔기 때문에 아직 영적으로 검증이 되지 않았다면서 어느 집사님이 반대를 하신다는 것이었다. 조금 더 두고 보아야 하지 않겠냐는 의견이었다고 했다.

그 소식을 듣고는 나도 모르게 눈물이 흘러내렸다. 주님도 나를 용서하고 받아주셨는데…… 교회 내 영적 지도자인 목사님들도 다 나를 받아주시는데…… 성도들과 교제하고 함께 예배도 드리고, 함께 신앙생활을 잘하고 있는데…… 나를 직접 알지 못하는 한두 사람의 의견이 나를 이렇게도 막을 수가 있단 말인가?

하지만 나는 한마디 항변도 하지를 않았다. 그냥 주님만 가슴속으로 불렀다. 난 주님을 믿는 것이지, 결코 사람을 보고 교회에 오는 것이 아니기 때문이었다.

난 그날 밤도 철야 기도를 혼자 쓸쓸히 가지 않을 수가 없었다. 허전하고 쓸쓸한 마음으로 철야 기도를 하고 난 후 집에 돌아와서 자리에 누웠다가, 언젠가 작은형이 어디선가 보았다며 내게 이메일로 보내준 글이 생각이 나서 찾아 읽어 보았다.

형이 어디서 이러한 감동적인 글을 읽고 내게 보냈는지는 잘은 몰랐지만 정말 그날 내게는 많은 위로가 되었고, 앞으로 말을 아끼고 살아가야겠다는 교훈이 되었다.

밤에 좋은 글을 읽었지만 다음날 새벽에 눈을 떠도 화가 완전히 가라앉지는 않았다. 나는 새벽 기도를 빼먹었다. 혼자 이런저런 많은 생각을 했다.

'더 많이 공부하고 노력을 하고, 다소 세월이 더 흐른 뒤에 하나님이 나를 쓰실 계획인가보다.'

그렇게 결론을 내리고 더 이상 고민을 하지 않기로 했다.

그래서 이때부터 나는 당분간은 누구를 가르칠 생각은 않고 나의 발전을 위해 더 노력을 했다. 성경을 더 읽고, 기도를 더 많이 하고, 예배를 더 신실하게 드렸다.

하지만 마음속 한 구석에는 염려도 있었다. 나는 이렇게 이해하면 되지만 앞으로도 무속 신앙이나 타 종교에 있다가 주님을 영접하게 되는 사람이 분명 많이 있을 텐데, 그들이 상처받지 않게 잘 인도하려면 어떻게 해야 하나…… 그런 생각에 가슴이 답답했다.

하여간 나부터 올바른 신앙인이 되고 보자. 주님이 잘 인도해주시겠지. 모든 것을 다 잊어버리고 다시 신앙생활을 열심히 해야겠다고 다짐했다.

그러나 아픔은 한 번으로 지나가지 않았다. 신앙생활을 시작한 지 꽤 여러 해가 지나 안수집사 피택의 시기가 되었다. 그런데 나는 그 대상에서 빠져 있었다. 왜일까? 나보다 늦게 세례 받은 사람도 되고, 나보다 구역 예배를 잘 나오지 않던 사람도 안수집사 피택의 대상이 되는데 나는 빠져 있었다. 불쾌했다. 인간적으로 섭섭했다. 그렇다고 누구에게 가서, 왜 나는 되지 않았느냐고 물어볼 수도 없지 않은가? 일대일 양육을 하겠다고 했을 때와 동일한 상황이었다. 영적으로 검증이 되지 않았다는 것이다. 나는 또 외롭게, 쓸쓸히 철야 기도를 다니며 하나님만 찾을 수밖에 없었다.

'그래, 나는 안수집사 되지 않아도 괜찮아. 나는 그냥 하나님 믿는 거야. 그까짓 것 안 하면 어때? 그게 무슨 벼슬이야? 난 사람을 믿

는 것이 아니고, 오직 하나님을 믿는 거야.'

그렇게 마음속으로 수없이 외쳐보았지만 인간적으로 섭섭한 마음은 떨쳐 버릴 수가 없었다.

그러던 어느 날, 교회 복도를 지나던 중 담임목사님과 우연히 마주쳤다.

"이제 안수집사가 되었지요?"

목사님께서 이렇게 물으셨다. 나는 심통 난 얼굴로 "전, 그런 거 안할 거예요"라고 대답했다. 그랬더니만 목사님께서 방으로 따라 들어오라고 하셨다. 내가 자초지종을 말씀드렸더니 목사님이 비서를 통해 우리 구역 목사님께 무엇인가를 지시하시는 것 같았다.

그러고는 며칠 후, 우리 구역 목사님으로부터 연락이 왔는데, 이번 안수집사 대상에 명단이 올랐으니 열심히 하라고 하셨다.

'아니, 안수집사라니?'

나는 너무 놀랐지만 솔직히 말하면 속으로는 굉장히 기뻤다. 할렐루야를 외치며 주님께 감사기도를 드렸다.

하지만 아직은 대상자일 뿐 그 교육과정을 다 통과하지 못하면 안수집사가 될 수 없었다. 읽고서 독후감을 써내야 하는 두꺼운 기독교 서적이 세 권이나 되고, 일정기간의 특별 새벽 기도를 해야 하고, 교회 내의 교육 프로그램을 이수해야 하고, 해야 할 것이 엄청나게 많았다. 거기다 세 번 이상 빠지면 자동으로 쓰리아웃되어 탈락이었다.

나는 절대로 이 기회를 놓칠 수 없었다. 열심히 모든 것을 이수하고, 드디어 안수집사가 확정되었다.

안수를 받는 행사 날! 눈물이 흘러내렸다. 가슴이 터질 듯한 기쁨과 앞으로 더욱 잘 해야 한다는 부담감이 나를 짓눌렀다.

드디어 행사가 끝나고 단상에서 내려가려는데 담임목사님이 나를 붙잡으셨다. 목사님 특유의 따뜻한 미소를 보이시며 나를 끌어안아주셨다. 그리고 의미 있는 한마디!

"집사님은 정말 주님이 살아 계시다는 산 증거입니다. 앞으로 더욱 주님을 기쁘게 해드리세요."

그렇다. 난 정말 노력할 것이다. 영원히 죽을 수밖에 없었던 나를 생명의 삶으로 인도해주시고 이렇게 안수집사까지 되게 해주신 주님께 정말 감사드리며 열심히 살겠다고 다짐했다.

'나의 님이신 예수님, 정말 감사합니다.'

아버지의 구원

　어머니께서 위암으로 투병생활을 하시다가 1983년에 돌아가셔서 내 가슴을 그렇게 찢어 놓더니, 1996년에 아버지까지 병이 드셨다. 전립선암!

　정상 수치가 40 이하여야 하는데, 아버지는 400이 넘었다. 이미 암이 전립선과 방광에까지 다 퍼졌다고 했다.

　어찌해야 하는가? 정말 어찌해야 하는가? 하나님도 무심하시지. 어째서 다른 집은 한 사람도 암에 걸리지 않고 천수를 누리는데 우리 집은 부모님이 다 암에 걸려야 한단 말인가?

　하지만 병보다 더 큰 문제가 있었다. 아버지가 아직까지도 예수님을 영접하시지 못한 것이었다. 예수님의 '예'라는 말만 해도 화를 내시니 어찌할 도리가 없었다.

　아버지는 오직 조상을 잘 받들어야 하는 일도 잘되고 후손이 편하다는 확고한 믿음을 가지고 계셨다. 게다가 평생을 어느 누구에게 한번도 아쉬운 말씀을 해 보신 적이 없이 부유하게 잘 사시던 분이라 어느 누구의 말도 들으려고 하시지를 않았다. 우리 식구들 중에는 큰형과 아버지만 예수님을 영접하지 못하셨다.

큰형은 '편리교'를 믿는다고나 할까? 절에 가면 절하고, 제사를 하면 제사 모시고, 성당에도 거부감을 갖지 않고, 심심풀이로 무당도 만나고, 목사님에게도 거부감을 갖지 않고 정말 자기 편한 대로 믿어서 속칭 '편리교'를 믿는다고 했다. 끊임없이 예수님을 전했지만 반응은 전혀 없었다.

당시에는 큰형보다 아버지가 더 급했다. 하지만 형제 중 어느 누구도 아버지의 불호령이 두려워 감히 예수님을 전하지 못했다. 형이나 누나, 동생 모두가 서로에게 미루며 아버지께 복음을 전하라고만 했다. 이러다가는 정말 아버지의 영혼을 구하지 못할 것만 같아 가슴이 터질 듯이 답답하지만 정작 아버지는 묵묵부답이셨다.

아버지의 투병생활이 시작되었다. 96년 4월에 1차 수술을 받고 방사선 치료, 항암치료를 했다. 진통제를 드시지 않으면 견디질 못하셨다. 어머니가 투병생활을 하실 때 매일 하루 종일 토하시면서 고생하셨는데, 아버지는 고통이 더 심하셨다. 자식이라도 대신 아파 드릴 수 있는 것도 아니고, 옆에서 보는 것이 더 힘들었다.

암은 시간이 지나면서 다리로 전이되었다. 왼쪽 다리, 그리고 오른쪽 다리…… 골수까지 전이되었다. 고통을 이기지 못하여 밤엔 비명까지 지르셨다. 진통제의 투여량이 점점 더 많아졌다. 어쩔 수

없이 '패치'를 몸에 붙이셨다. 통증클리닉에서 처방해주는 것인데, 약성분이 저절로 조금씩 몸에 흡수되어 통증을 없애주었다. 이것을 한 이후부터 아버지는 통증은 거의 느끼지 않으셨다.

그러던 어느 날! 아버지의 발음이 이상해지셨다. 왼쪽 이마의 눈썹 앞도 불룩 튀어나왔다. 암세포가 뇌에까지 퍼진 것이다. 머릿속의 암세포로 인해 혀가 옆으로 구부러지고 부자연스럽게 된 것이었다. 머리에까지 방사선 치료를 했다. 다리부터 시작하여 허리, 어깨, 머리까지 온몸을 방사선 치료를 하다 보니 거의 60회 정도를 하게 되었다. 다른 사람들은 10번만 방사선 치료를 해도 지쳐서 늘어지고 탈진상태가 된다는데, 아버지는 잘도 참아내시고 견디시는 그 모습이 너무도 안타까우면서도 고마웠다. 원래 아버지는 기본 체력도 있으셨지만, 자식에 대한 애착이 누구보다도 많으셔서 자식이 눈에 밟혀 쉽게 쓰러지지 않으실 분이었다.

이렇게 투병 생활하셨지만 여전히 복음을 받아들이지 않으셨다. 그러던 중, 2001년 8월! 갑자기 하반신 마비가 왔다. 암세포가 허리의 중추신경을 압박해서 그런 모양이었다. 하지만 병원에서는 수술을 하지 말라고 했다. 허리 수술을 하면 연세도 있으시고 체력이 저하되어 바로 돌아가실 수도 있다는 것이다.

이때부터 허리에 침도 맞아보고, 산삼도 구해다 드려보고, 웅담도 구해다 드리고, 매 끼니마다 새로운 신선한 음식을 장만해서 식욕이 떨어지지 않게 해드리려고 식구들이 참으로 애를 많이 썼다.

하지만 가족들이 아무리 노력해도 암세포는 나날이 커져만 갔다.

몸이 점점 굳어져서 거동이 불편해지셨다. 대소변을 받아내기 시작했다. 아버지는 워낙 깔끔하셔서 찜찜한 것은 절대 못 참으시는 분이셨다. 편찮으신 중에도 매일 면도를 하셔야만 했고, 아무리 환자라 해도 아침, 저녁으로 양치질을 하셔야 했고, 일주일에 한 번은 식구 네 명에게 들려서 목욕탕에서 목욕을 하셔야만 했다. 많이 편찮아지실수록 자식들을 더 자주, 더 오래 보고 싶어 하셨다.

어떤 때는 새벽 5시에 전화를 하셔서 자식들을 오라고 하셨다. 물론 우리가 간다고 고통이 적어지거나 병이 낫는 것은 아니었지만, 그래도 우리가 보고 싶으시면 시도 때도 없이 전화를 하셨다. 우리도 사람인지라 때로는 너무나 피곤하고 힘들었지만 싫은 내색을 하지 않고 아버님 댁으로 갔다.

이러기를 여러 달! 2002년이 되었다. 새해가 되고, 음력 설 무렵 2월 2일에 아버지가 우리를 또 부르셨다. 같이 이런저런 이야기를 나누었다. 비록 몸은 마음대로 움직이시지를 못하셨지만 정신은 맑으셨다. 밤늦게까지 이런저런 이야기를 하다가 우리들은 집으로 돌아왔다.

다음날 새벽 6시! 아버님 댁에서 전화가 왔다. 아무리 깨워도 계속 잠만 주무신다며 막내 여동생이 전화를 했다. 놀라서 달려갔다. 가서 보니 주무시는 것이 아니었다. 겉으로 보기에는 주무시는 것처럼 보였지만 사실상 거의 기절한 상태셨다.

119에 급히 연락을 해 병원으로 모시고 가니 혈압이 60과 40이었다. 의사의 말로는 그날을 넘기지 못하실거라고 했다. 앞이 캄캄

해져 친척들과 가족들에게 다 연락을 했다.

아버지의 목에 있는 굵은 혈관에다 주사 바늘을 꽂고 약을 투여했다. 낮에 한 번 눈을 뜨시더니 이 사람, 저 사람을 둘러보시고는 다시 의식을 잃으셨다. 응급실에서 돌아가시게 할 수는 없을 것 같아서 일단은 병실로 아버지를 옮겼다.

그러고는 계속 의식 불명 상태셨다. 마음이 급해졌다. 억장이 무너졌다. 제발 한 번만이라도 눈을 뜨고 의식을 회복하셔야만 예수님을 전할 수가 있는데 정말 어찌하면 좋다는 말인가?

주변에 연락도 해야 하고, 장례 준비도 해야 하고, 여러 가지 일들을 의논하고 준비하느라 다른 가족들도 다들 바빴다. 나는 계속 아버지 옆에서 마음속으로 기도를 했다.

한 손은 머리에 얹고, 또 다른 손은 아버지의 가슴 위에 얹고서 오직 하나님 아버지만 부르짖었다. 누구나 육신은 때가 되면 가는 것이지만 영혼은 그냥 아무 곳에나 가는 것이 아니지 않는가?

미칠 것만 같았다. 가슴이 터질 것만 같았다. 시간이 흘러 밤이 되었다. 주변이 정말 조용했다. 식구들은 지쳐서 쪼그리고 새우잠을 자고 있고 아버지의 거친 숨소리만 병실에 가득했다. 아버지의 귀에 대고 나즈막이 찬송가를 부르기 시작했다.

사람이 죽어갈 때 제일 마지막까지 기능이 남아 있는 부분이 귀라는 것을 어디선가 들은 기억이 났다. 그래서 나는 아버지가 들으시리라고 생각을 하고 찬송가를 부르기 시작했다. 하나님을 찬양하는 찬송가를 부르고, 속죄하는 찬송가를 부르고, 예수 그리스도를 찬양하는 찬송가를 부르고, 성령님을 노래하는 찬송을 부르고, 그러고는 인도와 보호를 소망하는 찬송가를 계속해서 불렀다. 하염없이 눈물이 흘러 발음이 정확하지 않았지만 그래도 열심히 불렀다.

그리고 나서는 기도를 했다. 아버지를 대신해서 삶 중에 지은 죄를 회개하고, 용서를 빌며 하나님 아버지를 애타게 찾았다. 아버지의 영혼을 불쌍히 여기사 정말 잠시라도 눈을 뜨게 하시어 주님을 영접하게 해달라고 짐승처럼 울부짖었다. 살아계실 때 좀 더 잘해드리지 못해 정말 죄송한 마음이 나를 찢어놓았다. 병환 중에 계실 때 좀 더 자주 찾아뵙고 아버지를 위로하고 즐겁게 해드리지 못한 내가 너무도 원망스러워 눈물이 쏟아졌다. 아버지의 불호령이 무서워 담대히 복음을 전하지 못한 내가 정말 미웠다. 이러한 나를 용서해달라고 하나님 아버지께 빌면서 내 육신의 아버지께 용서를 구했다. 이러기를 한참이 지나 아침이 되었다.

아버지는 여전히 의식은 없으셨지만 캐나다에서 그날 오후에 돌아온다는 막내 아들을 기다리고 계시는지 숨은 붙어 있었다.

오후 5시, 아버지가 잠깐 눈을 뜨셨다. 사람들을 알아보셨다. 가족들이 난리가 났다.

"큰아들입니다. 저는 ○○입니다. 또 저는 ○○입니다. 알아보시겠습니까?"

이때 난 그들을 모두 밀쳐냈다.

"아버지, 저 셋째아들입니다. 아버지, 예수님을 믿으셔야 해요. 예수님을 믿지 않고는 절대로 하늘나라에 가실 수가 없어요."

가족과 친척들이 지금 뭘 하느냐며 야단쳤다. 난 그들에게 더 큰 소리로 조용히 하라고 말했다. 그리고는 아버지께 계속 말했다.

"예수님은 우리의 죄를 대신해서, 아버지의 죄를 대신해서 십자가에 못 박혀 돌아가셨어요. 예수님을 믿지 않고는 절대로 천국에 가실 수도 없고 지옥에 가실 수밖에 없어요. 예수님을 믿어야 영원히 천국에서 사실 수가 있어요. 예수님을 믿으시겠습니까?"

자세히 설명할 시간도 없고, 복음을 더 길게 알려드릴 시간도 없었다. 아버지는 내 얼굴을 쳐다보시더니 고개를 끄덕거리셨다.

난 너무나도 기뻤다. 하지만 한 번 고개를 끄덕거리는 것으로는 믿을 수가 없었다. 나는 다시 한 번 물었다.

"아버지, 예수님을 진짜로 믿으시겠습니까?"

아버지는 다시 한 번 고개를 끄덕거리셨다.

내 두 뺨에 뜨거운 눈물이 흘러내렸다. 아버지께 두 번을 더 묻고 확인을 했다. 그때마다 아버지는 믿겠다며 고개를 끄덕거리셨다. 마지막으로 한 번 더 확인을 했다.

"아버지, 많이 아프세요. 뭐 좀 드시겠습니까?"

아버지는 아니라며 고개를 옆으로 저으셨다.

이제 정말 확실히 아버지가 아버지의 의지로 예수님을 믿겠다고 한 것이 증명이 되었다.

'아, 하나님 아버지, 정말 감사합니다. 내 아버지의 영혼을 받아주시니 정말 감사합니다.'

그리고는 캐나다에서 돌아온 동생은 보시지도 못한 채 숨을 거두셨다. 그렇게 가신 것이다. 그래도 내 아버지를 받아주신 주님이 얼마나 감사하던지…….

장례식을 했다. 아버지의 위패에 성도라는 두 글자가 너무나도 선명하게 적혀 있었다. 온누리교회에서 목사님과 성찬위원들, 장례위원들이 오셔서 예배를 인도해주셨다. 힘들고 어려울 때에 함께 해주신 그분들이 정말 감사했고, 하나님의 사랑에 또 한 번 눈물을 흘릴 수밖에 없었다.

하지만 돌이켜보면 정말 아슬아슬하게 우리 아버지는 성도가 되신 것이다. 만약 영접을 하시지 못하고 돌아가셨다면 나는 어떻게 고개를 들고 신앙생활을 할 수가 있단 말인가? 또 다른 교회에서 어떻게 집회를 인도할 수 있겠는가?

아직 부모님이 예수님을 영접하지 못한 분들이 있으시다면 모두가 서둘러 복음을 증거했으면 좋겠다는 생각이 들었다. 어쨌든 우리 하나님은 정말 좋으신 분이시다. 결정적인 때에 결정적으로 역사하신 하나님을 다시 한 번 소리 높여 사랑한다고 외쳐본다.

Gratitude

3부
감사

태극 전사의
사부가 되다

기도하는 그들! 하나님의 아들들!
기도하는 그들을 TV 화면을 통해 보면서
뜨거운 눈물이 흘러내렸다. 그들이 경기를 잘해서라기보다
기도하는 그 모습이 정말 아름답고 자랑스러웠다.
지구촌 구석구석에서 다들 축구경기를 보고 있을 텐데,
저들의 기도하는 모습도 전 세계에 알려졌을 것이 아닌가?
어찌 입술로만 복음을 전할 것인가?

아름다운 청년, 이영표

    어느 무료한 날 오후, 텔레비전을 켜니 프로축구시합 중계 방송이 나왔다. 젊고 싱싱한 선수들이 참으로 열심히 시합을 하고 있었다.

    '나도 군대에 있을 때까지는 열심히 축구도 하고 잘 뛰었는데, 벌써 수십 년 전 이야기지.'

    반쯤 등을 소파에 기대어 보고 있었다. 근데 이상하게도 경기 내용이나 전술적 측면을 보는 것이 아니고 내 눈은 어느 한 선수에게 고정되어 있었다.

    어떤 선수는 머리가 길고, 목걸이를 찬 사람도 있고, 또 어떤 선수는 머리에 염색도 하고, 귀고리를 한 사람도 있었다. 그런데 유난히도 짧은 스포츠 머리에 다른 선수들보다 더 부지런히 뛰는 선수가 있어 내 시선을 끌었다.

    40대의 보수적인 생각 때문인지는 모르겠지만 참 깔끔해 보이고 왠지 더 성실해 보였다. 이런 생각들을 하면서 한참을 보는데, 그 선수가 다른 팀의 선수와 부딪혀서 넘어졌다. 굉장히 아프게 보이는데 그 선수는 일어나면서 혼자 씩 웃었다.

나도 학교 운동회 때 축구를 하다가 부딪쳐 넘어지면 자동적으로 인상을 쓰고 욕이 나오던데, 저 선수는 혼자 웃는다. 그런 모습이 더 귀여워 보이고 멋있어 보였다. 저 선수 팬이 되어야겠다고 혼자 생각했다. 그 선수의 이름은 '이영표'였다.

다음날, 내가 쓴 책을 꺼내들어 한참을 기도했다. 그리고는 표지를 열고 첫 장에 정성스럽게 글을 쓴 후 나름대로 예쁘게 포장을 했다.

인터넷을 검색했다. 일단 주소를 알아야 소포를 보낼 것이 아닌가? 드디어 안양 LG 선수단을 찾아, 합숙소 주소를 알아냈다. 정말 기뻤다. 중고생들이 연예인들의 팬이 되고 하는 것을 이해할 것만 같았다. 책을 빠른 등기로 발송했다. 괜히 가슴이 설렜다.

여러 날이 지나고, 친구들과 참으로 오랜만에 운동을 하러 골프장에 갔다. 한참 골프를 하고 있는데 전화벨이 울렸다.

"선생님, 저는 축구선수 이영표입니다. 책을 보내주셔서 정말 감사합니다. 저는 교회는 다니지 않지만 그래도 책을 선물 받았다는 것이 너무나 감사해서 끝까지 다 읽었습니다."

깜짝 놀랐다. 전화가 오리라고는 생각지도 못했는데. 게다가 교회도 안 다니는 사람이 내 책을 끝까지 다 읽었다니 정말 의외였다. 가슴이 막 뛰었다.

"우리 한번 만나요. 내가 저녁 살게요. 전화를 주셔서 너무나도 감사해요."

　서로 약속을 하고 며칠 후에 만났다. 그 자리에는 이영표 선수 외에 최태욱, 김동진 선수도 함께 있었다. 함께 식사를 하며 우리 주 예수 그리스도에 대하여 많은 이야기를 나누었다.

　최태욱 선수는 고등학교 1학년이 끝나갈 즈음에 예수님을 영접했는데, 어찌나 열심이던지 별명이 고등학교 때부터 목사라고 했다. 운동을 하다가 쉬는 시간이면 다른 선수들은 취미활동을 하거나 텔레비전을 보는데 이 선수는 오직 기도와 성경 읽기가 취미라고 했다. 하지만 아직 부모님들은 예수님께 관심은 있으면서도 확실한 영접을 하지 않아서 언제나 부모님을 위해 기도를 하고 있는 중이라고 했다.

　김동진 선수도 예수님을 무척 사랑하는 착한 성도였다. 근데 표정이 매우 어두웠다. 원래는 아주 밝은 청년인데 어머님이 암으로 투병 중이시라 근심이 많아서 그랬던 것이다. 나도 어머님이 위암으로 돌아가셔서 그의 심정을 충분히 알고도 남음이 있었다. 하나님의 품으로 돌아간다고 생각을 하면 조금은 위로가 되겠지만 그래도 인간적인 정으로는 어찌 슬프지 않겠는가? 주변의 사람들을 보면 누구나 한두 가지의 걱정거리는 다 가지고 있다. 각자가 이 세상을 살아가면서 짊어져야만 될 십자가가 하나씩은 다 있는 것이다.

　그날은 이영표 선수에게 주님의 복음을 전하는 것이 급선무였다. 원래 그의 집안은 유교였다. 특별한 종교를 가지고 있는 것이 아니고 그냥 제사를 잘 모시고, 웃어른을 잘 공경하는 그러한 유교 집안이었던 것이다. 그런 사람이기에 한 번에 주님을 영접하기 쉽지는 않겠지만 그래도 열심히 영적인 세계에 대하여 설명을 하고, 예수님에 대하여 이야기를 했다. 그가 조금씩 관심을 보이기 시작했다. 옆에서 최태욱 선수와 김동진 선수도 예수님을 믿어야 한다고 한몫 거들었다.

이영표 선수는 정말 질문이 많은 사람이었다. 하긴 관심이 있으니까 질문도 많은 것이고, 발전도 가능한 것이기에 오히려 난 기쁜 마음으로 열심히 대답을 했다.

"정말 귀신이 있나요?"

"잠을 자다가 가위눌리고 하는 것도 귀신의 작용인가요?"

"예수님을 믿지 않으면 진짜 지옥에 가나요? 저도 이제라도 믿기만 하면 정말 천국에 갈 수 있어요?"

"예수님이 높은 신(神)이라는 것은 알고 있었지만, 정말로 왕 중의 왕이고 제일 높은 분인가요?"

"귀신이 나타났다가도 예수님의 이름으로 물리치면 쫓겨 가는 것이 정말인가요?"

"여태까지 만약에 예수님을 욕했다고 해도, 믿겠다고 하면 용서해주시나요?"

한참을 대화한 후에 드디어 믿기로 약속을 받았다.

하지만 이영표 선수는 걱정이 태산이었다. 가족 중에 한 사람도 예수님을 믿는 사람이 없었기 때문이었다. 이제 예수님을 믿겠다고 하면 당장 아버지의 불호령이 떨어질 것은 너무나도 당연한 일! 어머니, 아버지를 비롯해서 형들과 누나들을 어떻게 예수님을 믿게 할 수 있단 말인가? 그렇다고 자기 혼자만 천국에 가기는 너무나도 가슴 아픈 일이었다.

난 그에게 성경구절 하나를 알려주었다.

'주 예수를 믿으라. 그리하면 너와 네 집이 구원을 얻으리라!'

"전지전능하신 하나님을 믿고 열심히 기도하도록 합시다. 그리고 하나님이 어떻게 역사하시는지를 믿고 기다려보는 것이 좋을 것 같네요. 나 같은 죄인도 구해주신 분이신데, 어찌 영표 선수의 가족 구원을 모른 척하시겠습니까?"

순간 이영표 선수의 얼굴이 환해졌다.

"그래요. 열심히 기도할게요. 기도 많이 해주세요."

나도 가슴이 터질 듯이 기뻐서 어찌 할 바를 몰랐다. 마흔이 훌쩍 넘은 나이에 어린 아이처럼 너무 좋아한다는 소리를 들을까봐 그날은 표정 관리하기에 바빴다.

좌우간 우리 하나님은 정말 좋은 분이시다.

'오, 하나님 감사합니다.'

축구 선수들과의 성경 공부 모임

일반적으로 어떤 사람을 전도한 후에 그냥 방치해두면 불과 몇 달을 넘기지 못하고 교회를 그만 다니는 경우가 많다. 그래서 나는 마음이 급했다. 일단 이영표 선수를 교회에 등록시켰지만, 그래도 마음이 놓이지 않아 여러 가지 방법을 연구한 끝에 일대일 제자 양육을 하기로 했다. 일주일에 한 번씩 만나서 같이 성경공부를 하고, 주님 안에서 교제를 나누면 바르게 신앙생활을 하도록 인도할 수 있을 것 같아서 같이 공부를 하기로 했다.

그는 합숙훈련을 하므로 내가 숙소 앞으로 가서 근처의 카페에서 공부를 했다. 만남이 계속되면서 성경공부도 공부지만, 정말 착하고 순수한 청년이라는 것을 알게 되었고 주님의 예비된 성도라는 것을 확신하게 되었다.

수많은 운동선수들 틈에서 발견해낸 사람! 앞으로 그로 인하여 수많은 운동선수들이 주님을 알게 될 것이고 또 그로 인하여 하나님이 영광을 받으시리라고 생각을 하니 가슴이 뿌듯해졌다. 전혀 생각지도 못했던 사람까지 만나게 해주시는 주님은 정말 재미난 분이시다.

이영표 선수와 교제를 하면서 자연스럽게 다른 선수들도 하나씩 둘씩 알게 되었다. 당시 부산 아이콘스의 송종국 선수, 안양 LG의 박요셉, 박혁순, 최원권, 김동진, 최태욱, 김병채, 김동석 선수, 대전 시티즌의 김영근 선수, 국민은행 축구팀의 윤상혁 선수 등등……

예수님 안에서 함께 교제하면서 서로에게 많은 도움이 되었다. 성경을 읽다가 궁금한 것이 있으면 지체 없이 전화를 해서 물어보고, 일상생활 속에서의 적용을 어떻게 할 것인지를 의논하며 서로의 기도제목을 알려서 중보기도를 하고…….

이들은 어려서부터 운동만 해서 그런지 정말 순수하고 착했다. 20대의 나이에 참으로 재미난 것도 많이 물었다. 어느 날에는 밤늦은 시각에 전화가 왔다.

"여쭤볼 것이 있어서 전화 드렸는데요."

그리고는 말을 하지 않고 쭈뼛쭈뼛했다.

"뭐라도 좋으니 궁금한 것은 다 물어봐."

"제가 여자 친구가 하나 있는데요, 여자 친구와는 어느 선까지가 허용되는 것인가요?"

"넌 지금 어디까지인데?"

"아직은 그냥 대화만 하는 관계인데요. 그래도 중요한 일인 것 같아서 미리 여쭤보는 거예요."

"요즘, 교회에서 새롭고 신선한 운동을 하는 것을 아직 모르는구나. 귀하고 아름다운 것일수록 아껴야 하는 거야. 교회에서는 요즘 순결 서약운동을 하고 있거든! 그래서 우리 주님을 믿는 사람들은 귀하게 서로 상대방을 아끼고 위해주며 잘 지내다가 결혼하는 그 날에 거룩한 첫날밤을 맞이해야 하는 거야. 내 생각에는 그냥 손잡는 것까지는 주님도 허락하실 것 같은데?"

"잘 알았어요. 말씀대로 따를게요. 그리고 다른 선수들한테도 그렇게 알려줄게요. 다들 그 부분에 대해서 매우 궁금해했거든요."

이들은 이렇게도 착하고 순수했다. 그러나 영적인 부분에 대해서는 어느 누구보다도 질투가 심하고 욕심이 많았다. 성경공부를 위해 숙제를 내 주면 절대로 빠뜨리는 일이 없었다. 외워 오라는 성경 구절도 행여 다른 선수가 더 잘 암송할까봐 수없이 반복해서 외우고 또 외웠다.

그러던 어느 날 사건이 생겼다. 오랜만에 저녁시간이 비어서 선수들끼리 예배를 드리러 갔다. 성령집회였는데, 여기서 같이 간 여러 선수들 간에 희비가 엇갈리게 된 것이다. 이들 모두 방언이 너무나도 하고 싶어서 그간에 지속적으로 사모하고 기도를 하고 있었는데, 이 성령집회에서 하나씩 둘씩 방언을 하기 시작했다. 하지만 한 선수는 아무리 노력을 해도 이 날 방언이 되지 않았다. 방언을 한 선수는 너무너무 신기해하며 화사한 표정이지만, 이 선수는 반대로 너무나도 우울한 표정이었다.

평소에 다들 똑같이 눈만 뜨면 기도로 하루를 시작하고, 시간이 나는 대로 성경말씀을 읽고 자기 전에 큐티를 하고 기도로 하루를 마무리하는 착한 성도인데 왜 자기만 방언을 못하느냐며 매우 실망했다.

방언이란 본래 자신의 신앙에 도움이 되는 은사이지만, 방언을 하지 못한다고 해서 결코 믿음이 적다고는 할 수 없는 것이라고 아무리 설명을 해도 우울한 표정이 사라지지 않는다. 계속되는 그의 대답은 오직 한 가지!

"저도 방언하고 싶어요!"

하나님은 우리의 필요가 아니라 하나님의 필요에 따라 은사를 주시고, 또 그 은사는 주님의 이름을 높여드리고 하나님께 영광을 드리기 위한 것이니 정말 하나님의 때에 여러 가지 은사를 주시는 것이다. 그러므로 서로 은사를 비교해서도 안 되고 서로 합력하여 선을 이루는 것이 바람직하다고 한참을 설명하고 나서야 얼굴에 미소를 지어 보였다. 그의 다시 펴진 얼굴로 인하여 나도 안도의 한숨을 쉬었다.

방언을 못하면 어떤가? 이들에게는 지혜의 말씀의 은사가 있고, 그보다 더 중요한 것은 주님을 너무나 사랑하기를 원하고, 그 사랑을 못 이겨 세상 모든 사람들에게 복음을 전하고 싶은 폭발적인 마음이 있는데 말이다. 가슴속 가득 주님에 대한 사랑이 있어 때와 장소를 가리지 않고 복음을 전하고 있기에 더욱 아름다운 청년이다.

게다가 이렇게 영적인 것에 관심을 갖고 사모한다는 것이 얼마나 아름다운 일인가? 머지않아 하나님이 원하시는 때에 성령님의 은사들을 하나씩 하나씩 체험을 하게 될 것이며 주님을 지금보다 더욱 사랑하게 되고 또한 많은 주님의 일을 하게 될 것이다. 할렐루야!

젊은 축구선수들의 꿈은 정말 소박하면서도 아름다웠다. 기독 축구선수들의 모임을 만들어서 정기적으로 모여 함께 기도를 하고, 찬양을 하고, 예배를 드리고, 아직 주님을 영접하지 않은 사람들에게 복음을 증거하고, 또한 가난하고 어렵고 힘들게 살아가는 사람들에게 예수님의 사랑을 나누어주며 하나님 보시기에 합당한 그러한 삶을 살기를 원하는 것이었다.

우리는 그렇게 시작했다. 고아원을 방문하여 아이들과 같이 축구도 하며 정을 나누고, 또 우리나라의 작지만 아름다운 시골교회, 기도원과 해외선교에 관심을 가지고 기도로 준비를 했다.

팀 훈련이 없을 때에는 서로 연락을 하여 수요 예배, 금요 철야 예배도 가고, 경배와 찬양 예배를 가서 한껏 목청을 높이기도 하고, 주일에 시합이 있으면 새벽에 일어나 서둘러 교회에 다녀오고…….

한창 혈기 왕성한 20대 초반의 청년들, 게다가 운동선수들이기에 놀기 좋아하고 술, 담배를 가까이 하기 쉬운데도 불구하고 이들은 날마다 큐티를 하고 성경을 읽으며 기도를 했다. 사람인 내 눈에도 이렇게 착하고 예쁘게 보이는데 하나님 보시기에는 얼마나 더 예뻐 보일까?

기도 세레모니!

2002년 한일 월드컵이 코앞으로 다가온 때였다. 전 국민적인 행사이며 세계적인 축제였지만, 같이 성경공부를 하고 성령 안에서 교제하는 선수들이 있기에 마음이 더욱 갔다.

이영표, 송종국, 최태욱!

그들이 축구를 잘해서라기보다 주님을 사랑하는 마음이 너무나도 애틋해서 참으로 자랑스러웠다. 우리가 맛있는 음식점을 가서 먹다보면 내 가족이나 친한 친구를 데리고 다시 오고 싶은 마음처럼, 그들은 주님을 사랑하는 마음이 너무나도 벅차서 가슴속에 묻어둘 수만 없었다.

월드컵을 얼마 앞두고 이영표 선수가 신이 나서 전화를 했다.

"저 오늘 너무 기뻐요. 전도했어요. 이천수가 예수님을 믿기로 했어요. 그리고 현영민도요. 종국이, 태욱이와 힘을 합해 기도하고 복음을 전해서 드디어 예수님을 믿기로 했다니까요! 더 신나는 게 뭔지 아세요? 이민성 형도 곧 결혼을 하게 되는데 그 형도 예수님을 믿겠다고 해요."

하나님 보시기에 이런 선수들이 어찌 사랑스럽지 않겠는가?

'하나님 아버지! 이 선수들을 잘 지켜주옵소서. 운동 중에 부상을 당하지 않게 하옵시고 나날이 실력이 향상되어 팀과 나라의 명예를 높이는데 일익을 담당케 하여 주옵시며, 주님을 위한 참된 일꾼이 될 수 있도록 언제나 동행하여 주시옵소서. 예수님의 이름으로 기도드립니다. 아멘!'

이렇게 함께 기도를 하며 신앙생활을 해오던 중, 월드컵 경기가 하루하루 다가왔다.

개막전을 마친 바로 다음날인 6월 1일 오후에 매우 급한 목소리로 이영표 선수에게 전화가 왔다. 다쳤다는 것이다. 6월 4일이 바로 한국의 첫 경기인 폴란드와의 시합인데, 사기충천해서 훈련을 하다가 동료선수와 심하게 부딪혔다고 했다. 팀 닥터의 소견이 더욱 우리를 당황하게 만들었다. 장딴지 부근의 근육파열인데 일반인 같으면 6주의 진단이 나오는데, 운동으로 다져진 몸이라 3주정도면 회복이 된다는 것이다. 3주라면 월드컵이 다 끝나는 시점인데, 어쩌란 말인가?

하늘이 캄캄했다. 내 가슴이 이렇게 답답한데, 선수 본인은 오죽하겠는가? 이영표 선수는 처음에는 다소 울먹이는, 낙망한 목소리로 말을 하다가 금세 목소리가 바뀌었다.

"그동안 너무나도 힘들게 운동을 했고, 축구선수로는 누구나 월드컵에서 뛰는 것이 꿈이지만 어쩌겠어요? 만약 내가 이렇게 다쳐서 뛰지 못하는 것이 하나님의 뜻이라면 기쁘게 순종을 해야지요. 아마도 하나님의 또 다른 큰 뜻이 있을 거예요."

그랬다. 이영표 선수는 이미 하나님 안에서 중심이 바로 서 있었다. 그럼에도 불구하고 영표의 이런 이야기를 듣는 내 가슴은 오히려 더욱 찢어졌다.

같이 기도하면서 하나님의 뜻을 헤아려가자며 전화를 끊었다. 나는 바빠졌다. 이제 할 것은 정말 기도밖에는 아무것도 없었다. 나는 기도의 위력을 잘 아는지라 바로 온누리교회로 전화를 했다. 밤 9시 예배를 인도하시는 목사님과 통화했다. 예배 중에 성도들이 모두 합심하여 이영표 선수의 회복을 위하여 기도를 해달라고 부탁드렸다. 또 평소에 자주 가는 김천금식기도원으로 전화를 걸어 기도를 부탁드렸다. 이 기도원에서는 방송을 통해 이미 이영표 선수의 부상을 알고 있었다. 이영표, 최태욱, 송종국을 비롯한 월드컵선수들을 위해서 릴레이 금식 기도를 계속했던 고마운 기도원! 이 기도원도 비상이 걸렸다. 온 식구가 기도를 시작했다.

내가 그간 집회를 다녔던 교회마다 다 전화를 해서 기도를 부탁했다. 내 주변의 주님을 믿는 모든 사람에게 다 전화를 했다.

그랬더니……, 최소한 3주일이나 되어야 회복한다는 그 '근육파열'에 하나님이 친히 개입하시고 역사하기 시작하셨다. 1일에 다치고, 7일에 재활훈련에 들어가고, 9일부터 팀 훈련에 합류하고 10일부터는 경기를 뛸 수 있을 정도까지 낫게 된 것이었다. 할렐루야! 하나님은 역시 멋쟁이! 우리의 기도를 하나도 빠뜨리지 않으시고 들어주셨다.

드디어 포르투갈 전에 출전한 이영표 선수는 박지성 선수에게 결정적인 어시스트를 함으로써 그날 경기를 승리로 이끌었다. 월드컵 본선 진출 32년 만에 한국이 16강에 오른 그 역사적인 순간, 다들 승리의 기쁨에 흠뻑 빠져 있을 때 그라운드의 한쪽에는 몇몇 선수들이 기도를 하고 있었다. 이영표, 최태욱, 송종국…… 서로 어깨를 부여잡고 하나님 아버지께 기도를 드리는 것이었다.

기도하는 그들! 하나님의 아들들! 기도하는 그들을 TV 화면을 통해 보면서 뜨거운 눈물이 흘러내렸다. 그들이 경기를 잘해서라기보다 기도하는 그 모습이 정말 아름답고 자랑스러웠다.

지구촌 구석구석에서 다들 축구경기를 보고 있을 텐데, 저들의 기도하는 모습도 전 세계에 알려졌을 것이 아닌가? 어찌 입술로만 복음을 전할 것인가?

예루살렘과 온 유대와 사마리아와 땅 끝까지 복음을 전하라는 예수님의 지상명령을 저들은 주님이 주신 축구라는 달란트로 전하고 있는 것이었다.

이를 통하여 나는 다시 한 번 놀라운 사실을 체험하게 되었다. 조금도 의심 없이 온전히 하나님을 의뢰하고 기도하기만 하면 시절을 좇아 때를 따라 응답해주신다는 것을…….

아! 하나님 아버지, 정말 감사합니다.

월드컵, 그 감동의 드라마

8강 진출을 위한 첫 관문, 이탈리아 전, 정말 힘들게도 경기가 잘 풀리지 않았다. 마치 전쟁을 방불케 하는 시합이었다. 넘어지고 다치고 피를 흘리고…… 후반전 경기 종료 3분을 남겨 놓고 설기현 선수의 극적인 동점골로 기사회생한 한국팀은 연장전에 들어갔다. 아슬아슬하게 골대를 스쳐지나가고, 골키퍼가 잘도 막아내고, 가만히 앉아만 있어도 더운 날씨에 태극전사들은 잘도 뛰었다. 위험한 순간이 있을 때마다 숨이 멎는 듯했다. 마치 하나님이 우리 편 골대를 지켜주시는 것처럼 느껴질 정도로 위기를 잘 넘겼다.

연장전에서 드디어 우리의 기도하는 전사 이영표 선수가 문전에 있는 안정환 선수에게 회심의 어시스트를 날렸다. 잠시 세상이 멎는 듯하더니 이내 지축을 뒤흔드는 함성 소리가 터져 나왔다. 골든 골, 극적인 역전승이었다.

스페인 전도 마찬가지였다. 힘들게 연장전까지 가서 승부차기로 이겨냈다.

드디어 4강까지 올라갔다. 4강 시합 전에 선수들과 통화를 했다. 승패와 관계없이 경기가 끝나면 무릎 꿇고 감사기도를 하라고 주문했다. 독일에게 아깝게도 1 대 0으로 졌지만, 우리 선수들은 변함없이 기도를 했다.

그렇다. 우리의 삶의 목표는 하나님께 영광을 드리는 것이지, 단지 한 게임 한 게임을 이기는 데 있는 것이 아니었다.

포르투갈 전 이후에는 이영표 선수가 유니폼을 올려들어 속의 하얀 티셔츠에 쓰인 글씨를 내보이는 세레모니를 펼쳤다. 거기엔 영어로 'Jesus'라고 쓰여 있었다.

송종국 선수도 한일 월드컵에서 너무나 좋은 경기를 펼쳤다. 세계적인 선수들을 꼼짝하지 못하게 잘 묶어 놓고, 공격에도 가담을 하면서 잘도 했다. 별명이 히딩크의 황태자이더니만 이름 값을 해냈다. 그러나 내 생각은 달랐다. 그는 히딩크의 황태자가 아니라 하나님의 황태자가 되기를 원하는 성도이기에 잘할 수 있었다. 월드컵 대표팀 23명 중에 하나님을 믿는 선수가 11명이나 된다고 하니 어찌 잘하지 않을 수가 있겠는가?

하지만 내 가슴속에는 당시 월드컵에서 아직 뛰지 않은 사람이 있어 끊임없이 기도를 해야만 하는 선수가 있었다. 그는 연습 중에 허리를 다쳐 경기에 뛰지 못한 최태욱 선수였다. 다들 열심히 훈련을 했지만, 누구 못지않게 열심히 기도하고 훈련에 임한 그였기에 너무나도 가슴에 걸렸다.

그는 자주 나와 통화를 했다. 나도 뭐라고 격려나 위로의 이야기를 건네야 할지 몰랐다. 하지만 스물한 살밖에 되지 않은 어린 청년이 오히려 나를 부끄럽게 만들었다.

"하나님의 깊은 뜻이 있겠지요. 경기에 뛰지 않아도 저는 괜찮아요. 그저 감사한 마음뿐이에요. 단지 마음에 걸리는 게 하나 있다면 제 부모님이세요. 아들이 경기장에서 눈썹을 휘날리며 뛰는 모습을 보고 싶으실 텐데 그러지를 못해 부모님이 마음 아프실까 염려돼요. 제 부모님을 위해서 기도해주세요."

그러나 하나님은 어떤 분이신가? 마지막 터키와의 3·4위 전에 결국 최태욱 선수를 뛰게 하셨다. 그간에 뛰지 못한 것을 한 번에 다 만회하려는 듯이 너무나 잘했다. 비록 풀타임으로 뛰지는 못했지만, 그래도 하나님은 우리의 기도를 들어주시고 부모님의 상한 심령까지도 어루만져주시는 고마우신 분이셨다.

아무튼 월드컵을 통해서 이 나라와 전 세계에 예수님을 알릴 수 있게 된 것이 너무나도 자랑스럽고 축구선수들이 너무나도 고마웠다.

'월드컵 화이팅! 하나님 화이팅!'

세레모니, 그 뒷이야기

우리는 경기 전에 미리 의논했었다. 티셔츠에 한글로 '예수'라고 쓸까, 영어로 쓸까 고민하다가 영어로 쓰기로 했다. 한글로 쓰면 우리나라 사람만 알아보기 때문에 전 세계에 예수님을 알리려면 영어로 써야 한다고 생각했기 때문이다. 그럼 'Jesus Loves You.' 아니면 'I Love Jesus!'라고 쓸까 고민하다가 그냥 'Jesus' 라고 쓰기로 했다. 카메라를 멀리서 잡으면 무엇을 쓴 것인지 구별이 되지 않기 때문에 그냥 'Jesus'라고 크게 쓰기로 한 것이다.

대한민국축구선교회의 설립

월드컵이 끝난 후, 내 마음속에는 만감이 교차했다. 함께 성경 공부하던 다른 선수들이 계속 내 마음을 두드렸다. 그들 역시 프로팀 소속이고 나름 축구를 잘하는데, 월드컵 선수에 선발되지 못해 가슴앓이를 많이 해오고 있었던 것이다.

축구선수가 프로팀에 간다는 것은 군대로 말하면 장군이 되는 것과 같은 엄청난 것이다. 내가 문외한이라 그런지 몰라도 내 눈에는 축구 실력이 크게 차이가 나게 보이질 않았다. 다같은 프로 선수인데, 내가 보기에는 감독의 전술과 취향에 맞는 선수가 선발되는 것이기 때문이다. 본선에 올라가고 8강, 4강에 올라 갈수록 어쩌면 다른 선수들은 더 가슴이 아팠을지도 모른다.

그들을 안아주고 싶었다. 어루만져주고 품어주어야 했다. 사실 나도 엄청난 회개를 했다. 정말 눈물로 회개를 했다. 2001년 처음

축구선수들을 만났을 때, 겉으로는 다 똑같이 대하지만, 나도 마음속으로는 국가대표가 더 좋았다. 물론 잠깐이었지만 이것은 정말 솔직한 마음이었다. 유명한 사람을 더 좋아하는 일반 사람들의 심리가 내 안에도 있었던 것이다.

하지만 많은 선수들과 함께 성경공부하고 함께 기도하고 함께 예배드리면서 마음이 바뀌기 시작했다. 국가대표가 좋은 것이 아니라 예수님을 잘 믿는 선수가 더 좋았다. 이것이 정상인 것이다. 이제는 실업선수, 2군 선수일지라도 하나님을 잘 믿는 선수가 훨씬 더 좋다. 수없이 많은 회개를 하고, 마음속으로 선수들에게 진심으로 용서를 빌었다.

성경공부가 계속되었다. 처음엔 7명이 시작했지만, 점점 더 많은 선수들이 합세하여 숫자가 늘어났다. 가르치는 나도 신이 났다. 프로선수들은 연말에 혹은 중간에라도 팀을 옮기는 경우가 있어서 잠깐 같이 공부하다가 헤어지는 경우도 있고, 오랫동안 공부하는 선수도 있다.

이들에게 늘 말씀을 전하면서 왠지 모를 두려움이 조금씩 생기기 시작했다. 1992년에 처음 예수님을 믿기 시작하여 온누리교회에서 하는 많은 성경 프로그램을 이수하고, 나름 열심히 했지만 아직 안수집사였다. 혹시라도 내가 잘못 알고 있고, 또 선수들에게 잘못된 성경지식을 가르치면 어떡하나 하는 두려움이 생겼다. 잘못 가르치면 나 하나 망가지는 것이 아니고, 선수들을 망가뜨리는 것이 되기 때문이었다.

수많은 날들을 고민했다. 사실 내가 처음 교회에 다니기 시작했을 때, 바로 그 해부터 하용조 목사님께서는 신학을 해야 한다고 수없이 말씀을 하셨다. 당시에 나는 하나님도 너무나 좋았지만 세상도 너무 좋아했다. 사업을 하고 있었기에 더욱 손 놓기가 싫었는지도 모른다. 그래서 나는 순종하지 못하고 그냥 평신도로 살겠다고 버텼는데…….

이제는 내 안에 있는 두려움 때문에 견딜 수가 없었다. 면허증 있다고 다 운전을 직업으로 하는 것이 아니듯, 신학공부 한다고 다 교회를 개척해야 하나? 단독 목회는 하지 말고, 그냥 공부해서 복음을 바르게 전하는 사역자가 되기로 결심했다. 아주 가까운 분들에게만 알리고 은밀하게 공부를 시작했다.

세월은 흘러 드디어 목사 안수를 받기 전날, 만감이 교차했다. 밤새도록 잠을 이루지 못했다. 밤새도록 오직 한 가지만 기도했다.

'하나님 아버지, 힘들고 어렵게 살아가는 사람들, 그리고 병든 사람들, 갇히고 사로잡히고 눌린 자들을 바라보게 하시고 그들을 불쌍히 여기는 마음, 긍휼의 마음을 잃지 않는 그러한 목사가 되게 하여 주시옵소서.'

축구선수들과의 만남은 점점 늘어갔다. 수십 명의 프로 선수들과 함께 예수님을 이야기하며 복음을 전하며 은혜롭게 지냈다.

우연히 페이스북을 하다가 김상호 감독님을 알게 되었다. 인터넷으로 몇 번 대화를 한 후 드디어 만나게 되었다. 사당동에서 만나 함께 식사를 하고는 의기투합해서 성경공부를 하기로 했다. 일주일에 한 번씩 만나 일대일 양육을 하는 것이다. 김상호 감독님은 참 인품이 좋다. 점잖고 성실하고 선하신 분이다. 일단 신앙 안에서 내가 요구하는 것은 다 하신다. 함께 공부를 시작하고 채 6개월이 되기 전에 성경 일독을 하시고, 성경말씀도 잘 외어 오신다. 오십이 넘은 나이에 감사하게도 잘 따라주어서 은혜롭게 제자 양육을 마치고, 다른 교재로 또 1년을 함께 공부하였다. 지경이 점점 넓어졌다. 최순호 축구협회 부회장도 알게 되고, 할렐루야 축구단 이영무 목사님도 알게 되고, 더 많은 선수들도 만나게 되고……

공부를 쭉 해오던 중 나는 선수들과 뭔가 하나님을 기쁘게 해드릴 것이 하고 싶었다. 축구 재능기부를 하자는 생각이 떠올랐다. 그것도 서울을 비롯한 대도시들보다는 중소도시나 시골의 선수들에게 꿈과 희망을 심어주고, 예수님도 전하고 싶었다. 첫 행사는 천안초등학교에서 했는데, 8명의 프로 선수가 동참하여 재능기부를 하고 후원회를 조직해 주었다. 2회, 3회 쭉 이어져 갈수록 많은 선수들과 일반인들도 동참하게 되었다.

그런데 사역은 계속하지만 뭔가 허전한 것이 있었다. 그렇다. 우리 선수들이 모이는데 이름이 그간 없었던 것이다. 그래서 수많은 날을 고민한 끝에 거창한 이름 하나를 지었다. '대한민국축구선교회!' 고문으로는 최순호 축구협회 부회장, 그리고 MBC 아나운서국장 출신이신 최창섭 장로님이 계시고 이사는 김순구 목사, 김상호 감독님, 선수 총무는 김신욱 선수가 맡기로 했다. 그리고 선수들이 회원으로 가입하게 되며, 자문위원은 축구 에이전트, 선수 스카우터, 팀의 코치나 감독을 맡고 있는 분들이 동참하기로 했다.

이들과 함께 앞으로 복음전파, 재능기부, 장학사업, 구제사업 등을 해나갈 것이다. 앞으로 이념을 떠나 북한 어린이들과 우리 나라 어린이들과의 친선축구경기도 하고, 외국에 가서도 재능기부도 하고 싶다. 사람의 생각이 아니라 하나님께서 허락하시는 바로 그때에 복음을 들고 북한을 비롯한 어디에라도 달려갈 것이다. 그런 날이 오기를 손꼽아 기다려 본다.

박에녹 목사

목사가 되면 뭔가가 엄청 달라질 것 같았는데, 겉으로는 호칭이 박에녹 집사에서 박에녹 목사로 되는 것 말고는 별 차이가 없다.

하지만 마음은 다르다. 부담감이 엄청 생겼다. 거룩한 부담감이……. 생각과 말과 행동이 경건해져야 한다. 복음을 더 잘 전해야 하고 무엇보다도 영혼을 사랑해야 한다. 아무리 겉모습이 경건하다 해도 마음속에 사랑이 있지 않으면 그것은 아무런 의미가 없다. 주님이 우리를 위해 죽기까지 사랑하신 것처럼, 우리도 역시 주님의 심장을 가지고 복음을 전하고 사랑을 실천해야 한다.

4부
도전

땅끝 선교사가 되다

나는 정말 큰 것을 얻어 가지고 왔다.
우리는 모두는 주님 안에서 한 가족이 되어야 한다는 사실을
확실하게 알게 되었다. 지구촌의 모든 민족이 한 형제, 자매라는 것을
확실히 알게 된 것이다. 성경을 통하여 주님은 우리들에게
언제나 말씀하신다. 예루살렘과 온 유대와 사마리아와 땅 끝까지
우리는 복음을 증거 해야만 한다. 단지 복음만을 전하고는
책임을 다했다고 생각해서도 결코 안 된다.
그들을 진정 가슴으로 사랑할 줄 알아야 한다.

남태평양으로 날아가다

사회생활을 하면서 신앙생활을 바르게 한다는 것도 사실은 쉬운 일이 아니었다. 신앙생활이 어렵다기보다 사업도 열심히 해야 하고, 세상 속에서 이것저것 맡은 일들도 해야 하고 그러면서 언제나 성령 충만한 상태로 주님만을 바라본다는 것이 어려웠다.

주님에 대한 첫 사랑! 나를, 영적으로 완전히 죽어 있던 나를 영원한 생명의 삶으로 인도해내신 그 고마우신 주님을, 처음 교회에 왔을 때는 얼마나 가슴깊이 감사하고 기쁨의 눈물을 쏟았던가?

근데 세월이 조금씩 흐르면서 그 가슴 벅찬 첫 사랑이 표 나지 않게 조금씩 식어가서 새벽 기도를 가는 횟수도 점차 줄어들고 철야 기도를 가는 것도 덜 가게 되고, 이러면서도 오히려 나를 합리화시키게 되곤 하였다.

'그래, 이 정도만 해도 잘하고 있는 거야. 사회생활을 하면서 어떻

게 교회에서 하는 그 많은 프로그램을 다 따를 수가 있겠어?'

물론 그렇게 생각하면서도 매일 조금씩이라도 빠지지 않고 성경도 읽고, 묵상도 하고, 기도도 하고, 봉사도 했다.

이렇게 생활을 하던 중 나에게 놀라운 사건이 생겼는데, 우연히 TV에서 어떤 선교사가 뉴질랜드를 근거지로 하여 솔로몬 군도, 통아 왕국, 사모아 제도, 피지 등의 주변 원시림 속에서 원주민들을 대상으로 사역하시는 모습을 담은 프로를 보게 되었다. 이 프로를 보고 나는 정말 숨도 제대로 쉴 수가 없을 정도로 가슴 터질 듯한 진한 감동을 느끼게 되었다.

우리는 과연 주님을 진실로 믿고 있는가? 나는 과연 주님을 사랑한다고 주님 앞에서 당당히 고백할 수가 있는가? 우리 한국 교회는 과연 주님이 보시기에 아름답게 잘 하고 있는가?

나는 질문에 자신 있게 대답을 할 수가 없었다. 나름대로 열심히 예배드리고, 기도생활을 하고, 매일 말씀 읽고 묵상하고, 또 봉사활동을 한다고 바쁘게 살았다. 그런데 과연 이러한 것들이 정말 주님을 위한 것인지, 아니면 주님의 이름을 걸고 나의 보람과 자랑을 삼고나 있는 것은 아닌지 다시 한 번 돌이켜보았다.

정말 부끄러웠다. 주님 앞에 정말 죄송했다. 행함이 없는 믿음은 정말 아무런 의미도 없다고 했는데, 우리들은 매일 풍족한 가운데 살면서도 더 나은 생활을 원하며 만족 없는 삶을 살았던 것 같다. 이 지구상에 있는 수많은 민족들이 힘들고 어렵게 살고 있고, 그들역시 주님께서 부탁하신 우리의 형제자매인 것을 순간순간 잊고 살고 있었다. 나와 마찬가지로 대부분 사람들은 자기 자신의 평안과 안녕 만을 생각하고 살고 있다. 이러한 내가 너무나도 부끄러웠다.

나는 이 프로를 본 뒤로 터질 듯한 감동으로 일주일 넘도록 밤잠을 설치고 회사 일도 손에 잡히지 않는 것을 느끼고는, 이것은 뭔가 사람의 일이 아니고 하나님의 뜻이 있을 것이라는 생각이 들어 방송국에 연락하여 선교사님의 연락처를 알게 되었다.

두어 번 연락을 하면서 나의 단순함이 또 작동하기 시작했다. 시간이 지날수록 나도 한번 그런 선교지에 가보고 싶었다. 원주민들을 보고 싶은 막연한 그리움이 생기게 되었다.

그러자 주변 사람들이 나에게 한마디씩 했다.

"원래 알던 사람도 아니고 텔레비전 프로 한번 보고는 미쳤다고 남태평양에 가냐?"

"예수를 믿어도 별나게도 믿는다."

그럼에도 불구하고 나는 가기로 결심을 했다. 원주민을 꼭 만나고 싶었던 것이다. 혼자 가기가 조금은 두려워서 해외여행을 많이 다녀보고 영어도 잘하는 친한 친구를 찾아갔다. 바쁘다는 친구에게 간곡히 부탁을 하여 함께 가기로 했다. 그 친구는 완전히 자다가 벼락을 맞은 꼴이었다. 아무 관계도 없는 곳에, 업무로 가는 것도 아니고, 비용을 내주는 것도 아니고 자기 돈으로 비행기 표를 사서, 경비도 나하고 반씩 내며 간다는 것이 결코 쉬운 일은 아니었다. 그저 친구가 하도 가자고 매달리니까 친구 따라 강남 간다는 식으로 가는 것이었다. 다시 생각을 해도 정말 고마운 친구, 이광철 집사!

평생에 또 이런 친구가 있을까?

가기로 결정을 했지만, 그러면서도 또 다른 염려가 생겼다. 바쁜 선교 일정 속에 있는 선교사님에게 내가 가서 오히려 시간적으로나 정신적으로 피해를 주게 되는 것은 아닐까? 나 혼자만의 생각으로 선교지에 훌쩍 날아가서 도움을 주기보다는 피해를 드리게 될까봐 많이 염려가 되었다.

의외로 많은 선교사님들이 고국에서 선교지로 방문오는 것을 부담스러워 한다는 얘기를 들은 적이 있었다. 때로는 골프채를 들고 오기도 하는 등, 선교 활동이라기보다는 자신들의 해외 관광 여행의 개념으로 와서 여러 날을 숙식하며, 선교사의 일정을 오히려 망치는 경우도 있다고 들었기 때문이다. 게다가 오히려 비싼 옷, 화려한 언행으로 원주민들의 마음을 다치게 하는 경우도 있었다고 했다.

물론 작은 힘이지만 그들에게 피해를 주기보다는 조금이라도 기쁨과 희망을 전해주고 도움이 되고 싶었다. 한국에서 무엇을 어떻게 준비를 해야 하는지도 몰랐다. 선교활동을 가본 적도 없고 외국에도 가본 적이 없었기 때문이다. 무슨 선물이 좋을지 머리를 짜냈다. 일단 선교사님이 건강하셔야 할 것 같아서 홍삼, 녹차를 비롯한 한국의 식품을 준비하기로 했다. 그리고 간단한 옷과 교회 용품들 등 생각나는 대로 준비를 했다.

그런데 하고 싶은 것이 하나 생겼는데, 남태평양에 있는 교회의 앞마당에 우리 한국의 꽃을 심으면 얼마나 아름다울까 하는 생각이 났다. 그러나 원래 나라 간에 식물이나 동물, 그리고 과일 같은 것은 일체 반입이 되지를 않는다고 해서 어떻게 가져가야 하는지 걱정이 앞섰다.

한국을 생각나게 하는 꽃은 어떤 것이 있을까? 개나리, 진달래, 과꽃, 채송화, 무궁화, 국화, 나팔꽃, 해바라기…….

일단은 가져가기 힘든 꽃나무는 다음으로 미루고, 이번에는 채송화를 가져가기로 했다. 씨앗이 가장 작아서 몰래 반입하기도 좋을 것 같고 그곳의 날씨가 겨울에도 영하로 내려가지 않는 날씨라 한 번만 심어놓으면 해마다 지속적으로 볼 수 있을 것 같았다. 휴지에 싸서 지갑 속에 감추어도 보고, 다른 짐 속에 숨겨보기도 하고, 비누곽에도 넣어도 보고, 신발 앞에 밀어 넣어보기도 하고 그래도 불안하고 마음에 들지가 않았다. 순간 문익점이 생각났다. 우리나라에 목화씨앗을 붓 뚜껑에 넣어 오셨던 지혜로운 조상, 문익점!

사인펜을 하나 집었다. 다 써서 잘 나오지 않는 사인펜의 뒷뚜껑을 열고 채송화 씨앗을 넣었다. 빨간 꽃, 노란 꽃, 분홍 꽃, 주황색 꽃, 하얀 꽃…….

작은 공간이었지만 워낙 씨앗이 작은지라 아마도 10~20평은 충분히 심을 수 있는 분량은 될 것 같았다. 사인펜 뚜껑을 닫고는 순간접착제로 붙였다. 그러고는 마치 내가 박익점(?)이라도 된 듯이 자랑스러운 얼굴로 미소 지었다.

원주민 성도들의 선물은 한국에서 가져가기가 힘들 것 같았다. 무게도 그렇고 양도 그렇고 해서 그들의 선물은 그곳에서 사기로 했다. 생활용품들을 슈퍼마켓에서 사면 될 것 같았다.

드디어 남태평양으로 날아갔다. 이것만 해도 하나님의 기적이었다. 나는 보기보다 촌스러워서 비행기 타는 것을 무서워했다. 그런데 외국에 한 번도 가본 적이 없는 내가 무려 15시간이나 비행기를 타고 가다니…….

특히 비행기가 뜨고 내릴 때는 온몸에 얼마나 힘을 주었던지 기운이 다 빠졌다. 비행기 안에서 내려다보는 태평양 바다……, 시퍼렇고 정말 무섭게 보였다. 이 비행기가 고장이 나면 천 길, 만 길 아래로 떨어져서 뼈도 추리지 못하게 될 것이라는 두려움이 엄습했다.

한참을 가다보니 비행기가 마구 덜덜 거렸다. 마치 울퉁불퉁한 비포장도로를 트럭이 달리는 것 같았다. 깜짝 놀라서 옆에서 자는 친구를 깨웠다.

"비행기가 고장 난 것 아니야?"

전에 제주도 갈 때 비행기를 타보았지만 이런 일이 없었기 때문이다. 친구는 기류 속에 들어가면 원래 그렇다면서 갈 길이 먼데 잠이나 자라고 무표정하게 대답했다. 나는 긴장한 가운데 시간이 조금더 흘렀는데 이번엔 갑자기 비행기가 놀이공원에서 롤러코스터를 타는 것처럼 밑으로 확 내려가다가 다시 확 올라갔다. 순간 "악! 으아~" 하고 소리를 질렀다. 내 좌석에 있던 커피도 쏟아졌다. 나는 기도하기 시작했다.

'하나님 아버지, 하나님 아버지 때문에 이렇게 남태평양에도 가는 것인데 비행기 고장 나서 죽으면 안 되잖아요? 그저 안전하게 잘 다녀올 수 있도록 지켜주시옵소서. 아내도 젊고 아이들도 어린데

제가 지금 죽으면 안 됩니다. 제발 아무 사고 없이 건강하게 살아 돌아올 수 있도록 역사하여 주시옵소서.'

이 난리통에도 친구는 무심하게 잠만 잤다. 주변 사람들을 돌아 보니 전부 아무 일도 아니라는 듯이 평온했다. 오히려 비명을 지른 나를 쳐다봤다. 나의 이 촌스러움은 언제나 해결이 되려는지…… 창피해서 그저 고개를 숙일 수밖에 없었다.

설레는 첫 만남

드디어 공항에 내렸다. 나오는 마지막 관문! 몰래 가져온 씨앗이 나를 몹시도 떨게 했다. 만약에 들키면 참으로 곤란을 겪게 되기 때문이다.

전에 어떤 사람이 아무것도 없다고 거짓말을 하곤 애완용 뱀을 몰래 가져 들어오다가 들켜 징역 14년을 선고받았다는 이야기를 들은 적이 있기에 더욱 두려웠다. 그럼에도 불구하고 담대(?)하게 잘 통과했다. 그리곤 나도 모르게 나오는 말! 'Thank you, Jesus!'

드디어 선교사님과 원주민을 만났다. 텔레비전을 볼 때 그렇게도 나에게 설렘을 주고, 또 보고 싶었던 원주민들을 직접 만나니까 막상 그 설렘은 어디론가 다 사라지고 뭔가 섬뜩함을 느꼈다. 덩치들이 얼마나 큰지 남자들은 키가 190cm는 다 넘는 듯하고 체중은 150kg, 여자 평균체중 130kg이 넘게 보였다. 손가락을 보니 하나

하나가 다 소시지 같았다. 한국의 보통 사람들이 거기에 가면 왜소하게 보일 것이다.

순간 선교사님과 원주민들이 하와이에서나 볼 수 있는 화환과 사탕과 노끈을 이용해 만든 목걸이, 조개껍질로 만든 목걸이들을 걸어 주셨다. 그러고는 원주민들의 인사처럼 나를 안아주셨다. 생전 처음 겪는 일이었고, 공항에서의 많은 사람들의 눈이 나를 무척 당황하게도 했지만 그래도 엄청난 감동의 물결이었다. 이렇게 나의 남태평양 선교여행은 시작되었다.

드디어 교회에 도착! 교회에서 저녁 식사를 했다. 생전 처음 보는 놀라운 음식들이다. 작은 멧돼지 바비큐와 원주민들의 주식이라는 식물의 뿌리들도 있고 열대과일도 잔뜩 있었다. 나는 놀러 온 것이 아니니 제발 음식들을 준비하지 말아달라고 간곡히 부탁을 했지만 그래도 꼭 하고 싶어서 준비한 것이라고 했다. 멀리 한국에서 온 외지인을 위해 이렇게 음식을 준비해 준 원주민들이 너무도 고맙고 한편으론 미안했다. 근데 이상한 것을 발견했다.

내가 식사를 시작하는데도 그들은 아무도 식사를 하지 않았다. 슬금슬금 뒤로 빠져 나가더니만 찬양을 시작했다. 손뼉 치고, 몸을 흔들며 두 눈을 지그시 감고 찬양을 했다. 가수들만 모아놓은 것처럼 엄청나게 찬양을 잘했다. 난 마음이 불편했다.

같이 식사를 하자고 몇 번을 권면했지만 그들은 요지부동이었다. 나는 왜 그러느냐고 물어 보니 그것은 그들의 풍습이라고 했다. 손님이 오면 같이 식사를 하지 않고 손님이 식사를 하는 중에 여흥을 즐기도록 노래를 한다는 것이다. 그들의 마음이 너무나도 아름다웠다. 나는 식사를 하는 둥 마는 둥 하고는 그들 옆으로 가서 함께 찬양을 했다.

세상에서 이렇게 아름다운 찬양이 있을까? 기회가 된다면 이들 원주민들을 한국에 초청하고 싶었다. 정말 엄청난 빅 이벤트가 될 수 있을 것이라는 확신이 들었다. 저녁에 선교사님 댁을 잠깐 방문했다. 집이 크진 않지만 사랑이 가득한 가정이었다.

회사를 며칠씩 빼먹으며 정성스럽게 준비한 내 마음의 선물을 조심스럽게 풀어 놓았다. 펼쳐 보니 부족한 것이 많다고 생각했지만 기쁘게 받아주시는 선교사님 가족들이 너무도 고마웠다.

너무도 고마운 사람들

그곳에 드릴 선교 후원금은 주변의 친구, 동료들이 조금씩 모아주었다. 적게 내는 사람은 1만 원에서 평균 2만 원씩 후원했는데, 모으다 보니 제법 많이 모으게 되었다. 너무나도 감사했다. 절에 다니는 친구도 내고, 사회에서 만난 친구도 돕고, 심지어는 내가 거래하는 SC은행 퇴계로지점 직원들도 전원이 조금씩 모아서 주었다. 하나님은 참으로 다양하게 역사하시는 분이라는 것을 다시 한 번 느끼게 되었고 감사의 기도를 하게 되었다. 미흡하지만 나름대로 준비를 해서 비행기를 타게 된 것이다.

큰 바위 글씨

주일 아침! 남태평양에 도착하여 설렘과 기대로 새벽 5시가 넘도록 기도로 버티었더니 눈이 잘 떠지지를 않았다. 간단히 샤워하고 교회로 갔다. 교회 본당에서 무릎 꿇고 기도를 했다. 원주민들하고 말도 잘 통하지 않는 상태에서 파리 잡아먹은 두꺼비처럼 껌벅 껌벅 눈만 바라보며 있는 것이 어색하고 쑥스럽기도 하여 기도나 해야겠다는 생각으로 무릎을 꿇은 것이다.

기도를 하는데 눈물이 쏟아졌다. 왜 눈물이 쏟아지는지는 나도 잘 몰랐다. 그냥 눈물이 나기 시작했다. 나는 그 자리에 엎드려 한참을 울었다.

왜 주님은 나에게 남태평양을 보게 하셨을까? 아무것도 몰랐지만 뭔가 주님의 뜻이 있는 것은 확실한 것 같았다. 잔잔히 찬양소리가 들려왔다.

눈을 떠보니 원주민 성도들이 거의 다 와 있었다. 오전 10시부터 예배가 시작인데 8시 반도 채 되기 전에 벌써 준비찬송을 하며 하나님의 나라를 맞이했다. 교육도 제대로 받지 못한 사람들, 그리고 가까이 가서 안으면 냄새 나는 그들도 이렇게 경건하게 예배준비를 하는데, 나는 과연 예배 한 시간 전부터 이렇게 준비를 했던가? 진정과 신령으로 예배를 거룩하게 맞이했던가? 좋은 건물에서, 좋은 시설에서 예배드릴 수 있는데…… 한 번도 예수님을 믿는다는 이유로 생명에 위협을 받아본 적도 없는데 왜 나는 예배의 감격이 없는가? 다른 사람들은 어떤지 몰라도 적어도 나는 이렇게 한 시간 전부터 찬송하며 준비하지를 못했기에 다시금 주님께 죄스럽기만 했다.

부끄러워서 그들과 눈을 마주칠 수가 없었다. 다시 눈물이 떨어졌다. 한참을 눈물을 흘리고는 마음속으로 수도 없이 외쳤다.

'나, 한국에 돌아가면 진짜 예수님 잘 믿을 거야.'

'나, 한국에 돌아가면 진짜 예수님 잘 섬길 거야.'

다음날 '로토루아(호반의 도시라는 뜻)'라는 지역으로 출발했다. 도중에 엄청나게 큰 바위가 보였다. 그런데 그 바위에는 이런 글씨가 쓰여 있었다.

Jesus Died For You. (예수님은 당신을 위해 죽으셨는데.)
What Have You Done For Him? (당신은 그분을 위해 무엇을 했는가?)
Jesus Cares! (예수님이 당신을 돌보신다.)

예수님이 나를 위해서 돌아가셨다고? 오케이, 인정! 그런데 두 번째 글에 난 딱 걸렸다. 나는 과연 주님을 위해서 무엇을 하였는가? 돌아보니 나는 주님을 위해 한 것이 없었다. 솔직히 고백컨대 나는 무당이 되지 않으려고, 귀신 떼어낼 목적으로 예수님을 믿었다. 처음 교회에 다니기 시작했을 때 채 1년이 되기도 전에 나는 성경 일독을 하였고, 봉사활동을 하고 전도도 하였다. 주변의 목사님, 장로님, 권사님들로부터 "앞으로 장로감이야, 아니야 어쩌면 목사가 될지도 몰라" 하며 칭찬받는 재미에 그랬는지도 모른다. 주님의 이름을 앞에 걸고 내 보람과 자랑만 삼았던 것이다.

이렇게 이기적이고 나만 생각하는 신앙인인데, 그럼에도 불구하고 끊임없이 주님은 나를 돌보아주셨다. 쥐구멍이라도 들어가고 싶었다. 한국 교회에서 수없이 많이 들었던 이야기들이지만 이곳에서는 느낌이 또 달랐다. 가슴속에 밀려오는 부끄러움을 감당할 수가 없어서 하늘을 바라볼 수도 없었다. 그냥 고개를 숙이고 울었다.

다시 차를 타고 가던 중, 아까보다 훨씬 더 큰 두 번째 바위가 보였다. 이곳에는 이렇게 쓰여 있었다.

Jesus Will Soon Return. (주님이 곧 오신대요.)

순간 나는 소리쳤다.

"안 돼요, 오시면 안 돼요. 주님 절대로 오시지 마세요. 그냥 내가 살만큼 살다가 죽은 이후에 그때 다시 오세요."

난 아직 아무것도 준비가 되지 않았다. 주님께서 어느 날 갑자기 내 앞에 나타나셔서 '나는 너를 위해 십자가에서 못 박혔는데, 너는 나를 위해 뭘 했니?'라고 물으시면 대답할 것이 아무것도 없었다. 그러기에 나는 더더욱 오시지 말라고 소리칠 수밖에 없었다. 하염없이 눈물이 쏟아졌다. 멀리 지구 반대편 남태평양에 가서 바닥에 쪼그리고 앉아서 눈물을 쏟아낼 수밖에 없었다. 한참을 그렇게 울다가 여러 가지 생각을 했다.

그렇다면 나는 어찌 해야 하는 것인가? 이제부터라도 정말 주님이 기뻐하실 일들을 해야 하지 않을까? 지금까지의 모든 잘못을 회개하고 이제부터라도 잘 해야겠지. 다시 눈물이 쏟아졌다. 한없이 쏟아졌다.

여기저기를 돌아보고 저녁에 교회로 돌아왔다. 교회에서 원주민들과 이런저런 이야기들을 주고받았다. 이곳에는 많이 있는 것과 없는 것이 있었다. 많은 것은 원주민들의 주님에 대한 열정과 영혼에 대한 사랑이다. 없는 것은 뱀과 독거미, 악어, 그리고 풍토병들을 두려워하지 않고 밀림과 정글을 오가며 주님을 증거하는 그 사역들을 뒷받침할 교회, 후원자, 그리고 돈이다. 또 없어야 할 것들이 있다. 그 순박한 원주민들을 함부로 대하고 이용이나 하려는 나쁜 사람들 그리고 그들을 무시하는 교회들…….

이곳 남태평양의 원주민들은 다들 가수였다. 찬양을 엄청 잘했다. 선천적인 음악성이 있는 듯 했다. 찬송가의 첫 소절만 시작되면 자동으로 화음이 들어갔다. 두 명, 세 명만 모이면 악보가 없어도 바로 중창단이 되었다. 놀라웠다.

밤에 숙소로 돌아와 씻고 자리에 누웠는데 잠이 오지를 않았다.

가슴이 답답하고 눈물만 나왔다. 나 혼자서는 어림없는 일! 어찌해야 하는가?

'주님이시여, 그들을 도우소서. 당신의 아들, 딸들입니다. 이 원주민들을 도우소서. 부디 그들을 도우소서.'

조용히 무릎을 꿇고 기도를 드렸다.

'하나님 아버지, 이 밤에 간절히 아버지께 기도드리옵나이다.

영적 능력을 키워 주시옵소서. 더욱더 많이…… 세상에서 자랑하려 함도 아니요, 교만하기 위함도 아니요, 오직 주님을 더욱 사랑하고자 함이오니

주님을 더 알고 더 느끼려면 영의 눈이 확실히 열려야 하옵니다.

사랑의 주님, 주님을 더욱 사랑하기를 원합니다.

눈을 뜨게 하시고 귀를 열어 주시고,

지식이 아닌 가슴으로 사랑하게 하옵소서.

예수님의 이름으로 기도드리옵나이다. 아멘!'

이별 그리고 소명

문명과 동떨어진 생활을 하는 사람들일수록, 가난하고 힘들게 사는 사람들일수록 동물적 감각으로 사랑을 아는 것 같다. 아무리 아름다운 말과 선물로 포장해도 진정한 사랑, 주님의 사랑으로 무장하지 않으면 그들은 금방 우리의 가식과 위선을 알아차렸다.

다음날, 오전에 잠깐 혼자만의 시간이 있었다. 근처의 쇼핑센터에 갔다. 아무것도 사지 않는 것이 정상이지만 그래도 추석명절도 함께 보내지 못하는 것이 가족들에게 미안해서 간단한 기념품이나 사고 구경도 할 겸 해서 가게 되었다.

간단히 몇 가지를 사고는 차를 타려고 대로변에서 기다리고 있었다. 근데 어떤 여자아이 2명이 나를 불렀다.

"15달러, 오케이?"

몸 파는 아이들이었다. 15달러면 한국 돈으로 얼마 되지 않는 돈인데. 갓 열 살 넘은 것 같은 원주민 아이들이 생계를 위해서 몸을 파는 것이었다.

'저 어린 것들이, 먹고살아야 한다는 이유로 몸을 팔다니……' 눈물이 왈칵 쏟아졌다. 그 아이들을 뿌리치고 가고 있는데 이번엔 누군가가 내 옷깃을 잡아당겼다. 돌아보니 어떤 남자 원주민이 무엇인가를 사라면서 자기 손바닥을 보여주었다. 자세히 보니 마약이었다. 얼마나 위험한 일이고 나쁜 일인지도 모르고 그들은 단지 먹고 살아야 된다는 이유로 몸을 팔고 폭력조직에 관련되고 마약을 밀거래하고…….

그냥 돌아서서 가는데, 나도 모르게 기도가 나왔다.

"하나님 아버지, 저들의 영혼을 구원하여 주시옵소서. 저들이 하는 짓을 모르고 있나이다. 불쌍히 여겨주시고 긍휼을 베풀어주시옵소서. 예수님의 이름으로 기도드리옵나이다. 아멘!"

드디어 쏜살같이 여러 날이 지나고, 한국으로 돌아오는 날! 원주민들과 이별의 인사들을 간단히 하고 돌아오는 비행기를 타러 공항에 갔다. 공항에서 또 이별의 환송식이 있었다. 나 같은 하찮은 사람이 떠나는데, 아끼느라고 신발도 신지 않고 손에 든 원주민들이 약 30명 정도나 공항까지 나와서 눈물을 흘렸다.

"우리는 언제 다시 만날 수 있느냐고요?"

비행기 안에서 다시 눈물을 흘렸다. 많은 생각을 했다. 착한 원주민 성도들! 그리고 앞으로 내가 해야 할 일들! 한국에서 교회들이 해야 할 일들! 우리가 기도로, 물질 후원으로 힘을 합한다면 지구촌

구석구석을 자랑스러운 우리 한국인이 깨울 수 있을 텐데…….

주님은 내가 어떤 일을 하기를 원하실까? 나는 과연 앞으로 무엇을 해야 할까? 나는 그동안 그곳에서 특별히 한 게 아무것도 없었다. 6일 동안 계속 울기만 했다. 어느 순간 울보가 되어버렸다.

'나에 대한 주님의 계획은 무엇일까? 앞으로 인생을 어떻게 살아야 할까?' 이런 것들만 잔뜩 생각하다가 돌아왔다.

그러나 나는 정말 큰 것을 얻어 가지고 왔다. 우리는 모두 주님 안에서 한 가족이 되어야 한다는 사실을 확실히 알게 되었다. 지구촌의 모든 민족이 한 형제, 자매라는 것을 확실히 알게 된 것이다. 성경을 통하여 주님은 우리들에게 언제나 말씀하신다. 예루살렘과 온 유대와 사마리아와 땅 끝까지 우리는 복음을 증거해야만 한다. 단지 복음만을 전하고는 책임을 다했다고 생각해서도 결코 안 된다. 그들을 진정으로 사랑할 줄 알아야 한다.

그 순간 머릿속에 나도 뭔가 주님을 위해 해야 한다는 생각이 떠올랐다. 아직은 내가 앞으로 해야 할 일이 무엇인지를 정확히는 모르지만, 열심히 기도하다 보면 성령님이 이끌어주시리라는 생각이 들어 왠지 가슴이 설레고 벅차왔다.

그리고 나에게 선교와 긍휼에 대한 비전을 심어주신 하나님이 너무나도 감사했다.

주님을 위해

어떻게 하는 것이 주님을 기쁘게 할 수 있을까? 주님이 가장 사랑하셨던 것은 무엇일까? 바로 사람의 영혼이다. 주님이 가장 사랑하시는 것은 바로 나와 우리들의 영혼이고, 아직 전도되지 않고 있는 잃어버린 영혼들인 것이다. 또 이 지구상 곳곳에 마치 버려진 듯이 살고 있는 불쌍한 사람들의 영혼들…… 분명히 그들도 행복하게 살 권리가 있다. 너무나 안타깝다.

대한민국축구선교회
(Korea Football Mission)

한국에 돌아오자마자 마음이 급했다. 무엇을 해야 할지도 모르면서 괜히 마음만 급했다. 밤이면 밤마다 무릎을 꿇고 새벽잠을 설쳐 가며 기도를 했다.

'주님은 나에게 어떤 계획을 가지고 계신 걸까? 주님은 나를 어떻게 사용하실까?'

처음에는 '환태평양선교회'라고 이름을 지었다. 우리나라가 환태평양 조산대에 자리 잡고 있기에 우리나라를 중심으로 중국, 동남아시아, 태평양, 북·남미지역까지 두루 아우를 수 있을 것 같아서 지은 이름인데, 그렇게 사역을 하다 보니 여러 가지 생각이 떠올랐다.

내가 간증 및 설교사역, 영적사역 외에는 맨 처음 시작한 것이 축구사역인데, 새로운 이름을 또 한다는 것이 마음에 걸렸다. 그래서 한동안 환태평양선교회로 사역을 하다가 생각을 바꾸었다.

'대한민국축구선교회'로 사역을 하면서 그 지경을 넓히는 방법을 생각했다. 대한민국축구선교회의 가장 주된 목적은 당연히 복음전파이고 그 분야들 중에 축구재능기부, 교정사역, 장학사업, 구제사업, 국내외 선교사역, 섬 선교, 영적사역들을 대한민국축구선교회의 한 분야로 넣으면 되겠구나 하는 생각으로 정리가 되었다. 그래서 환태평양선교회라는 말은 사용하지 않고, 앞으로는 대한민국축구선교회로 통합하기로 했다.

비행기 타기를 두려워하는 나를 위해서 또 첫 외국여행으로 인하여 국제 미아가 될 것을 염려해 멀리 남태평양까지 동행해준 고마운 나의 벗, 이광철 집사가 모임의 첫 번째 회원이 되었다.

이제 급하게도 말고, 그렇다고 너무 느리지도 않게 단지 물 흐르듯이 한 사람 한 사람 회원을 늘려가야겠다고 생각했다. 회원을 모으는 일에는 매우 중요한 것이 하나 있다. 물질후원도 매우 중요하지만 더욱 중요한 것은 기도후원자이다. 항상 기도하면서 물질을 후원한다면 이보다 더 좋은 것은 없을 것이다.

그리고 일회성의 큰 물질보다는 지속적인 작은 후원자들을 찾기를 원한다. 큰 물질을 내는 사람이나 작은 물질을 내는 사람이나 후원하는 사람의 아름다운 마음은 조금도 차이가 없이 똑같다. 오직 주님을 사랑하는 마음으로 후원할 수 있는, 바로 그러한 사람을 만나고 싶다.

기도와 물질을 후원하는 사람이 일단은 정회원이지만 물질이 없이도 기도해주는 사람은 정회원이 될 자격이 있다. 왜냐하면 기도가 더욱 중요하기 때문이다. 때론 원자폭탄보다 더욱 강력한 것이 기도가 아닌가? 개미군단을 만들어서 많은 사람들이 함께 세상을 깨우는 모임이 되기를 간절히 바라면서, 하나님 아버지께 기도를 드렸다.

"사랑이 많으신 하나님 아버지! 대한민국축구선교회가 아직은 미약하지만 주님께서 이렇게 제 마음에 감동을 주셔서 감히 시작합니다. 분명 주님의 뜻이 있으리라고 생각을 하니 정말 감사합니다. 주님께서 샘솟듯 지혜를 주시사 맡겨주신 사역을 잘 감당하게 하시고, 또 좋은 기도후원자 및 동역자들을 만나게 하여 주시옵소서.

우리 모두는 한 가족입니다. 예수 그리스도 안에서 지구촌의 모든 민족은 다 형제자매입니다. 지금까지도 문이 굳게 닫혀 있는 북한을 비롯한 모든 문화권 또 세계 각지에 흩어져 정말 원시 부족같이 살고 있는 원주민들에게도 주님의 복음이 들어가게 하시고, 그들도 주님을 믿고 따르게 하여 주시옵소서.

주님의 이름을 높여 드리기 원하옵니다. 언제나 함께 동행하여 주시고 인도하여 주시옵소서. 감사드리며 예수님의 이름으로 기도 드리옵나이다. 아멘!"

대한민국축구선교회는 나날이 성장했다. 주님을 믿는 학교 동창들을 비롯해서 신앙인으로 만난 많은 사람들이 관심을 가지고 동참하기 시작했다. 고등학생부터 할아버지, 할머니까지 다양한 연령층과 여러 가지 직업의 사람들이 용돈을 아껴가며 주님의 사랑과 복음을 가슴에 품고 기도로 동참하면서 헌금해 주셨다. 처음 계획

대로 한 달에 2만 원 혹은 1만 원씩 지속적으로 후원할 개미군단회원들이 생기기 시작한 것이다. 얼마나 귀한지 모른다. 회사 일을 하며 바쁜 중에 은행에 가서 한 번씩 통장정리를 하다보면 가슴이 터질 듯한 감사함이 가득 채워졌다. 내가 쓰는 것도 아니고 내 돈이 아닌데도 이렇게 기쁠 수가 있단 말인가?

개인회원들도 늘어가지만, 내가 그간에 집회를 했던 교회들도 동참하기 시작했다. 물론 큰 교회도 있었지만 아직은 규모가 작은 교회들도 동참했다. 선교에 비전을 가지고 동참하는데 교회가 크든 작든 전혀 문제가 되지 않았다. 오히려 현재 교회를 이끌어가기도 재정적으로 빠듯해 보이는 작은 교회들이 기쁨으로 기도를 하면서 더 많이 동참을 해주시니 정말 감사할 따름이다. 교회가 크고 작고가 문제가 아니라, 그 교회를 이끌어 가시는 목사님과 장로님들이 얼마나 긍휼의 마음을 가지고 선교에 비전을 갖고 계신가 하는 것이 첫 번째 문제이고, 그 교회의 성도들의 마음가짐이 중요하다고 생각한다.

내가 아는 한 가지는 선교와 긍휼의 정신이 있는 교회는 특별히 하나님이 사랑하실 것이며 부흥하지 않을 수가 없다는 것이다.

'주님! 아직은 성도 숫자도 적고 어렵지만 그래도 주님만을 바라보며 신앙을 잘 지키기를 원하는 바로 그 작은 교회들을 축복하여 주옵소서. 아멘!'

월드컵을 잘 치러낸 우리의 태극전사들을 비롯한 축구선수들도 동참했다. 심지어는 그들의 여자 친구들까지도 동참하게 해 주시는 주님이 정말 감사하다. 난 그 젊은 청년들에게 하나님의 참된 사랑을 알려 주고 싶다. 교리나 지식 이전에 주님의 참사랑을 알려 주고 비전을 심어 주고 싶다. 어깨가 무겁다. 그들은 받은 수당 및 연봉에서 얼마씩을 떼어 모았다가 헌금을 했다. 그들이 선교 헌금을 할 때면 가슴속에서는 뭔가 뭉클한 것이 올라온다. 그 젊디젊은 청년들이 정말 훈련과 경기 중에 다치기도 하고 피와 땀을 흘려서 벌은 귀한 물질이라 생각을 하면 내 어찌 감동받지 않을 수가 있단 말인가? 난 그들 나이에 한참 철없이 뛰어 다니기만 하고 세상속의 놀이와 풍류를 즐기기만 하였는데…….

'주님! 저들을 특별히 기억하여 주시고 사랑하여 주옵소서.'

우리 대한민국축구선교회는 정말 할 일이 많다. 물론 항상 기도하면서 결정을 할 일이지만 하고 싶은 일도 많다.

나라와 민족 그리고 북한을 위하여 기도하고 통일을 가슴에 품고 밤낮없이 기도를 하며 가난한 자와 고아와 과부와 병자들을 위하여, 또한 지구 곳곳에 버려진 듯이 살고 있는 아직은 우리에게 낯선 원시 부족들까지도 기도하고 복음을 전하게 되기를 소원한다.

그들을 위하여 우리 대한민국축구선교회는 날마다 눈물로, 땀이 피가 되도록 그리고 밤이 새도록 기도해야 하는 것이다. 언제나 우리의 주인은 예수님이기에 이 가슴속에 주님을 품고 사역을 한다면 천대, 만대까지 대한민국축구선교회가 영원할 것이다.

나는 언제나 대한민국축구선교회와 우리 모든 믿는 사람들에게 소리쳐 말하고 싶다.

하나님을 위한 사역은 목회자만 하는 것이 아니고, 성도 모두가 사명자이고 주님의 지상 명령을 받은 사역자라고 생각한다. 우리는 오직 주님만을 바라보며 땅 끝까지 주님의 복음을 전하는 사역자가 되어야 한다.

'주님, 떨어지는 저 빗방울 하나하나가 모두 복음이 되어 온 세상 구석구석까지 푹 적셔주시길 원하나이다. 주님, 하늘에서 내려오는 저 하얀 눈송이 하나하나가 다 복음이 되어 이 세상 전부를 덮어주시길 원하나이다. 주님! 주님! 주님이시여!'

대한민국축구선교회가 하는 일들

축구재능기부를 통한 복음전파. 축구선수들의 전도와 양육을 핵심사역으로 하며, 교정사역, 장학사업, 구제사역을 비롯하여 그 외 스포츠선수들의 전도와 양육도 하며 국내외 선교를 담당하고 있고, 또한 기독장교회, 샘앙상블(대학교수성악가찬양팀), 지도목사를 하고 영적상담사역을 겸하고 있다.

주님의 이름을 높여드리고 하나님께 영광 돌리기 위한 선교사역이기에 많은 분들이 기도와 물질 후원으로 동참하여 함께 선을 이루는 동역을 하였으면 좋겠다. 개인은 만원 혹은 이만원씩 지속적으로 후원하고, 교회들도 함께 동참하여 복음을 들고 산을 넘고 강을 건너 온 지구촌을 복음화하기를 간절히 소망해본다.

크리스천이라면
이정도는 알아야

법궤가 부적이 아니듯이 하나님은 부적이 아니다.
우상숭배, 음란을 비롯한 모든 잘못을 회개하고
진정 하나님께 돌아올 때, 하나님께서 함께 하셔서
영적으로 또 세상 속에서 승리하게 되는 것이다.

기독교와 무속의 차이(귀신의 특징)

교회를 열심히 다니면서 나는 정말 그간의 귀신 세계에서의 내 생활이 너무도 한심했다는 것을 느끼며 수천, 수만 번도 더 후회를 했다. 기껏 과거나 현재의 상태 정도를 맞히는, 그것도 어쩌다 맞히는 귀신들과 인류만물을 주관하시고 지금도 살아서 역사하시고 영원히 존재하시는 하나님과는 감히 비교도 할 수 없지만 조심스럽게 비교를 해 보려고 한다.

다른 사람은 어떨지 몰라도 내 주변의 잘 나가는 무속인 여러 명에게 전화해서 생년월일을 알려줄테니 점을 봐 달라고 해보았다. 그런데 내가 생년월일을 알려준 것이 죽은 사람이었는데도 죽었다고 딱 알아맞히는 사람은 하나도 없었다. 그저 관재수(송사에 걸리거나 감옥에 가는 등 불길한 운수)가 있다거나, 구설수(남의 입에 오르내리며 욕을 먹는 일)가 있다거나, 건강이 좋지 않게 된다거나 사업이 잘 되지를 않는다는 등 그런 이야기들만 나왔다. 나는 그들에게 이제 모든 것을 정리하고 만왕의 왕이신 예수님을 믿어야 한다는 말만을 하고 전화를 끊었다.

주변에 삼재가 있어 미리 막아야 한다는 말들을 많이 하는데 그것도 나는 의심스러웠다. 죽은 정 성도는 스님출신에 법사출신이고 굉장히 박학다식하신 분인데 그가 이렇게 말했다.

"삼재는 수재, 화재(가뭄 포함), 충재를 말하는 것이야. 옛날 우리 나라는 농경문화 사회이니 물난리, 화재, 벌레가 가장 큰 걱정이라 그것을 삼재라 하고 그런 일 생기지 말라고 축원하고 기도하는 것이 삼재의 기원이야. 요즘은 농약과 저수지가 발달해서 벌레 걱정 없고 가뭄이 적으며, 불도 잘 나지를 않아! 근데 괜히 도시 사람들이 오히려 삼재 타령들이거든."

여하간 신앙생활을 계속하면서 기독교와 내가 그간에 겪었던 귀신 세계를 조금씩 비교해볼 때마다 하나님을 알게 된 것에 대해 무한한 감사를 드렸다.

기독교와 무속의 첫 번째 차이는 기쁨이다.

귀신은 신접했을 때, 마치 조상이 온 것처럼 느끼게 하여 서러움, 원통함을 느껴 눈물이 나며 그와 동시에 그 사람이 살았을 때의 육체의 고통이 그대로 전달되어 내 몸에 똑같은 아픔을 느껴 영육이 피곤해지고 침체가 된다. 그러나 성령님은 오실 때마다 언제나 기쁨과 환희를 주시니 삶에 의욕과 활력이 생기고 자꾸만 기도하고 싶어진다. 참으로 비교할 수 없는 엄청난 차이가 있다.

두 번째는 평강이다.

귀신의 세계는 깊이 들어가면 갈수록 불안감이 삶을 지배하게 된다. 즉 귀신도 역사하는 능력이 있으므로 크고 작은 일에 있어서 항상은 아니더라도 조금은 인간의 욕구를 충족시키고 일시적 해결은 줄 수 있다. 그렇다고 해도 귀신들은 굿, 치성, 산 기도 등을 계속 요구하며, 그렇지 않으면 재차 고난이 오고 심리적 불안이 머릿속을 꽉 채워서 결국은 많은 돈을 들여 귀신을 위한 의식을 또 행하게 되니, 경제적, 정신적으로 참으로 많은 손실을 보게 된다.

게다가 삶 속에서 걱정거리나 의사결정을 해야 할 문제가 생기면 자신이 해결하려고 노력하기 보다는 즉시 귀신을 섬기는 사람에게 물어보게 된다. 큰 문제, 작은 문제 구분 없이 시시콜콜한 것까지 다 귀신에게 물어보게 되니 점점 무기력한 사람이 된다.

또한 좋은 소리를 듣게 되면 그것에 만족하여 어차피 이루어질 것이라는 생각에 노력을 하지 않게 되고, 나쁜 소리를 듣게 되면 마음이 불편하여 포기를 하거나 불안감에 우울증 혹은 좌절감에 빠지게 되니 삶이 망가지게 되고, 삶 속에 자신은 없고 귀신과 무당이 자리 잡게 되는 것이다.

하지만 우리 하나님은 육체적 소욕보다 영의 소욕 따르기를 가르치실 뿐만 아니라 말씀대로 생활하고, 각 개인이 기도하기만 해도 난국을 스스로 헤쳐나갈 지혜를 주시고, 담대함으로 극복해 나가게 하신다. 또한 우리 인간의 힘으로 되지 않는 경우에는 하나님께서 친히 기적을 일으켜 해결해주시기도 하시니 이보다 더 좋은 분이 어디 계시며, 이보다 더 훌륭한 피난처가 어디 있겠는가?

세 번째는 가정의 평화다.

귀신을 받들어 모시는 가정 중에서 편안하고 평화로운 집이 과연 몇 집이나 되겠는가? 의외로 귀신을 섬기는 사람들 중에는 부정 탄다는 이유로 부부간에 금욕생활을 하는 경우도 많아서 이혼 혹은 별거하는 사람이 많고, 귀신을 따르다가 가족들 중 실직자가 되거나, 사고나 병으로 환자가 되는 경우가 많다. 결국 오직 귀신만을 위하게 하는 지극히 이기적인 신앙인 것이다.

그러나 우리 하나님은 믿기만 하면 전에 다툼이 있던 가정도 점차 화목하고 행복하게 되니, 얼마나 큰 복이 되고 큰 은혜가 되는지 말로는 다 표현할 수가 없다.

네 번째는 이웃 사랑이다.

귀신 세계에 의존하는 사람들은 일단 중보기도라는 용어가 없다. 남이야 어찌되건 자신과 부모형제의 안녕만을 요구한다. 예를 들면 몹쓸 병이 들었을 때 자기 목숨을 연장하기 위해 대수대명이란 의식도 서슴지 않고 행한다.

또한 부정은 왜 그리도 많은지 산 부정, 들 부정, 피 부정 등 부정 탈 일이 많아서 날을 받아놓고는 남의 결혼식에조차 가지 못하게 하며, 장례식 및 초상집은 평소에도 당연히 못 가게 하고 입관, 하관을 직계가족들도 못 보게 한다. 그리고 남이 아기 낳은 데는 물론 이웃집 개가 새끼를 낳아도 피 부정 탄다고 가지 못하게 하며, 다른 사람이 입원한 곳에 병문안도 함부로 못 가게 한다. 자신이 부정 탈 것이 무서워하거나 자신의 안녕만을 위해 남의 기쁜 일, 슬프고 어려운 일에 함께하지 않는다면 이러한 상태에서는 이웃 사랑은 결코 불가능하다.

하지만 우리의 하나님께서 주신 새 계명을 생각한다면 실로 다시 한 번 감탄치 않을 수 없다.

'내가 너희를 사랑한 것 같이 너희도 서로 사랑하라'(요 15:12)

사랑이라는 말만 들어도 가슴이 벅차다. 내가 생각하기에 우리 기독교의 가장 큰 장점이 바로 사랑이라는 것이다.

아무튼 신앙 생활을 하면서 어려운 상황에 있는 생면부지의 사람들을 위해, 그리고 국가와 민족을 위해 사랑의 마음으로 기도 드리는 생활에 조금씩 익숙해지게 되고, 이렇게 함으로써 세속에 물들어 차가운 동토와 같던 내 마음에도 조금씩 사랑의 마음이 싹트고 자라고 있음을 느끼며 다시 한 번 기쁨을 느낀다.

다섯 번째는 사후의 행로다.

어떻게 보면 이것이 가장 중요한 문제일 것이다. 열심히 굿하고 치성 드린다고 본인이 천당 간다는 말을 나는 여태까지 들어본 적이 없다. 귀신 세계에서의 10년 세월 동안 내 스스로도 그쪽 종교로는 천당이나 극락에 가지 못한다는 것을 알고 있었고, 또한 그랬기에 더욱 정신적 고통이 있었다. 하지만 난 이제 그런 염려가 전혀 없다. 천국이 나를 기다리기 때문이다.

지금까지는 기독교와 무속의 세계를 비교해 보았는데, 그렇다면 귀신들은 과연 어떤 특징을 가지고 있을까를 생각해보았다. 정말 많은 특징들을 가지고 있지만 대표적인 것들을 말하고자 한다.

첫째는 신경질을 많이 낸다.

일반적으로 무속에 관련된 사람들은 학력이 낮은 편이다. 그래서 나는 그들이 배운게 없고 감정 컨트롤을 못해서 그렇게 짜증내고 싸우고 신경질을 내는 줄 알았는데 아니었다. 누구를 막론하고 귀신에게 사로잡히게 되면 그렇게 신경질을 내게 되는 것이다. 신경질이 바로 귀신들의 첫 번째 특징인 것이다. 그러기에 평소에 신경질을 많이 내는 사람이 있으면 특별히 조심하기 바란다.

둘째는 거짓말을 잘한다.

보통 사람들은 거짓말을 잘 하지 않을뿐더러 어쩌다가 거짓말을 했다가도 들통이 나게 되면 심히 부끄러움을 느끼게 되고 수치심을 느낀다. 하지만 귀신들린 사람은 그렇지 않다. 거짓말을 했다가 들켜도 거의 대부분 나오는 말은 비슷하다. '아님 말구. 본인만 깨끗하면 되지 왜 화를 내고 그래?' 하면서 오히려 뻔뻔하게 나온다. 뻔뻔한 것도 귀신들의 특징인 것이다.

셋째는 남을 비판하고 정죄한다.

보통 굿을 할 때는 적게는 네 명에서 열 명이 한 팀이 되어서 굿을 한다. 이들이 함께 앉아 있을 때는 기가 막히게 서로를 띄워주고 칭찬을 하는데, 그중 한 사람이 잠깐 자리를 비우기만 해도 바로 뒷담화를 한다.

"저 여자 요즘 바람난 것 알아? 어떤 놈하고 사귄다네?" 이렇게 즉시 비방을 하게 되니 언제 자기 욕을 할지 몰라 불안해서 화장실도 마음대로 못간다.

넷째는 질투를 많이 한다.

옆집 무당이 한 돈짜리 금반지를 사면 자기는 두 돈짜리를 사야만 한다. 누가 보석반지를 사기만 하면 자기는 다이아몬드 반지를 사야만 직성이 풀린다. 누가 선글라스 낀 것만 봐도, 누가 예쁜 구두 신은 것만 봐도 사고 싶어서 몸살 나는 것이다. 무당집에 이런저런 것을 잔뜩 차려놓은 곳을 법당이라고 하는데 그 법당에 국산과자가 별로 없다. 뉴질랜드 초콜릿, 미제 장난감 자동차를 올려놓는 이유가 다 귀신들의 질투 때문에 그런 것이다.

다섯째는 미혹하는 것이다.

사업하는 사람이 찾아오면 내년도 운맞이 굿을 해라, 재수굿을 하라면서 굿을 시키고, 전세 사는 사람이 오게 되면 집 사게 해준다면서 전세금 빼와서 굿을 하라고 하는데 그들이 하라는 대로 다 따라하게 되면 어느 순간 길거리에 나가 앉게 될 것이다. 결혼을 앞둔 젊은 여자가 찾아오면 백 퍼센트 시키는 굿이 있다.

"너는 몸에 살이 있어서 그것을 풀지 않고 시집가면 삼년 안에 사별하거나 생이별 하게 돼. 너는 남편 잡아먹을 팔자야. 내 말대로 되지 않으면 내 손에 장을 지져라."

이렇게 말하는데 어떤 여자가 굿을 하지 않겠는가?

이뿐이 아니다. 사람의 생명을 담보로 굿을 시킨다. 백혈병 혹은 암에 걸려서 다 죽어가는 사람이 오게 되면 대수 대명굿을 시킨다. 대수 대명굿이라는 것은 죽을 운명의 사람 대신에 아무나 다른 사람을 대신 죽게 한다는 무서운 굿이다. 옛날에는 짚으로 허수아비를 만들어서 굿을 했다는데 80년대 초에는 살아있는 닭을 많이 이용했다. 살아있는 닭을 삼베로 한 겹 두 겹을 싸고 저승 가는 노잣돈이라면서 100원짜리 동전을 사이 사이에 끼워놓는다. 그리고 앞에 불을 활활 타오르게 피워놓고는 송곳이나 식칼로 닭을 찌르고 또 불 속에 넣었다 뺏다 하는 것이다. 닭은 고통스러워 비명을 지르는데, 이 닭이 고통을 많이 겪을수록 그 순간에 사람의 암세포가 녹아내린다는 것이다. 이런 짓을 한다고 사람의 병이 나을 리도 없지만, 낫고 낫지 않고의 문제 이전에 이런 잔인한 짓까지 서슴지 않고 시키는 것이 바로 귀신들인 것이다.

여섯째는 음란하다.

물론 모두가 다 그렇지는 않을 것이다. 분명 가족만 아는 그런 사람도 있다. 하지만 내가 알기로는 많은 귀신들린 사람들이 바람을 핀다. 삼삼오오 깊은 산으로, 들로, 강으로 기도를 다니다보니 정이 들어서인가? 자기 남편이 건강해도, 아내가 젊고 아름다워도 애인이 있다. 애인이 하나만 있는 것도 아니다. 애인이 여럿인 사람도 많이 있다. 머리가 좋아서인지 시간표를 짜서 만나서인지 어쩌면 그렇게 들키지도 않고 잘 만나는지 존경스럽기까지 하다.

이제 나는 그 세계를 떠나 하나님을 믿고 있다는 것만 해도 너무나 감사하다.

쇼킹한 사건들!

　내가 교회를 다니기 시작하면서 정말 깜짝 놀란 일이 있다. 교회 안에 무당들이 있는 것이다. 그런데 더 재미있는 것은 내가 볼 때는 분명히 무당인데, 그들은 스스로를 표현할 때 예언의 은사를 받았다고 말한다.

　물론 예언의 은사를 받았다는 사람들 중에는 어쩌다가 극소수의 사람이 정말 예언의 은사를 받은 경우도 분명 있을 것이다. 하지만 내가 보기엔 예언의 은사를 받았다는 사람들 중 대다수가 무당이라 할 수 있다. 기독교 무당인 것이다!

　예언이라는 것? 성경에 기록된 바, 교회에 덕이 되고 하나님의 말씀을 대언하는 것이 예언이다.

　정말 참된 예언은 이런 것이다.

　첫째는 하나님의 말씀인 성경말씀이다. 말씀이 곧 하나님이기에 성경에 기록된 것은 정확무오한 예언이다. 구약은 끊임없이 메시아가 오신다는 것을 예언한 책이고, 신약은 예수님의 행적과 예수님의 지상명령을 수행하고 뜻을 따르는 것이며 또한 다시 오실 예수님을 말하는 것이기에 참된 예언의 책이다.

둘째는 목회자가 강대상에서 예수 그리스도를 선포하는 것이 예언이다. 하나님이신 예수님을 선포하고 예수님을 따르기를 권면하는 말씀증거가 바로 예언이다.

셋째는 신앙생활을 잘 하던 교우가 상처받고 시험에 들고 게을러져서 신앙생활을 잘 하지 않으면, 교우들이 찾아가서 다시 신앙생활을 잘 할 수 있도록 위로하고 권면하는 것이 참 예언이다.

누가 감히 사람의 길흉화복을 말하라고 했던가? 누가 감히 사람의 앞날을 예언이라는 명목하에 말하라고 했던가? 이런 것은 예언이 아니고 바로 점인 것이다. 내가 전국에 집회를 다니다 보면 다양한 경우들을 많이 보게 된다. 한번은 산간지방 오지에 집회를 간 적이 있는데, 그 교회에 제법 직분이 높으신 분이 은밀하게 나를 부르더니 작은 소리로 물었다.

"요즘 부흥이 잘 안 되는데, 혹시 터가 나빠서 그런 것은 아닌지 기도 한 번만 해주세요. 그리고 읍내에 자리 하나 봐두었는데, 그곳으로 교회를 옮기면 좋아질까요?"

이것이 무슨 기도인가? 이런 것이 무슨 예언인가? 정말 때려주고 싶었다. 우리나라에 오래 전부터 자리 잡고 있는 기복신앙, 무속신앙이 기독교에 붙어서 기도 혹은 예언이라는 이름으로 함께 하고 있는 것이다. 이런 것은 정말 위험하다.

대개 예언의 은사가 있다는 사람들, 혹은 영적 능력이 있다고 자부하는 사람들이 교회를 어지럽힌다. 이들이 신앙생활을 하면서 영적 지도자들의 권위를 무너뜨리고 교회를 분열시키는 것이다.

"아, 우리 교회 장로님들은 영력이 없어서 큰일이네."

"내가 기도해 보니까 저 권사님은 하나님이 기뻐하지 않아."

"이번 부흥회는 내가 기도해 보니까 열매가 없어."

"내가 기도해보니까 아파트 값이 6개월 후면 오르게 되니 지금은 매물로 내놓을 때가 아니야."

"기도해 보니까 저 형제자매는 궁합이 맞지를 않아."

이렇게 느껴지는 대로 함부로 말을 해서 교회를 분열시키고 망가뜨리는 것이다. 기도 중에 환상을 볼 수도 있고 음성을 들을 수도 있다. 환상을 보고 음성을 들을 수 있다는 것까지는 성경적이다. 하지만 우리가 꼭 지켜야 할 것이 있다.

기도 중에 보고 듣고 느낀 것들을 성경말씀에 비추어보았을 때 지극히 맞아야 한다는 것이다. 성경말씀과 비교하였을 때 틀리면 그것은 예언이 아니다. 그러기에 우리는 늘 평소에 말씀을 읽어야 하고 묵상하고 적용해야 한다. 우리의 입술은 오직 주님의 이름을 높여드리고 하나님 아버지께 영광을 드릴 때에만 사용해야 한다.

더 재미난 것은 집에 한 번씩 들어오는 광고 전단지들이다.

'오라, 보라, 느끼라. 단 한 번의 기도로 귀신이 떠나가고 백혈병이 낫고 암세포가 녹아내리는 기적의 동산, 은혜의 동산…….'

이런 것들을 누구나 한 번쯤 본 적이 있을 것이다. 의문이 생긴다. 영적 세계라는 것이 얼마나 예민하고 중요한 것인데, 어찌 잘 알지도 못하는 사람에게 머리 혹은 몸을 맡기고 기도를 받는다는 말인가? 기도를 해 준다는 사람이 귀신들렸는지 사생활이 복잡한지 알지도 못하면서 안수기도를 받는 것을 나는 이해할 수가 없다.

그런 광고전단을 보고 찾아가면 거의 대부분이 돈을 요구한다. 귀신을 쫓아내주는 축사 기도를 하는데 얼마, 암이 낫게 되면 얼마를 내라는 그런 행위들이 얼마나 웃기는 일인가? 성경에 기록된바 은사는 거저 받았으니 거저 주라 하지 않았던가? 예수님을 비롯한 제자들이 병자를 치유하고 귀신을 쫓아낼 때 돈을 요구했던가? 아니다, 절대 아니다. 물론 어려움, 아픔이 해결된 후에 감사하는 마음으로 각자의 형편에 맞게 하나님께 헌금하는 것은 좋지만, 기도해주는 조건으로 돈을 요구하는 사람은 기본적으로 가짜인 것이다.

나는 신앙생활에 분명한 철학이 있다.

'인격이 함께 하지 않는 영성은 차라리 없는 것이 낫다.'

나는 처음 신앙생활을 할 때부터도 아무나한테서 안수기도 받는 것을 좋아하지 않았다. 평소 잘 알고 인격적으로 존경하는 목사님들에게 안수기도를 받는 것이 옳다고 생각을 한다. 아무데나 가서 그런 기적을 바라기보다는 다니고 있는 본 교회의 목사님들에게 기도를 받는 것이 위험성이 적고 안정적이다.

성경말씀을 보자.

'믿는 자들에게는 이런 표적이 따르리니 곧 그들이 내 이름으로 귀신을 쫓아내며 새 방언을 말하며 뱀을 집어 올리며 무슨 독을 마실지라도 해를 받지 아니하며 병든 사람에게 손을 얹은즉 나으리라'(마 16:17-18)

'은사자들에게는 이런 표적이 따르리니……' 이렇게 기록되어 있지 않고 '믿는 자들에게는 이런 표적이 따른다'고 분명 기록이 되어 있다. 그렇기에 믿는 사람들은 누구나 예수님 이름으로 귀신을 쫓아낼 수가 있고, 누구나 믿음으로 손을 얹고 기도하면 병을 낫게 할 수가 있는 것이다.

'예수님 이름으로, 그리고 사랑의 마음으로…….'

물론 기도할 때마다 항상 치유되고 귀신이 떠나가지 않을 수는 있다. 하지만 우리가 하나님의 뜻에 합당하게, 진정 사랑의 마음으로 기도할 때에 하나님께 상달되어 기적이 일어나는 것이다.

신앙생활을 하면서 일어나는 크고 작은 여러 가지 문제점 때문에 고민이 되면 그저 예배 열심히 드리고 말씀 읽고 기도하면서 해결 되었으면 좋겠다. 또 믿음의 동역자들과 함께 서로 위해서 기도하면 해결할 수가 있는 것이다. 다시 한 번 말하지만 나는 성도들이 은사는 사모하되 은사자들을 찾아다니지 않았으면 좋겠다.

영적 전쟁에서 이기려면?

내가 처음 교회에 나가기 시작한 그날부터 지금까지 항상 행복하고 편안하고 아프지도 않고 그렇게 살았을까? 아니다. 나도 많이 힘들었다. 처음 예수님을 믿기 시작하니 귀신들은 온갖 방법으로 나를 괴롭혔다. 욕하고 협박하고 때리고 유혹하기도 하였다. 사탄, 마귀, 귀신은 참 질기다. 어찌 보면 고래힘줄보다도 더 질긴 것이 그들이다.

나는 그 귀신들을 정말 보기가 싫다. 영원히 만나고 싶지 않다. 그런데 그들은 거머리처럼 내게 붙어서 쉽게 떨어지지 않았다. 솔직히 말하면 조금은 무서웠다. 그들을 보거나 느끼게 될 때마다 소스라치게 놀라서 즉시 예수님 이름으로 물리쳤다. 나는 어떠한 일이 있어도 다시는 귀신 세계로 돌아가지 않을 것이다. 그렇기 때문에 더더욱 열심히 기도한다.

만왕의 왕, 전지전능하신 하나님이라는 그 말 하나만 붙들고 기도를 한다. 물론 교회에 다니고 예수님을 믿는다고 해서 나에게 있던 그 수많은 귀신들이 한 번에 떠나지는 않는다. 없는 듯하다가 다시 있고, 떠나가는 듯하다가 어느 날 보면 다시 와서 괴롭히고……

징글징글하다. 그 악한 영들이 느껴질 때마다 나는 즉시 나사렛 예수님의 이름으로 쫓아냈다. 이렇게 하기를 오랜 시간이 흐르면서 근본적인 방법이 없을까 고민을 했다. 그러고는 한 가지 진리를 알게 되었다.

더러운 작은 웅덩이 하나가 있는데, 이를 깨끗이 하려면 어찌 해야 할까? 성격이 급한 사람은 바가지로 마구 퍼낼 것이다. 그러면 더러운 물이 빨리 없어진다. 하지만 이 방법으로는 절대로 바닥에 있는 찌꺼기나 먼지, 티끌을 없앨 수가 없다. 하지만 느긋하게 이 웅덩이에 끊임없이 깨끗한 물을 넣으면 조금씩 더러운 물이 흘러넘쳐 나오게 되고 찌꺼기, 먼지까지도 남김없이 다 떠내려가고 어느 순간 깨끗한 웅덩이가 된다.

'아! 이것이구나. 내 몸에 있는 사탄, 마귀, 더러운 귀신을 온전히 쫓아내려면 내 속을 예수님으로 채우고, 기도와 말씀으로 채워야 되는구나. 이것이 영적 전쟁에서 이기는 비법이구나' 하는 것을 알게 된 것이다.

이때부터 더 열심히 예배를 드리고 날마다 말씀 읽고 기도하며 찬송가를 부르기 시작했다. 이렇게 했더니 귀신이 하나씩 둘씩 떠나가더니 어느 순간 내 몸엔 하나도 없고 깨끗하게 되었다.

영적인 문제가 있다고 생각되는 사람들은 의외로 은사자나 집회 같은 것을 잘 찾아다닌다. 거의 대부분은 해결되지도 않고 몸과 마음이 지치고, 미혹되어 돈만 탕진하게 된다. 난 이제 그들에게 분명히 말해줄 수 있다.

"안수기도에만 의존하지 마시고 예배드리고 말씀 읽고 기도하십시오. 축사의 행위로 귀신을 쫓아내어 봤자 오히려 일곱 배 더 독하고 악한 귀신이 찾아오게 됩니다. 온전히 귀신을 쫓아내고 정상적인 삶을 원하고 하나님의 사람이 되고 싶으시면 성경 말씀으로 채우십시오. 기도로 채우십시오. 그러면 성령 충만하게 되어 깨끗한 몸과 마음이 됩니다."

그런데 문제는 귀신들렸다고 하는 사람들 중에 실제로 보면 귀신들린 것이 아니고 정신병인 경우들이 많다. 감기처럼 며칠 약 먹는다고 금방 고쳐지지는 않지만, 상담치료하고 약을 복용하면 나을 수 있는 그런 정신병들…… 예를 들면 우울증, 조울증, 공황장애, 불안증, 과대망상증, 피해망상증, 정신분열증 같은 것들이다. 그런데 안타깝게도 주변 사람들이나 교회에서 무조건 영적인 문제, 귀신의 문제로 보기 때문에 해결이 안 되는 것이다.

귀신들린 사람은 예배드리고 말씀 읽고 기도하면서 예수님을 잘 붙잡으면 분명 해결이 되지만, 정신병은 단지 그렇게 해서는 낫지 않는다. 병원에 가서 치료를 해야 정상적인 사회생활을 할 수가 있는데, 방향을 잘못 잡아서 고생을 하는 것이다. 이상하게도 우리나라 사람들은 정신건강의학과에 가서 상담하고 약을 먹는 것을 참 부담스러워하고 싫어한다.

그렇다면 정신병 걸린 것과 귀신 들린 것은 어떤 것이 비슷하고, 또 어떻게 다를까?

비슷한 것은 둘 다 기도 중에 혹은 평소에 환상을 보고 환청을 들을 수 있다는 것이다. 그리고 사람에 따라서는 혼자 중얼중얼 계속 말하는 경우도 있다. 이런 증상이 있을 때 반응은 다양하다. 하나님의 음성 혹은 하나님의 계시로 받아들이는 사람도 있고, 또 어떤 이는 귀신이 끊임없이 속삭인다고도 하고, 방언이 터졌다고 받아들이는 경우도 있지만, 의외로 정신병인 경우가 더 많다.

하나님께서 주시는 말씀은 성경말씀을 적용할 때 한 치의 오차도 없이 맞아야 한다. 그렇기 때문에 교회 내에 예언의 은사가 있다고 말하는 사람들 중에는 정신 분열증인 사람도 있고 귀신 들린 사람도 있는 것이다.

그렇다면 정신병과 귀신들린 것은 어떻게 구분을 할까? 영적으로 대단해서 한 번에 딱 보고 알 수 있으면 좋겠지만, 대부분은 그렇지 못하다. 그렇다면 일반적으로는 어떻게 알 수 있을까.

첫째, 귀신들린 사람은 눈에 살기 혹은 광기가 있는 듯하며 눈동자가 전구에 비쳐본 유리알처럼 반들반들하다. 하지만 정신병인 사람의 눈은 왠지 흐리멍덩하며 초점이 흐릿하다.

둘째, 귀신들린 사람은 나름대로 논리가 정연하게 자기 표현을 할 수 있다. 하지만 정신병에 걸린 사람은 다소 횡설수설하고 중언부언하며 말이 논리정연하지가 않다. 약 5분만 같이 대화를 해도 금세 느낄 수가 있을 것이다.

셋째, 귀신들린 사람은 일반적으로 상대방하고 눈을 맞추며 이야기할 수가 있다. 하지만 정신병 걸린 사람은 눈동자가 매우 불안하며 여기저기를 힐끗힐끗 보며 어수선하고 안정이 되지를 않는다.

이 세 가지만 잘 지켜보아도 90%는 분별할 수가 있다.

그런데 분명한 것은 귀신들린 사람이든 정신병 걸린 사람이든 교회가 품어주고 안아주며 사랑으로 회복을 위해 함께 기도해 주어야 한다는 것이다. 귀찮고 힘들다고 다른 교회로 가라든가 무관심하게 대해서는 주님의 사랑을 나타낼 수가 없는 것이다.

아무튼 영적 전쟁에서 이기려면 한 가지만 분명히 알면 된다. 우리 신앙생활은 비행기와 똑같다. 비행기는 몸체가 있고 양쪽 날개가 있다. 비행기 몸통과 같은 것이 우리가 예배드리는 것이고, 양쪽 날개는 말씀 읽기와 기도하는 것이다. 비행기 날개를 아무리 폼 나게 만들었어도 몸통이 없으면 결코 비행기가 될 수 없다.

비행기의 양 날개, 말씀읽기와 기도하기는 균형을 이루어야 한다.

기도는 하지 않고 성경말씀만 열심히 읽으시는 분들이 있다. 이런 분들은 굉장히 유식하고 아는 것도 많고 한 번씩 잘난 소리도 한다. 하지만 이런 사람은 결코 그 크신 하나님의 사랑을 알 수가 없고, 우리 주 예수 그리스도의 따뜻하신 임재하심을 느낄 수가 없다. 신앙생활은 머리로만 하는 것이 아니고 가슴으로도 해야 하기 때문이다.

그와 반대로 성경말씀은 읽지 않고 기도만 열심히 하시는 분들이 있다. 이런 분들은 기도를 할 때면 청산유수로 기가 막히게 잘 하신다. 하지만 성경말씀을 읽지 않고 기도만 한다면 그것은 너무 너무 위험하다. 말씀을 읽지 않으면 기도 중에 사탄, 마귀가 나타나서 우리를 미혹시킬 수도 있고, 또한 언제 이단에서 속아 넘어갈 지도 모르기 때문이다.

1990년대 초 서울에 사이비 종교단체가 있었다. 이들은 전부 죽지 않고 산채로 하늘로 들려 올라간다는 교주의 말에 속아서 전 재산 갖다 바치고 직장, 학교도 그만두고 단체생활을 했다. 그러다 교주가 말한 그날 밤 12시에 두 팔을 하늘로 번쩍 들었지만, 아무도 올라가지 못했다.

왜 속았는가? 성경말씀을 읽지 않아서 그런 것이다. 마지막 날은 하늘의 천사도 모르고 아들도 모르고 오직 아버지만 아신다는 성경말씀, 한 줄만 읽었어도 이단 사이비 교주에게 속아 넘어가지 않을 수 있었는데…… 난 아무리 유명한 사람이 이야기해도 성경에 맞지 않는 이야기를 하면 절대로 믿지를 않는다.

그래서 나는 신앙생활을 하면서 기본에 충실하자고 늘 주변 사람들에게 이야기한다. 기본만 잘 하면 나머지는 하나님께서 다 해결해 주시는 것이다.

다시 한 번 말하지만 기본이라는 것은 예배드리고, 성경말씀 읽고, 기도하는 것이다. 여기에 하나 추가하면 찬양하는 것이다. 이렇게 기본에 충실하면 어떠한 사탄, 마귀, 귀신도 얼씬 못하게 되며 우리는 언제나 승리하는 신앙생활을 할 수 있다.

고난 극복하기

신앙생활을 하면서 난 크게 두 번의 위기가 있었다. 첫 번째는 안수집사 피택의 문제였다. 정말 주일 예배 한번 빠뜨리지 않고 구역예배 열심히 가고, 성경공부하고, 새벽 기도, 철야 예배를 하였음에도 불구하고 영적으로 검증이 되지 않았다는 어떤 집사님의 말로 인해 상심한 적이 있었다. 솔직히 말하면 나도 안수집사가 되고 싶었다. 입으로는 "하나님만 잘 믿으면 되니까 상관없어"라고 했지만 처음엔 속으로 섭섭하고 상처받았던 것은 사실이다.

하지만 나는 한걸음 물러나서 돌이켜 보니 이러한 일들이 귀신의 작전이란 것을 알게 되었다. 이런 섭섭함 때문에 내가 상처를 받고 예배를 빼먹고 신앙생활이 망가지기 시작하면 제일 기뻐할 것은 누구인가? 바로 귀신들이 아닌가? 하는 생각이 난 것이다.

'어림없지. 더러운 귀신들아. 너희들 작전에 내가 넘어갈 것 같아?' 하면서 마음을 굳게 먹었다. 그리고는 평소보다 더 열심히 예배를 드렸다. 내가 좋아하는 철야 기도! 정말 열심히 다녔다. "주여" 삼창을 하고는 열심히 통성 기도를 하였다. 한참을 통성 기도하고 나면 속이 뻥 뚫리는 것 같고 오장육부가 다 시원한 느낌이었다.

내가 만약에 섭섭함을 못 이겨서 예수님 믿기를 포기했다면 어쩌면 나는 지난밤에도 산속 계곡에 가서 피눈물 흘리며 귀신들과 앉아 있었을지도 모른다. 하지만 기도로 잘 극복했기에 귀신의 작전에 휘말리지 않고 이겨낼 수가 있었다.

두 번째 위기로는 집회를 다닐 때의 일이다. 나는 시골의 어느 교회에 집회가 있어서 차를 몰고 기도하며 가고 있었다. 마을 입구에 내 얼굴이 있는 현수막이 크게 걸려 있는 것이 보여서 차를 세우고 보게 되었다.

'전직 한국 박수무당협회 회장 박에녹 초청간증'

뜨아! 아니, 이것이 어찌된 일인가? 내가 언제 박수무당을 했다는 말인가? 게다가 회장이라니? 기가 막히고 다리가 풀려서 몸이 휘청거리며 넘어질 뻔했다.

이게 전부가 아니었다. 그후 이름을 대면 알만한 큰 교회에 집회를 가게 되었는데, 이 교회는 전단지를 수만 장 만들어서 산마다 골마다 아파트마다 다 뿌렸다. 그런데 전단지에 '잘 나가던 엘리트 대기업 출신, 전직 무당 박에녹 초청간증'이라고 쓰여 있는 것이었다. 나는 그 목사님께 조심스럽게 따져 물었다.

"목사님, 제가 언제 무당했습니까?"

그랬더니 그 목사님 대답이 나를 더 슬프게 만들었다.

"짜릿짜릿해야 한 사람이라도 더 오지."

성도가 짜릿짜릿하지 않고 내가 그날 짜릿짜릿하게 전기 고문을 받는 것 같았다. 그래도 지방에까지 갔으니 성심성의껏 간증집회를 하고 돌아오는데 정말 가슴이 허했다. 이러한 사건들이 두어 번 있고 나니 그 다음부터는 가는 곳마다 무당이라고 표현했다. 요즘도 인터넷에 내 이름을 검색하면 무조건 전직 무당 혹은 무당에서 목사가 된 사람이라고 나온다.

무당이란 무엇인가? 정성스럽게 귀신을 받들고 섬기면서 손님을 받아 점을 보면서 굿도 하고 귀신들과 친하게 지내면서 귀신이 시키는 대로 하는 사람이 무당인 것이다.

나는 대학을 졸업하며 바로 군대 가고, 중위로 전역하면서 바로 코오롱에 들어가고, 코오롱을 그만두면서 바로 사업을 시작했다. 한 번도 무당을 한 적이 없다. 무당이 되지 않으려고 정말 처절하게 영적 전쟁을 하면서 버티다가 주님의 은혜로 예수님을 믿기 시작하고 평신도, 집사, 안수집사를 거쳐서 목사가 되었는데, 아이러니컬하게도 한국 교계가, 목사님들이 나를 무당으로 만든 것이다.

이 엄청난 충격을 어찌 받아들일 것인가? 좌절감, 허무함, 처절함이 몰려왔다. 회한의 눈물이 흘러내린다. 어찌 해야 하는가? 무당 아닌 무당이 되어 버린 것이다. 내 아이들에게 무당의 자식이라는 소리를 남겨 주고 싶지 않아서 예수님을 믿기 시작했고 귀신을 다 떼어내느라고 산전수전 다 겪었는데, 이렇게 나를 다시 무당을 만들다니…… 가슴이 찢어졌다. 너무나 슬펐다. 다시 고민을 하다가 방법을 찾아냈다. '이 또한 귀신의 작전일거야. 만약 내가 여기서 이겨내지 못하면 귀신만 좋아할 거야. 그래, 기도하자.'

철야 기도를 다시 시작했다. '너희들이 이기나 내가 이기나 한번 해보자. 나를 괴롭힐수록 나는 더 열심히 기도했다. 귀신들이 얼마나 못된 세력인지 온 세상에 다 알릴 거야. 더 열심히 사역할 거야.'

내가 편안하기만 했다면 기도를 했을까? 아프고 슬프고 힘들기 때문에 더 열심히 기도를 했다. 내 가슴속에 기도가 쌓이면 쌓일수록 평안이 왔다. 한없는 평안이 오게 되면서 잘 극복할 수 있게 되었다. 만약에 내가 기도로 극복하지 않았다면 나는 사역을 그만두게 되었을지도 모른다. 그것이 바로 귀신들이 원하는 것이니까. 하지만 주님은 나를 붙잡아주셨다. 기도로 극복하게 해주셔서 얼마나 감사한지 모른다.

또 한 번의 엄청난 사건이 터졌다. 나의 평생 동역자이며 천안에서 목회를 하는 목사님에게서 전화가 왔다. 얼음이 깨지면서 아들이 물에 빠졌다는 소식을 듣고 대구로 내려가는 중이라는 것이다. 기도를 해달라고 전화를 한 것인데, 의외로 담담했다. 살 수 있으면 너무나 감사하고 죽는다 해도 하나님 곁으로 가는 것이니 감사하다며 다시 연락을 하겠다고 했다.

2013년 2월 13일, 중학교 축구선수인 그 아이는 15세였다. 포항에서 동계훈련을 하던 중 공이 얼어붙은 호수 위로 가는 바람에 주우려고 갔다가 얼음이 깨져서 물속에 빠진 것이다. 119에 급히 연락을 하고 호숫가에서 코치들과 아이들은 발만 동동 굴렀다. 아무도 선뜻 아이를 건지려고 호수로 들어가지 못했다.

어떤 사람은 5분 이상 물속에 가라앉아 있었다고 하고, 옆에 있던 다른 선수들은 10여 분 정도 지났다고 했다. 그때 해병대 출신의 다른 코치 선생님이 팬티 바람으로 뛰어 들어가서 아이를 건져내왔다. 아이는 숨을 쉬지 않았다. 심장도 뛰지 않았다. 축 늘어진 아이를 호숫가에 누이고 인공호흡을 시작했다. 옆에 있던 다른 선수들도 아이의 온몸을 주무르고 문질렀지만 아무런 반응이 없었다.

구급차가 도착해 경북대학병원으로 급히 이송했다. 병원에 도착하여 전기충격기(CPR)로 심장을 다시 뛰게 만들었다. 폐에 들어 있는 물을 빼내고, 인공심장 박동기를 달고, 인공호흡기를 달고, 소변 줄도 꼽고, 허벅다리 안쪽을 찢어 피를 빼내어 걸러서 반대쪽 허벅다리로 다시 피를 넣었다.

나는 마음이 급했다. 기도 하기 시작했다. 열심히 기도를 하던 중 혼자 해서는 안 되겠다는 생각에 여기 저기 연락을 했다. 전화를 하고, 문자를 보내고, 카톡을 하고, 페이스북으로 기도를 부탁했다.

아는 의사들한테 어찌 되겠느냐고 물어도 보았는데, 그들은 거의 부정적인 이야기만 했다. 차가운 겨울 얼음물에서 단 5분이라도 호흡을 하지 못했으면 저체온증이나 심장마비로 죽을 확률이 높고, 깨어난다 할지라도 식물인간이 되거나 정신지체가 되는 경우도 많다고 했다. 이런 소리를 들을수록 더 열심히 기도를 했다.

대구에 내려간 아이 아빠한테서 다시 연락이 왔다. 여전히 의식

불명이고 오늘 밤을 넘기기가 힘들다고 했다. 내 아이도 아닌데 내가 눈물이 더 흘러내렸다. 하루, 이틀이 지나고 토요일이 되었다. 아이 아빠는 내일 주일을 지켜야 한다며 설교준비를 하러 천안에 다녀오겠다고 했다. 나는 그에게 화를 냈다.

"애가 의식불명이고 언제 죽을지도 모르는데 가긴 어딜 간다는 거야? 그냥 주일 설교를 다른 목사님한테 부탁하거나 장로님한테 맡겨!"

그래도 내 말을 듣지 않았다. 이 사람도 고래 힘줄이다. 내 주변엔 고래 힘줄이 참 많다.

"아니에요. 주일 설교 잘하고 돌아올게요. 계속 기도해주세요."

아이 아빠가 천안으로 떠난 그날 밤, 아이가 한쪽 눈을 떴다. 어쩌다 근육이 당겨져서 눈이 떠진 것인가 싶어서 확인을 하려고 간호사가 아이에게 다시 물었다.

"얘, 네가 축구선수가 맞니? 내 말이 들리면 오른쪽 발가락을 한번 움직여봐라"

그런데 아이가 발가락을 움직였다. 계속 의식불명 상태였고 하루를 넘기기 힘들다고 하여 장례 준비까지 마음속으로 하고 있었는데 깨어난 것이었다. 할렐루야!

이렇게 깨어난 아이는 날마다 조금씩 상태가 좋아졌다. 눈을 뜨고 말을 하고 고개를 움직이고 손을 움직이고 그러다가 세월이 지나면서 일어나서 앉기까지 했다. 떡볶이가 먹고 싶다고 한다. 갈비가 먹고 싶다고 한다.

새로운 걱정거리가 생겼다. 왜 이렇게 먹고 싶은 것이 많지? 물에 빠졌다가 살아나서 혹시 먹는 것만 밝히는 저능아가 된 것은 아닌가? 확인을 했다. 전화번호를 물어보고 가족들 이름, 가족들 전화번호를 다 물어봐도 정상이다. 한참 크는 아이라서 그저 회복이 되면서 먹고 싶은 것이 많은 것이었다.

40일을 경북대학병원에서 치료를 하고 퇴원했다. 그러고는 재활운동을 하려고 천안 단국대병원으로 다시 입원을 했다. 나날이 회복이 되어 잘 걸어 다녔다. 한쪽 다리를 약간 저는 듯하긴 한데, 이것도 다시 한 번 간단한 수술을 하고 보조기를 몇 달만 착용하면 개선될 수가 있다고 하니 정말 감사할 뿐이다.

나는 궁금한 것이 생겼다. 의사들이 오늘 이 밤을 넘기기가 힘들다고 말한 것이 참으로 여러 날이고, 깨어난다 해도 식물인간이 되거나 지적 장애가 생길 수 있다던 이 아이가 어찌 이렇게 정상적으로 회복이 되어 살 수 있는 걸까? 참 많은 생각을 하다가 몇 가지로 정리가 되었다.

첫째, 아이 아빠의 감사하는 마음이다.

얼음물에 빠져 사경에서 헤매는 아들을 눈앞에 두고서도 감사할 줄 아는 마음인 것이다. 살아날 수 있으면 정말 하나님의 큰 은혜라서 감사하고, 만약 죽는다고 해도 15년 동안 예쁜 내 아들로 살아주어서 감사하고, 하나님 곁으로 빨리 갈 수 있어서 감사하게 생각하는 그 마음을 하나님께서 보신 것이다.

둘째, 하나님을 가장 우선으로 보는 그 마음의 중심이다.

아이가 물에 빠져서 사경을 헤매고 있는데도 주일 예배를 인도한다며, 중환자실의 아이를 뒤로 하고 교회로 가는 그 모습! 하나님은 그 마음의 중심을 보신 것이다. 이 세상 무엇보다도, 사랑하는 자식보다도 하나님을 먼저 생각하는 마음이 얼마나 사랑스러워 보이겠는가?

셋째, 우리 모두의 합심기도이다.

우리 모두는 정말 열심히 기도했다. 간절히, 애절하게, 처절하게 온 마음과 뜻을 모아 기도를 한 것이다. 내가 전국으로 집회를 다녔으니 아는 목사님, 장로님, 집사님들이 좀 많겠는가? 그들이 함께 기도한 것이다. 그 기도를 우리 하나님께서 들어주시고 응답해 주신 것이다. 역시 때를 따라 응답해 주시는 하나님이 너무나 감사하고 너무나 멋지시다. 하나님 아버지, 감사합니다.

이런 사건들을 겪으면서 내 가슴에 다시 한 번 확실하게 새겨진 것이 있다. 힘이 들수록 기도를 해야 한다는 것이다. 이기려면 기도하자. 영적 전쟁에서 이기려면 무조건 예배드리고 성경말씀 읽고 기도하자는 것이 머릿속에 그리고 가슴속에 확실히 자리 매김 하게 된 것이다.

영적 전쟁에서 이기려면 무슨 특별한 비법이나 신령한 것이 필요한 것이 아니고, 우리가 예배드리고 말씀 읽고 기도를 하면 하나님께서 다 응답해주신다는 것이다.

하나님이 부적?

우리 한국 사람들은 부적이 무엇인지 다들 어렴풋이 안다. 그렇다면 무속인들이 쓰는 부적은 실제로 힘과 능력이 있을까? 아니다. 사람들이 미혹되는 것이다.

그렇다면 부적은 어떤 것들이 있을까? 무속인이 주로 사용하고 또 그들의 신도들이 찾는 부적으로는 사업 번창 부적, 승진 부적, 대학 합격 부적, 건강 부적, 애인 떼는 부적, 귀신 떼는 부적, 사고 방지 부적(액막이 부적), 삼재 부적 등이 있다.

이러한 부적들은 효과도 의심스럽지만 그보다 더 기가 막힌 것이 있다. 부적에 쓰는 재료는 경면주사라고 하는 빨간 것이 있는데, 붉고 반투명한 광물로서 수은과 유황의 화합물인 것이다. 수은은 음기가 극도로 응축된 물질이며, 유황은 양기가 극도로 응축된 물질로서 두 물질이 합하여 신비로운 음양변화를 낳게 하는 물질이라고 한의학에서는 보고되어 있다.

경면주사의 가격은 금가루보다 비싸다. 그래서 실제로 경면주사를 사용하여 부적을 쓰는 경우는 거의 없고, 게다가 붓으로 부적을 쓸 만큼 달필인 사람도 요즘에는 거의 없다. 그래서 그들은 창호지, 화선지 같은 것에다 빨간색 그림물감을 사용한다. 그것도 쓰는 것이 아니고 그려 넣는다고 하는 것이 더 맞을 것이다.

부적책자를 불교용품 파는 곳에 가서 사다가 거기에 있는 것을 베끼듯이 그냥 그려 넣는 것이다. 그래도 이 방법은 노력이라도 하니 좀 낫다. 요즘은 그냥 인쇄되어 있는 부적을 산다. 한 장당 돈 천 원이나 할까? 이러한 것을 사다가 비싼 가격에 파는 것이다. 이보다 더 남는 장사가 어디 있을까? 기가 막힌다.

소위 엘리트라는 사람들, 대학 나오고 대기업에 다니고, 상류층, 하위층 구별 없이 이런 것을 사서는 모든 것이 다 막아지고 이루어지리라고 믿고 지갑속이나 팬티 속에 주머니를 만들어서 넣고 다닌다. 그렇지 않으면 부적을 불에 태운 후에 그 재를 커피에 타서 마시기도 한다. 요즘 불에 조금만 탄 음식을 먹어도 암에 걸린다고 난리가 나는데, 이들은 이런 무모한 짓들을 하는 것이다.

새롭게 장사를 시작하면 부적을 출입문 위에다가 붙여놓기도 하고, 더 웃기는 것은 주인이 바뀌게 되면 새로운 부적을 붙여야 하는데 원래 있던 것 떼는 것이 무서워서 고민을 한다는 것이다. 심지어는 하나님을 믿는 기독교인들도 남의 부적을 떼어낼 때 혹시라도 집에 좋지 않은 일이 생길까봐 무서워한다. 그래서 고민을 하다가 부적을 떼어달라고 나한테 연락하는 사람도 있었다.

마른 북어를 무명실에 감아서 출입문 위에 걸어놓는 경우들도 많은데, 이 역시 나쁜 액운을 막고 재수가 있으라는 의미로 하기 때문에 부적과 같은 의미로 보면 된다. 마른 북어가 무슨 의미가 있을까? 그저 두드려서 국 끓여 먹을 때나 쓰는 것이다. 그런데도 이런 것들을 믿는다는 것이 정말 안타깝다.

사무엘이 지도자가 되기 전에 국경문제로 이스라엘과 블레셋 사이에 전쟁이 터졌는데, 이스라엘이 엄청나게 패하고는 여러 지파가 모여서 회의를 한 결과 법궤를 가지고 오지 않아서 진 것이라고 결론을 내린다. 그래서 이번에는 법궤를 가지고 자신감에 차서 전쟁에 임하지만 역시 또 패한다.

아론의 싹 난 지팡이, 만나가 들어있는 항아리, 십계명이 새겨진 돌판이 들어있는 법궤! 법궤가 왔음에도 불구하고 이스라엘은 또 진 것이다. 결국 법궤도 빼앗기고 엘리 제사장의 못된 두 아들도 죽고 엘리 제사장은 법궤가 빼앗겼다는 소식에 놀라 넘어지면서 목이 부러져 죽는다.

전쟁의 신이신 여호와 하나님께서 함께 하신다는 법궤가 왔는데 왜 이스라엘은 블레셋에 졌을까?

온 마음과 뜻을 다하여 하나님을 의지하고 순종할 때에 하나님의 기적이 일어나는 것인데, 그저 마음의 든든함으로 법궤를 가지고 갔기에 그들의 우매함을 하나님께서는 깨뜨려버리셨고 오히려 법궤를 빼앗기는 치욕을 겪게 하신 것이다. 하나님은 단지 우리가 필요할 때에 부르고 필요 없으면 버리는 그런 분이 아니시다. 게다가 분명 하나님은 부적 같은 분이 아니시다.

그런데 오늘날 기독교 안에도 부적이 있다. 조상 때부터 내려와 뿌리 깊게 자리 잡은 무속신앙과 연합되어 교회 안에도 부적처럼 사용되고 있는 것들이 있는 것을 보고 사실 나는 깜짝 놀랐다.

평소 주일예배도 잘 참석하지 않고 그저 어쩌다 생각나면 한 번씩 예배 참석하고, 혹은 주일 예배만 달랑 드리면서 신앙생활을 잘 하고 있다고 생각하는 분들이 갑자기 열심히 교회에 나오는 때가 있다. 자녀가 대학에 들어갈 때 즈음해서다.

'대학입학 특별새벽회'가 바로 그것이다. 물론 하나님의 기적이 임하셔서 특별전형으로 대학에 들어가는 경우도 어쩌다 있을 수는 있지만, 기본적으로는 학교성적, 실력에 따라 대학에 가는 것이 하나님의 공의이다. 공부는 안하고 맨 날 놀고, 게임하고 연애하러 다니고 잠만 자는데 특별 새벽 기도 한다고 대학에 들어갈 수가 있을까? 대학입학대비 특별 새벽 기도를 하다가 진정 하나님을 만나게 되고, 이 일을 계기로 다시 신앙생활을 잘하게 되는 경우도 있다. 목사님들은 바로 이것을 목적으로 하는 것인데 일부 성도님들은 이 깊은 뜻은 알지 못하고 단지 눈앞의 자녀 대학입학만 생각하고 새벽 기도를 하고는 입시가 끝나면 다시 신앙에서 손을 놓게 되는 것이다. 이런 경우에는 특별 새벽 기도를 부적처럼 생각하는 것이다.

헌금을 부적으로 생각하는 경우도 많다. 먹고 살기도 바쁜데 뭐가 감사할 일이 있어? 내가 살아야 하나님도 계신거야 하면서 평소에는 주일 헌금만 조금씩 하다가 갑자기 많이 하게 되는 경우들이 있다. 자녀입시, 남편 승진이 관련되고 혹은 가족, 친지 중에 누구라도 아픈 환자가 생기게 되면 헌금을 팍팍 한다. 그저 뇌물 바치듯이 헌금을 많이 하면 하나님께서 들어주시리라고 부적처럼 생각하는 것이다. 아니다. 하나님은 돈이 필요하신 분이 아니고, 우리의 마음이 필요한 분이시다.

운동선수들 중에도 그런 경우가 있다. 평소에 교회에 다니지 않다가 올림픽경기, 세계선수권대회를 한두 달 앞두고 교회에 나오기 시작하는 경우가 있다. 물론 이런 계기로 교회에 나오다가 예수님을 영접하고 구원을 받는 좋은 경우도 있지만 그 반대의 경우도 있다. 평소에 그냥저냥 신앙생활을 하다가 큰 경기를 앞두고 수요예배, 금요예배, 주일예배를 드리고 새벽 기도를 하고 그것으로도 마음에 확신이 안서면 철야 기도를 가서 목이 터지도록 기도를 하기도 한다.

드디어 시합 날! 어떤 선수는 금메달을 따지만 어떤 선수는 메달을 따지 못한다. 평소에 금메달감이라고 기대되던 선수가 긴장을 하고 실수를 해서 메달을 못 따는 경우도 분명 생길 수 있다. 이런 경우에 엄청난 일이 생긴다.

'하나님이 도대체 어디에 있는 거야? 그렇게 열심히 기도했는데 무슨 응답이 있어? 내가 더 열심히 기도했는데 왜 나보다 실력이 못한 애가 금메달 따는 거야?' 하면서 주님을 떠나는 경우도 있다. 이런 신앙을 나는 금메달 신앙이라고 한다. 금메달을 따기 위해서 하나님을 부적처럼 생각한 것이다. 이렇게 떠난 사람은 오히려 한 번도 교회에 나온 경험이 없는 사람들보다 더 회복하기 어렵게 되니 정말 안타까운 일이다. 성경말씀으로 잘 양육했으면 이런 일이 없을 텐데……

평소에 말씀을 읽지도 않으면서 자동차 안에 성경책을 넣고 다니는 분들은 성경책을 자동차 사고 방지용 부적으로 쓰는 것이다. 평소에 꿈자리가 뒤숭숭하고 편안하지 않다고 머리맡에 성경책을 두고 혹은 가슴에 성경책을 안고 자는 사람들은 성경책을 가위눌림 방지부적으로 생각하는 것이다.

그리고 또 다른 부적? 성물 파는 곳에서 멋지고 폼 나는 비싼 십자가를 사다가 거실에 걸어놓고는 사탄, 마귀, 귀신이 들어오지 못한다고 생각하고, 거실만으로는 안심이 안 되어 방마다 걸어놓는 집들도 있다. 자동차 백미러에 걸어놓는 십자가도 그저 마음의 위안일 뿐이다. 운전을 안전하게 잘 해야 사고가 나지 않는 것이다.

금이나 은으로 된 십자가 목걸이 혹은 귀고리를 하고 다니는 사람들이 있다. 14k 금으로 된 것보다 순금으로 만든 것이 더 효력이 있을까? 아니다. 이런 것들은 절대로 하나님의 역할을 하지 못한다. 몸에 하는 십자가는 그저 예쁘게 치장하는 액세서리일 뿐이다. 사탄, 마귀, 귀신을 물리치려면 말씀으로 무장되어 있어야 하고, 기도로 무장이 되어야 하고 예배를 열심히 드려야 하는 것이다.

아침에 눈을 뜨고는 오늘 나에게 주시는 하나님의 말씀이라면서 성경책을 짠 하고 펴서 한 줄 읽어보고는 맘에 들지 않으면 다시 짠

하고 성경책을 펴보는 사람들 역시 잘못된 신앙생활 중의 하나이다.

이렇게 오늘날 교회 안에 남아 있는 잘못된 행위나 생각들은 이스라엘 사람들이 블레셋과의 전쟁에서 이기기 위해 법궤를 부적처럼 가져온 것과 조금도 다를 바가 없는 것이다. 이런 것들은 하지 말아야 할 일이다.

법궤가 부적이 아니듯이 하나님도 부적이 아니다. 우상숭배, 음란을 비롯한 모든 잘못을 회개하고 진정 하나님께 돌아올 때 주님이 함께 하셔서 영적으로 또 세상 속에서 승리하게 되는 것이다.

기도는 어떻게 해야 하나?

참으로 많은 사람들이 기도를 한다. 다른 어떤 종교들과 비교를 해도 우리 크리스천들이 정말 기도를 많이 한다. 철야 기도를 가도 성도들이 꽉 차있고, 새벽 기도를 가도 늦게 가면 뒷자리에 앉을 정도로 성도들이 많다. 때로는 어떤 기도를 하는지, 어떻게 기도를 하는지 궁금하다.

기도하는 시간 내내 처음부터 끝까지 자신에게 건강과 물질을 달라고 하는 사람도 있고, 계속 하나님께 불평하며 원망하는 사람도 있고, 똑같은 말을 주문 외듯이 계속 반복하는 사람도 있고, 미운 사람 혼내주고 원수 갚아 달라는 사람도 있고…… 기도라고 분명히 하기는 하는데, 내용을 들어보면 참 이해가 되지 않고 듣기에 민망한 그런 내용들도 있는 것 같다.

신앙생활을 오랫동안 하면서 성경공부와 말씀 읽기, 기도훈련이 함께 된 분들은 자연스럽고 은혜롭게 잘 하시지만, 의외로 많은 사람들이 빗나간 기도를 하고 있는 것도 사실이다. 집사나 권사가 되었다고 해도 예배 때 기도를 맡게 되면 그때부터는 다른 일은 손에 잡히지 않고 매우 부담스러워 하고 두려워하는 경우도 많이 보았다. 나하고 친한 분들 중에는 심지어 기도문을 써달라고 부탁하는 경우도 여러 번 있었다.

내가 처음 교회에 나오기 시작하고 성경공부를 할 때에 손으로 하는 기도방법이란 것을 배운 적이 있다. 물론 나도 그때는 그렇구나 하는 정도로 그냥 지나갔는데, 많은 세월이 지난 후에 돌이켜보니 참 놀라운 은혜가 그 속에 있었다.

오늘은 기도훈련이 되지 않은 분들을 위해 그 손가락 기도를 설명하고자 한다.

첫째, 엄지손가락은 하나님을 찬양하는 것이다.

하나님의 성품과 특성을 인정하고 그의 사랑과 능력을 찬양하는 것이다. 손가락 다섯 개 중에 가장 굵고 짧으니 간단명료하게 하면 된다. 길지 않아도 된다.

둘째, 검지손가락은 우리의 죄를 고백하고 회개하는 것이다. 아직은 불완전한 사람이기에 살아가면서 우리는 죄를 짓지 않을 수는 없다. 불평, 불만, 시기, 질투, 원망, 책임 전가, 음란한 생각 등 크고 작은 죄들을 회개하고 돌이켜 예수님만을 따르겠다고 하는 것이다. 반성이라는 것은 그저 잘못을 인정한다는 것을 의미하는 것이기에 회개와는 분명한 차이가 있다.

셋째, 가운데 손가락은 감사하는 마음이다.

잡혀갔던 다니엘은 포로 생활 가운데서도 함께해주시는 하나님의 은혜와 보호하심에 늘 감사기도를 하였다. 마찬가지로 우리도 항상 삶속에서 감사하는 마음이 생활화되어야 한다.

'나라 경기도 나쁘고 살기 힘들어 죽겠는데, 무슨 감사할 것이 있어? 직장도 힘들고 아이들도 말도 잘 듣지 않고 되는 일이 없는데 어찌 감사가 나온단 말인가?'

아니다. 힘이 들수록 감사하는 마음을 가져야 한다. 그래야만 힘든 상황이 오히려 해결되고 평안이 오게 되는 것이다. 영적 비밀이 바로 여기에 숨겨져 있다.

신앙생활을 하면서 성경지식이 많고 기도를 기가 막히게 하면서도 감사하는 마음이 없으면 그것은 가짜이다. 감사하는 마음이 바로 신앙생활의 꽃이기 때문이다. 감사의 능력이 얼마나 대단한지 아는가? 우리가 감사하는 마음을 가질 때 하나님은 비로소 활동하시기 시작하신다. 우리가 감사하는 마음을 가질 때에 사탄, 마귀, 귀신이 떠나가고 암세포가 녹아내리는 것이다. 나는 감히 확신을 가지고 말하건대 감사하는 마음이 생기기 전에는 어떠한 하나님의 은혜나 기적을 기대해서는 안 된다는 것이다.

손가락 다섯 개 중에 가운데 손가락이 가장 긴 것처럼 우리는 감사기도를 제일 많이 해야 한다.

넷째, 약지는 중보기도를 하는 것이다.

단지 커플링, 결혼반지의 의미보다 더욱 중요한 것이 바로 중보기도이다. 손가락 다섯 개 중에 두 번째로 긴 손가락이다. 그만큼 많이 해야 한다는 의미이다. 나 아닌 다른 사람을 위해 기도하고, 교회와 영적지도자를 위해 기도하고, 나라와 민족을 위해 기도하고, 나아가서는 이 지구촌 전부가 하나님의 나라가 임하게 되길 간절히 기도해야 하는 것이다.

다섯째, 새끼손가락은 본인의 기도이다.

아주 작고 가녀린 손가락이다. 다른 기도들을 다 하고 마지막에 내 마음의 소원을 기도하는 것이다. 분명 하나님 아버지께서는 굳이 우리가 기도하지 않아도 우리의 기도내용을 다 알고 계신다. 게다가 기도할 것을 빠트리고 잊어버리게 되면 성령님께서 말할 수 없는 탄식으로 우리를 위해 기도해 주신다. 그럼에도 불구하고 우리가 본인의 기도를 하는 이유는 예수님께서 우리의 입술로 고백하기를 원하시기 때문이다.

여리고 성 근처에서 구걸을 하던 맹인이 크게 부르짖는 것을 생각해보라.

"다윗의 자손 예수여, 나를 불쌍히 여겨주소서."

"네게 무엇을 하여 주기를 원하느냐."

"내가 보기를 원하나이다."

"네 믿음이 너를 구원하였느니라."

그렇다. 확실한 믿음을 가지고 부르짖을 때에 들으시고 응답해 주셨다. 그때에 이 맹인은 바로 하나님께 영광 돌리고 예수님을 따르게 되었다고 기록되어 있다.

그리고 또 한 가지 기억해야 할 것이 있다. 기도의 시간과 기도 장소가 있어야 한다는 것이다. 물론 무시로 언제 어디에서나 기도를 해야겠지만, 시간을 정해놓고 규칙적으로 기도할 때에 영적으로 더욱 성장할 수 있기 때문이다. 다니엘도 하루에 세 번씩 무릎을 꿇고 예루살렘을 향해 기도를 하였듯이 우리도 어느 누구에게도 방해받지 않을 시간과 장소를 정해서 하루 단 10분씩이라도 기도를 시작하면 좋겠다. 기도 훈련이 되기 전에는 단 10분을 기도하는 것도 만만치 않겠지만, 자꾸 하다보면 어느 순간 오랜 시간을 은혜롭게 기도할 수 있게 된다.

같은 장소에서 같은 시간에 다섯 손가락을 염두에 두고 오직 하나님만 바라보며 기도를 할 때에 감히 사탄, 마귀, 귀신이 공격하지 못하고 우리는 영원히 영적 전쟁에서 이길 수가 있는 것이다. 이제부터 우리 모두는 이렇게 기도하게 되기를 소망한다.

성경통독? 100시간이라면 능히

어느 날인가, 혼자 열심히 기도를 하고 있는데 전화벨이 울렸다. 원래 기도를 할 때는 전화를 잘 받지 않는데, 웬일인지 그날은 전화를 받았다.

전혀 모르는 권사님이셨다. 혼자 생각에 연세 드신 권사님이시니까 건강 문제, 남편의 문제 혹은 자녀 문제를 상담하시는 전화일거야 했는데, 의외로 황당한 말씀을 하셨다.

이분은 시집을 오면서부터 시어머니와 남편을 따라 교회를 다니기 시작했고 권사까지 되신 분이셨다. 그런데 시집을 오기 전에 친정어머니를 따라 절에 다니던 그 아련한 추억이 떠나지 않았던 것이다. 물론 신앙관도 확실하시고 믿음도 좋았다.

문제는 어릴 때 절에 다니면서 느꼈던 시냇물 소리, 산새 소리, 산사의 풍경 소리, 향 냄새, 스님의 독경 소리가 너무도 정겹게 느껴져서 잊지 못하는 것이었다. 그래서 권사님은 성경말씀을 읽으실 때에 항상 준비하는 것들이 있었다.

촛불을 켜고, 향을 켜고, 스님의 염불하는 테이프를 틀어놓고 성경을 읽으시는 것이다. 주변 사람들이 그렇게 하지 말라고 너무나 말을 많이 해서 상담을 하시려고 전화를 하신 것이다. 마음의 중심만 예수님한테 있으면 되지, 그깟 외부의 것들이 뭐가 그리도 중요하냐고 물으셨다.

나는 잔잔하게 말씀드렸다.

"아니에요, 권사님. 그렇게 하시면 안 됩니다. 그러시면 예수님도 헷갈리고 귀신도 헷갈리고 주변 사람들도 헷갈려요. 불경이나 이런 경전들은 어려워서 우리가 그 내용을 다 알지는 못해도 자꾸 들으시다 보면 영혼이 혼돈되고 탁해지니까 앞으로는 찬송가를 잔잔하게 틀어놓으시고 말씀을 읽으시도록 하세요."

그렇다. 신앙생활은 내가 좋은 것을 선택하는 것이 아니라 어떻게 하면 주님이 기뻐하실지를 생각하면서 신앙생활을 해야 한다.

어쨌든 우리 신앙인들은 누구나 성경을 읽어야 된다는 것을 알고 있고 노력을 하지만 바쁜 일상 탓에, 그리고 습관이 되지 않아 잘 읽지 못하고 있는 것은 사실이다.

《말씀 앞에 머무는 삶》이라는 책을 지은 성경연구 사역자 론 스미스는 자신의 책에서 이렇게 말했다.

"많은 사람들이 성경을 펼치면서 읽어야 할 양 때문에 압도당하게 되기도 한다. 그렇다면 어떻게 해야 할 것인가? 보통 속도로 읽는 사람이 100시간 이내에 성경을 일독할 수 있다는 사실을 알고 있는가? 하나님께서 우리에게 알리시기로 선택하신 모든 영원한 진리들을 읽는 데 단 100시간이 소요된다.

그렇지만 어떤 사람들은 한 달에 약 100시간을 TV를 보는 데 소모하기도 한다. 과연 TV 앞에서 보낸 100시간 동안에 어떠한 영원한 가치를 붙잡을 수 있겠는가?"

그래서 내가 성경을 읽는 것을 시간으로 계산해보았다.

> 100시간 × 60분 = 6,000분
> 6,000분 ÷ 365일 = 16.44분

내가 성경말씀을 읽어보니 천천히 읽어도 20분이면 다섯 쪽 정도를 읽을 수 있다. 그러니까 하루에 20분 정도 시간을 내어 성경을 읽으면 일년 동안 성경 일독을 할 수 있는 것이다. 하루에 한 시간 성경을 읽으면, 일 년에 성경 삼독이 가능하다. 창세기부터 요한계시록까지, 성경을 완독했을 때 저 깊은 곳에서부터 풍성하게 차오르는 영적 기쁨은 세상이 줄 수 없는 천상의 기쁨이다.

진정으로 주님을 사랑하게 되면, 조금이라도 더 읽고 싶고, 자꾸 반복하여 읽고 싶고, 그 말씀대로 살고 싶은 열망으로 뜨거워질 것이다. 그러니까 하루에 20분을 읽으면 정말 몸이 피곤하고 아파서 못 읽는 날을 며칠 뺀다 해도 일 년에 일독은 충분하다.

이번에는 시간으로 계산하지 않고 페이지 수로 계산을 해보자.

$$(구약\ 1,331쪽 + 신약\ 423쪽) = 1,754쪽$$
$$1,754쪽 \div 365일 = 4.81쪽$$

하루에 다섯 쪽씩만 읽으면 가볍게 일독 성공! 설날과 추석을 빼도 가볍게 성공한다. 하루에 십 쪽을 읽으면 가볍게 이독을 성공하게 된다.

모두 모두 열심히 성경말씀을 읽었으면 좋겠다. 말씀이 곧 예수님이니까!

'주의 말씀의 맛이 내게 어찌 그리 단지요 내 입에 꿀보다 더하니이다…… 내가 날이 밝기 전에 부르짖으며 주의 말씀을 바랐사오며 주의 말씀을 조용히 읊조리려고 내가 새벽녘에 눈을 떴나이다'(시 119:103, 147, 148)

아름다운 사람들

요즘 언론에 보면 이상한 사람들이 한 번씩 등장한다. 목사 혹은 장로인데 사고를 쳐서 감옥에 가기도 하고, 보기 역겨울 정도로 서로 간에 싸우기도 하여 믿지 않는 사람들의 욕을 먹는 경우들이 가끔 기사로 나온다. 그럴 때면 정말 가슴이 아프고 안타깝다. 그런 사람들 때문에 정말 전도하기가 더 힘이 들고 기독교가 욕을 먹는 것이다.

하지만 뉴스에 나온다는 것은 특별한 상황, 사고이기 때문에 그런 것 아닌가? 하나님을 믿는 사람들 대부분이 아름답고 좋은 사람들인데, 이런 기사들 때문에 기독교인들이 싸잡아 욕먹는 것은 조금 심한 것같다.

나는 1995년부터 전국에 집회를 다녔는데, 나쁜 사람들은 정말 극소수였고, 대부분은 성품 좋고 아름다운 사람들이었다.

한번은 전라북도 익산에 집회를 갔는데, 맨 앞자리에 한 부부가 앉아서 열심히 예배드리는 모습을 보게 되었다. 사람이 워낙 좋아 보여서 내 명함을 드렸고 이것이 인연이 되어 계속 교제를 하게 되었다. 나보다 나이는 대여섯 살 적은데, 자전거 판매 및 수리를 하면서 넉넉지 않게 살아가는 분이셨다.

어느 날, 부인에게서 급박한 목소리로 전화가 왔다. 남편이 가스 폭발 사고로 병원에 실려 갔다는 것이다. 어린이날 교회 행사 준비를 하며 풍선에 헬륨 가스를 주입하던 중 가스가 폭발을 한 것이다. 온 몸에 화상을 입어 정신없이 응급실로 가게 되었다. 몸에 붕대를 감고 있던 중, 내가 생각이 났다며 기도를 해 달라고 했다. 나는 남편이 전화를 받을 수 있겠느냐고 했더니 눈, 코, 입 그리고 귀는 붕대로 감지 않아서 통화할 수 있다고 했다.

남편이 전화를 받았다. 나는 기도부터 차분하게 해야 하는데, 화가 먼저 났다.

"아니, 조심 좀 하지. 어쩌다가 이런 사고를 당한 거야?"

그런데 이 집사의 황당한 대답이 들려왔다.

"아녀유, 그런 말씀 말어유. 내가 다친 게 얼마나 다행이고 감사한대유."

도대체 뭐가 감사하다는 거야? 나는 "온몸에 붕대감고 뭐가 좋다고 감사하냐"며 여전히 소리를 쳤다. 그랬더니 이 집사 하는 말.

"만약 내가 다치지 않고 처음으로 교회에 나왔던 사람이 다쳐봐유. 하나님이 어디 계시냐며 떠나버리면 한 영혼 잃어버리잖아유."

나는 할 말을 잊어버렸다. 이 집사의 대답에 내가 뭐라고 말해야 할까? 그저 쥐구멍에라도 들어가고 싶었다. 얼마나 부끄러웠던지 고개를 들 수가 없었고 얼굴만 벌개졌다.

전화로 기도를 하고 끊었다. 6개월 정도 입원을 해야 된다고 들었는데, 놀랍게도 두 달 후에 퇴원했다. 더 놀라운 것은 그렇게 화상을 입었는데, 살이 접히거나 흉터 하나 없고 얼굴이 마치 돈 들여서 피부 박피 수술한 것처럼 균일하게 한 꺼풀이 벗겨져서 10년은 더 젊어졌다고 했다. 게다가 6개월이나 걸린다는 치료가 단 두 달에 깨끗하게 완치되고 퇴원하는 모습을 같은 병실에 있던 사람들이 보게 되어 그들이 주님을 영접하게 되었다고 했다. 할렐루야!

하나님은 이런 분이시다. 진짜 멋지시다. 그리고 익산 이 집사의 신앙이 얼마나 아름다운가? 이런 사람이 진짜 하나님의 사람인 것이다. 병원에 입원을 하고 있는 동안에도 기도하며 성령 충만하여 전도하기를 게을리 하지 않았기에 하나님께서 어여삐 여겨서 완전한 치료를 허락하시고 하나님께 영광 돌릴 수 있게 된 것이다. 아마 하늘에도 큰 상급이 기다리고 있으리라 믿는다. 지금도 어쩌다 한 번씩 통화를 하는데 그럴 때마다 '나도 더 잘해야겠다. 나도 더 열심히 해야겠다'는 생각이 들었다.

집사님만 그렇게 훌륭한 줄 아는가? 충남 합덕에 있는 교회에 집회를 간 적이 있는데 당시에는 자동차 내비게이션도 없던 시절이었다. 팩스로 약도를 보내달라고 했더니 면사무소 앞에 오면 된다고 하시면서 약도를 보내주지 않았다. 속으로 심통이 났다.

'집회를 하자는 거야 말자는 거야? 왜 이렇게 성의가 없어?'

차를 몰고 내려가 면사무소 앞에 가서 전화를 했더니 시골 동네니까 물으면 다 안다며 물어서 찾아오라고 했다. 속으로 심통이 더 났지만 물어물어 찾아갔다.

'참아야 하느니라. 단 한 사람이라도 은혜 받는 사람이 있다면 하나님 입장에서는 기쁜 일이지. 목사님 바라보고 집회하는 거 아니야.'

목사님을 뵈니 정말 바싹 마르셨다. 어디가 많이 아프신 것처럼 약해보였다. 그 모습을 보면서 잠시나마 심통이 났던 내가 괜히 부끄러웠다. 그렇게 알게 된 그 목사님과 지속적인 교제를 하였다.

어느 날인가 전화를 드렸더니 바쁘시다며 다음에 통화를 하자고 하셨다. 다음날 전화했더니 장애인 복지시설에 계셨다. 왜 가셨느냐고 여쭈어봐도 대답을 안 하고 쭈뼛쭈뼛 하더니 하시는 말씀, 시골 교회에서 사역하면서 조금씩 적금 넣은 돈 2천만 원이 만기가 되어서 어디에 쓸까 고민을 하다가, 장애인 복지시설에 기부를 하고 오셨다고 했다. 기가 막혔다. 몸도 약하신데 보약이나 사드시고 고기나 사드시지 왜 그랬느냐고 하니, 그렇게 해야 하나님이 기뻐하실 것 같아서 그렇게 했다고 하셨다.

우와, 감동이다. 이런 분이 진정 하나님의 종이 아닐까. 자기도 어려울텐데 더 어려운 사람을 돌아보고 배려하고 사랑을 주는 이런 분이 바로 하나님이 기뻐하시는 분이 아닐까 싶다.

한 일 년이나 지났을까? 그 목사님에게서 전화가 왔다. 힘들고 어려운 교회 세 군데만 가르쳐 달라는 것이다. 왜 그러시냐고 여쭈었더니 공돈 300만 원이 생겨서 어려운 교회에 헌금하고 싶으시다고 했다. 으이그…… 사모님하고 여행이나 한번 다녀오시고 맛있는 거 사드시라고 말해도 소용이 없다. 고집이 황소고집이라서 내가 졌다. 교회 세 곳을 알려 드렸더니 한 시간도 안 되어 100만 원씩 송금을 하셨다.

누가 감히 오늘날 한국 교회가 타락했다고 말을 하는가? 이런 분들이 계신데…… 말로만, 입으로만 사랑을 하는 것이 아니고 몸으로 행동으로 사랑을 실천하는 이 모습들을 보면서 어느 누가 예수님을 믿지 않겠는가?

나도 이렇게 사랑을 실천하며 살고 싶다.

글을 마치며

사람이 살면서 가장 중요한 것은 만남이라고 생각합니다. 우리가 예수님을 만나서 구원을 얻게 되고 영혼의 평안을 얻을 수 있다는 것이 얼마나 큰 축복인지요.

그런데 나는 한때 만남이 잘못되었습니다. 예수님을 먼저 만나야 하는데 귀신을 먼저 만나서 정말 처절하게 영적 고난 속에서 십수 년을 살아왔기에 때로는 너무나 억울하기도 하고 힘이 들었습니다. 하지만 그 영적인 고난을 통해 예수님의 사랑을 알게 되고 또한 만 천하에 예수님을 전할 수 있다는 것이 얼마나 감사한지 모릅니다.

게다가 사탄, 마귀, 귀신의 나쁜 점을 알려서 더 이상 그 어둠의 세계에 사람들이 미혹되지 않도록 앞장설 수 있다는 것이 정말 행복합니다.

대한민국축구선교회를 하면서 복음을 전하고, 전국에서 집회를 인도하면서 예수님을 전하고, 교도소에 다니며 사랑을 나누고 영적인 사역들을 하면서, 바라고 원하기는 주님을 만나는 그 날까지 '오직 예수님'만 따라 가기를 원합니다.

사역과 삶 속에서 감사하는 마음으로 주님만 바라본다면 세상 속에서도 승리하고 영적 전쟁에서도 늘 넉넉하게 이겨나갈 수 있습니다.

이 책으로 인하여 성도님들이 조금이라도 주님의 사랑을 더 알게 되고, 또한 믿지 않는 사람들이 예수님을 영접하는 데 도움이 되기를 두 손 모아 간절히 기도합니다.